ヘレニズム期彫刻の精髄

ミロのヴィーナス〈ルーヴル美術館蔵〉

クニドスのアフロディテ〈グリュプトテーク蔵〉
プラクシテレス原作、ローマ人による模刻

アルルのヴィーナス〈ルーヴル美術館蔵〉
プラクシテレス原作、ローマ人による模刻

サモトラケのニケ〈ルーヴル美術館蔵〉

うずくまるヴィーナス〈ローマ国立博物館蔵〉
ドイダルサス原作、ローマ人による模刻

ポリュムニア〈モンテマルティーニ美術館蔵〉

カプアのアフロディテ〈ナポリ国立考古学博物館蔵〉
リュシッポス原作、ローマ人による模刻

アレクサンドロス〈アクロポリス博物館蔵〉
レオカレス作

新潮文庫

ギリシア人の物語4

新しき力

塩野七生著

新潮社版

11814

目次

第一章　息子・アレクサンドロス　9

ギリシア人の物語4

新しき力

第一章　息子・アレクサンドロス

冬のある日、翌年の春に東征に発《た》つと決めていたアレクサンドロスは、出陣の挨拶《あいさつ》に旧師の許《もと》を訪れていた。

五十歳に達していたアリストテレスは、今ではマケドニアの王になっているアレクサンドロスの、少年時代の教師であったのだ。

哲学者は、かつての愛弟子《まな》が、これだけは少年の頃と少しも変わらない情熱で話す遠征の計画を、聴き終わった後で初めて言った。

「これまでギリシアでは誰一人考えなかった壮大な計画であることは、よくわかった。だが、数年にしろ先に延ばすのも、悪い選択ではないと思う。その間に、経験も積めるし、慎重に対処する利点も学ぶであろうから」

二十一歳の若き王は、微笑しながら答えた。

「おっしゃるとおりでしょう。年齢を重ねれば経験も増すだろうし、慎重さも身についてくるでしょう。

しかし、若いからこそ充分にある、瞬発力は衰えてきます」

これ以降の真の主人公は、旧師に対してさえもこんなことを言ってしまう、生意気きわまりなき若者になるのである。

生涯の書

後世からは「大王」の尊称つきで呼ばれることになるアレクサンドロスは、紀元前三五六年七月、マケドニアの首都ペラで生れた。

父親は、マケドニア王のフィリッポス二世。

母親は、隣国エピロスの王女でフィリッポスに嫁いできていた、王妃のオリンピアス。

初めて生れた世継ぎであり、数年して妹が生れるまでは一人っ子でもあったので、両親の愛情を一身に受けて育つ。

ただし、父親は戦争に出ていることが多く、しかも幼少期の養育の主導権は、動物でも人間でも変わりなく、母親にある。後の大王も、母親っ子で育ったのである。

それにオリンピアスは、内陸国のマケドニアとはちがって海に面している国に生れ育っただけに、ギリシア化が進んでいた、と少なくとも彼女は信じていた、エピロスの王女である。

夫を嫌っていたわけではまったくなかったが、部下の将兵たちに囲まれているときのフィリッポスの振舞いには嫌悪《けんお》を隠さなかった。

豪放磊落《らいらく》は良い。だが、もともとからして野蛮な兵士たちと同じように振舞うのは、王としての品位に欠けると思っていたのだ。

オリンピアスは一人息子を、徹底してギリシア的に、つまり文明的に育てたのである。この場合の反面教師は、常に父親になった。

また、オリンピアスは、ギリシア的ということでは自分のほうが夫よりも優れていると思っている。それだけに、当時のギリシア女としては珍しく、「学」もあった。いまだ幼い頃から息子に『イーリアス』を読んで聴かせ、息子が自分で読めるようになったときに、その書物を贈ったのである。

それ以来、ホメロス作の長編叙事詩『イーリアス』は、アレクサンドロスの「生涯の書」になる。この叙事詩一番の英雄のアキレウスは、少年の憧《あこが》れの人になった。

ちなみに、西洋文学史上では最初で最高の傑作であり、詩人ホメロスの作とされている『イーリアス』だが、単に長いだけの退屈な作品かと思うとまったくちがう。

十年間つづいたギリシアとトロイアの戦争を物語ってはいても、『イーリアス』で物語られるのは十年目からなのだ。しかも、英雄アキレウスの怒りから始まる。その後いろいろあって、最後はオデュッセウスが考案した木馬によってトロイアは落城するのだが、その間はドラマティックな場面の連続で息もつかせない。登場人物は多いが、退屈な古典ではまったくない。

同じくホメロス作とされている長編叙事詩の『オデュッセイア』は、トロイア落城後にオデュッセウスが母国イタカに帰るまでの漂流譚《たん》になる。こちらのほうの主人公は、木馬の計の考案者であったことからも明らかなように、悪賢い、としてもよいくらいの頭脳の持主のオデュッセウス。

一方、『イーリアス』の主人公は、悪賢いところなどは薬にしたくもない、一本気で正直でフェアプレイでことを解決することしか頭になく、長生きするよりも短命でも輝かしい生涯を、と高言するアキレウス。

情熱的で夢見がちな少年が憧れるのが、オデュッセウスではなくてアキレウスになるのも当然であった。

生涯の友

幼少期のアレクサンドロスには、遊び相手が一人いた。名を、ヘーファイスティオン（Hephaistion）という。

王家と同じくらいに古いマケドニアの貴族の家の生れだが、母方をたどればアテネ人の血も混じっている。母親からは他国エピロスの血を継いでいるアレクサンドロスとは、合いの子同士ということも、気が合う要因になったのかもしれなかった。

髪の色は、アレクサンドロスが黒の巻き毛、ヘーファイスティオンは茶色の巻き毛。身長はヘーファイスティオンのほうが少しばかり高かったらしいが、年齢も同じで身体《からだ》つきも似ており、服装も二人とも少年用の短衣。そのうえ、何をするにもどこに行くにも常に一緒という二人を、首都の住人たちは、まるで双子《ふたご》だと言い合うのだった。

もちろん、『イーリアス』も二人で読む。

書物を閉じて、アレクサンドロスが言う。

「ボクはアキレウスで、きみはパトロクロス」

ヘーファイスティオンには、笑って言わせておく優しさがあった。

彼だって、不死身ではないパトロクロスに比べてアキレウスは不死身であるのは知っていた。だがアキレウスとて、母親のテティスが不死の身になる泉に漬《つ》けるのに足首の部分を持って漬けたので、他はすべて不死身でもその部分だけは不死身ではないのだ。現代でもこの部分は、「アキレス腱《けん》」と呼ばれている。

アレクサンドロス

だから、「死する身」、つまり「人間」であるアレクサンドロスが、その自分をアキレス腱以外は不死身の英雄になぞらえることからして矛盾なのだが、このような子供らしい論理の矛盾を突かないのも、ヘーファイスティオンの優しいところであった。

この幼な友達が、アレクサンドロスにとっての「生涯の友」になる。

命を託す馬

ちょうどこの時期、十二歳になるやならずという年齢だったアレクサンドロスは、もう一人の「生涯の友」に出会うことになる。

コリントの商人が、テッサリア地方の産という一頭の馬を、マケドニア王に売りに来たのだった。

売り値は十三タレント。軍船である三段層ガレー船を、十三隻《せき》も進水できるほどの値である。

馬と言っても、現代のサラブレッドを思い出してはならない。優美なサラブレッドとはまったくちがう、怪馬、としか言いようのない馬なのだ。形は馬でも頭部だけならば牛。体格も他の馬に比べて大型。それでいて俊足。足の速さではどの馬にも負けず、誰かがつけた「ブケファロス」（牛の頭）という名が示すように、正面からの威圧感は、近づいただけでもはじきとばされるよう。眼光も、静かどころか猛々《たけだけ》しく、人間などとは関係を持ちたくないと、決めているかのようであった。

実際、これまでにこの馬を乗りこなせた者は一人としてなく、おかげで、手綱もない正真正銘の裸馬。それを御してやろうとして、王の見ている前でマケドニア騎馬軍団のベテランが次々と試みるのだが、その全員が、馬にまたがるやいなや振り落とされてしまうのだった。それも、汚《けが》らわしい物でもあるかのように、馬体を軽く一振りされただけで。

一見しただけで誰にも、ブケファロスが特別な馬であることはわかった。

しかし、誰一人乗りこなせない馬を、馬場で遊ばせておくだけに十三タレントも払うのは、マケドニア王とてできない。フィリッポスはコリントから来た商人に、やはり買えないと伝えるしかなかった。

その時、これまでは見物人の一人だったアレクサンドロスが声をあげたのだ。父王に向って、買うべきだと主張したのである。

だが父親は、息子の生意気な主張を、そのままでは受け容《い》れなかった。

「おまえが乗りこなせたら、馬は買っておまえに与えよう。ただし失敗に終わったら、購入費はおまえが払うことになる」

乗りこなせなかったら彼に降りかかってくる十三タレントもの多額なカネの工面な

どは、考えないのがアレクサンドロスなのである。

父親の言葉も聴き終わらないうちに馬場に入っていった少年は、これまでの誰もが試みたように、すぐには乗ろうとはしなかった。

しばらくの間、馬の周囲をまわりながら好機をうかがう。馬も、このチビなどは相手にするに値しないと思ったのか、立ったままでビクとも動かない。それでも眼の端では、少年の動きは追っていた。

少年は、少しずつ距離は縮めながらも、まだ乗ろうとはしない。馬に接近するまでに、誰もが息をつめて見守る中でしばらくの時が過ぎた。

と次の一瞬、少年はひらりと馬に乗り移った。

ここでブケファロスは、全力をふるって少年を振り落とそうとする。手綱もないので少年は、馬のたてがみにしがみついたままだ。

馬と少年の間で現代アメリカのロデオ並みの格闘がつづいたのだが、方針を変えたのは馬のほうだった。

たてがみにしがみついたままの少年を背に、驚いて道を開けた群衆の間を駆け抜けて街の外に走り去ったのである。

王もふくめたその場にいた人の全員が、振り落とされてスゴスゴともどってくる少年を想像した。

ところが、もどってきたのは、ブケファロスに乗ってニコニコしながらもどってきた、アレクサンドロスだった。人々は感嘆のため息で迎え、父親のフィリッポスは、顔をくしゃくしゃにして迎えた。

このとき以来、ブケファロスは、少年の愛馬になった。ただし、アレクサンドロス以外の誰も、乗せなかった。馬丁でも近づくと蹴飛《けと》ばされるので、馬が馬丁に慣れるまでの間、少年が馬丁とともに世話をしてやるしかなかった。

イタリア語に、「カバッロ・ダ・バッターリア」という言い方がある。直訳ならば「戦場に連れていく馬」だが、大切な場で命を託す馬、という意味である。カイロネア、グラニコス、イッソス、ガウガメラ、そして最後の会戦になるインドでの戦闘と、アレクサンドロスが勝利したすべての大会戦で、彼が命を託したのがブケファロスであった。

なにしろ、アレクサンドロスの騎兵戦法は、菱形《ひしがた》の隊型になった騎馬軍団の先頭に彼自身が立って、敵に突っこんでいく戦法である。

馬格が大きいだけでなく足も速いブケファロスは、この戦法を託すには理想的であったのではないか。

実際、このブケファロスと人馬一体になったアレクサンドロスの率いるマケドニアの騎馬軍団が、すべての会戦で勝利を決めることになるのである。

アレクサンドロスは、早くも少年の頃から、「生涯の友」に恵まれただけでなく、「生涯の愛馬」にも恵まれたのであった。


しかし、英雄アキレウスを夢見ることも、荒い気性の愛馬とたわむれることも、十三歳を迎える頃には、それだけでは済まない季節に入る。父親のフィリッポスが、そろそろ息子の養育の主導権は父親の手にもどすべきだと考えたからであった。

それを託す教師たちの人選も、フィリッポスが自ら決めた。

まず選ばれたのが、少年の体力の強化と武術の向上を託された教師で、名をレオニダスという。

当時のギリシア人ならばこの名を聴いただけで、思い起したにちがいない。

百三十六年も昔にさかのぼる紀元前四八〇年、二十万を越える大軍で攻めこんできたペルシア軍を、わずか三百の兵を率いただけでテルモピュレーの峠道に一週間も釘《くぎ》づけにした当の人が、スパルタの王レオニダスであったのだ。最後は三百全員の玉砕で終わったとはいえ、ペルシア側は二万もの戦死者を出し、「スパルタの戦士」の勇名をギリシア中に轟《とどろ》かせた男である。

武器を差し出せば全員の無事帰国を許すというペルシア王の申し出を、「モロン・ラベ」（取りに来たらよかろう）の一言でしりぞけた男でもあり、スパルタ人にかぎらず、ギリシア中の男たちの胸を熱くした男でもあった。しかもなぜか、レオニダスという名は、スパルタ男にしか見出《みいだ》せない名でもあるのだ。

父親が選んだこのレオニダスの指導下、十三、十四、十五歳の丸三年間、アレクサンドロスは、これ以上はないくらいの「スパルタ教育」を受けることになる。

スパルタ教育

早朝、まだ暗いというのにたたき起される。朝食をとるどころか顔を洗う時間さえも認められず、ただちに重装歩兵の軍装を身につける。

軍装というからには、兜《かぶと》や胸甲や具足だけでは済まない。重くて大きな円型の盾《たて》、ゆるくそり返っている重い長剣、六メートルを越す長さのサリサと呼ばれる長槍《ながやり》は、半ばで分けて二本にし、肩でかつぐ。

そのうえさらに、歩兵ならば常に持つ、丈夫な麻布でできた大袋につめた、行軍中に必要とされる品の数々。武具から何からすべてを合わせると、全重量は四十キロを越えた。だがこれが、ギリシアの重装歩兵の行軍中の軍装であったのだ。

つまり、スパルタ人の教師はマケドニアの王子に、一兵卒並みの重装備での長距離行軍を課したのである。

昼どきに供される食事も、兵卒と同じ軍隊食。空腹が最高の味つけであるのを、アレクサンドロスも学んだにちがいない。

雨が降ろうが雪が積もろうが、反対に太陽が照りつけようが、いっさい容赦はされなかった。地面にじかに眠るのにも、命令一下とび起きるのにも、慣れるしかなかった。

テルモピュレー時代のスパルタの戦士たちが十年かけて習得していたすべてを、アレクサンドロスとその仲間たちは、三年で習得しなければならないのだ。スパルタ人以上の「スパルタ教育」になるのも、しかたがないのである。

またそれは、レオニダスを息子の教師に選んだ、フィリッポスの考えでもあった。兵士とは、自分ができることも完璧《かんぺき》にやれ、しかもそれに加えて、自分ではできないことまでやれる人物だと、初めて心から尊敬する気になるからである。

そうなって初めて、部下たちの全員を、自らの手足でもあるかのように使いこなすことができるからであった。

スパルタ王レオニダス

レオニダスの指導下でつづく「スパルタ教育」には、学友仲間としてもよい若者たちも参加していた。

いずれもマケドニア王国の高位高官の息子たちで、王の右腕のパルメニオンの息子のフィロータスも、マケドニアの旧家の出のクラテロスもいたという。そうであれば、彼ら二人はアレクサンドロスよりも四歳の年長になる。

どうやらアレクサンドロスとヘーファイスティオンの二人が年少組で、彼ら以外の仲間たちは、数歳にしろ年上であったらしい。

だが、この年頃での四歳の差は大きい。

年少組の二人がヘトヘトになって目的地にたどり着いたときには、年長の仲間たちはすでに到着していてレオニダスと談笑しており、ようやくたどり着いた二人を涼しい顔で見下すという光景もあったかもしれない。王子に、チクショウ、負けてなるものか、と思わせるのも、その王子の教育を託されたレオニダスの狙《ねら》いであったのだから。

この「スパルタ教育」の仲間たちは後に、ペルシアに進攻したアレクサンドロスが、一軍を託せるだけの武将になるのである。

師・アリストテレス

しかし、父王フィリッポスが偉かったのは、息子に、「スパルタ教育」を授けただけでは充分でないと考えたところにあった。

頭脳の強化と向上には、哲学者のアリストテレスを招聘《しょうへい》している。

この時期のアリストテレスの年齢は、四十代に入ったばかり。生れから言えばマケドニア人だが、若い頃からアテネに留学し、プラトンが創設した「アカデミア」で二十年も学んだ人だから、もはやアテネ人と考えてよい。プラトンの弟子ということは、プラトンの師であったソクラテスの弟子にもあたる、ということである。

四十代前半という、壮年も真盛りの時期にあった哲学者が、十三歳から十六歳になるまでのアレクサンドロスと、何をするにもどこに行くにも一緒というヘーファイスティオンも加えた学友仲間に、教養のすべてを教える教師になったのである。老いた教師が、孫の世代の少年を教育するのではないのだった。

レオニダスが与えたスパルタ式の教育に比べて、アリストテレスが与えたアテネ式の教育の、具体的な内容まではわかっていない。だが、次の二つのことから、推測は可能なように思う。

第一に、哲学者アリストテレスの知的関心が向う先が、実に広範囲に及んでいたということである。それを現代の大学の講座別に分ければ、十七人もの教授が担当しなければ果せないほどの数になる。

悲劇を論じたかと思えば、政体を詳細に分析する。人文系の学問の専門家でありながら、自然科学から医学にまで興味を示す。百科全書的知識人と言いたいところだが、それも彼にしてみれば、多くの分野を視界に収めてこそそのうちの一分野への認識も深まり、それに基づいての判断も正確になると考えてのことだろう。

自然界の現象であろうが人間界のことであろうが関係なく、何にでも関心を示した好奇心の強さには感嘆するしかないが、それでいながら抜群のバランス精神の持主でもあった。

論理学の創始者というのに、次の一句でその乱用に警鐘を鳴らしている。

「論理的には正しくても、人間世界でも正しいとはかぎらない」

「知識」と「知力」のちがいを、痛感せずにいられない一句である。

哲学者アリストテレスの特質の第二だが、マケドニアの王子の家庭教師を終えた後に彼は、再びアテネにもどる。もどってまもなく、アテネの郊外にあるリュケイオンと呼ばれていた地で学校を開いた。

プラトン開校の「アカデミア」が大学とすれば、「リュケイオン」は高校と考えてよいだろう。専門課程に進む前に会得《えとく》しておかねばならない教養全般を教えるのが、

「リュケイオン」開校の目的であったのだから。

そして、この精神ならば、現代でもなお、「リュケイオン」を語源にした、フランスの「リセ」やイタリアの「リチェオ」に受け継がれているのである。


とはいえ、なぜ哲学者がそこまで？

そう思うのは、古代の哲学を現代に生きるわれわれが、現代ではそれしかなくなってしまった講壇哲学と同じと考えているからだ。

哲学とはもともと、知識を得る学問ではなく、知力を鍛《きた》える学問なのである。

古代の哲学者であるアリストテレスが年少の弟子たちに教えたのも、基本的には、次の三つに集約されていただろう。

第一に、先人たちが何を考え、どのように行動したかを学ぶこと。

これは歴史であり、つまり縦軸の情報になる。

第二は反対に横軸の情報で、言うならば日々もたらされる情報。

学ぶべきことは、これらの情報に対しては偏見なく冷静に受け止める姿勢《スタイル》の確立、につきる。

最後は、第一と第二に基づいて、自分の頭で考え自分の意志で冷徹に判断したうえで、実行に持っていく能力の向上、になる。

この三つは哲学を学ぶうえでの基本的な姿勢でもあるが、この三つを会得しさえすれば、その後は何をやろうがどの分野に進もうが、応用が完全に可能な原則でもあるからだった。

教養とはもともと、応用可能であるからこそ、学ぶ価値もあるのだ。

後のローマ人が言うようになる「アルテス・リベラーレス」、英語に直せば「リベラル・アーツ」を、少年のアレクサンドロスは、それを教えるのに最もふさわしい人から学んだことになる。しかも、十三歳から十六歳までという、感受性が最も豊かな年頃に。

しかし、師の教えをそのまま受け入れるだけであったら、単なる優等生で終わってしまう。アレクサンドロスは、そうではなかった。師の説く次の教えには、まったく従わなかったからである。

「ギリシア人に対しては同等の友人として接してよいが、非ギリシア人（つまり蛮族《バルバロイ》）には、動物か植物とでも思って接すべきだろう」

この教えには、ペルシアへ行ってからのアレクサンドロスはとくに、正反対としてもよい態度で臨むのである。

また、アリストテレスの著作を読んでの私なりの感想にすぎないが、この人は所詮《しょせん》、都市国家《ポリス》時代のギリシア人であったのだ、ということである。反対にアレクサンドロスのほうは、都市国家を超越したギリシア人になっていくのである。

とはいえ、師からはすべてを学び取りながらも、師の説くすべてに従うわけではないというのも、優れた弟子の証《あか》しではないだろうか。

なにしろ哲学そのものからして、自分の頭で考える重要性を教えているのだから。

アリストテレス

もう一つ、私の関心を刺激した事柄があった。それは、十三歳から始まって十五歳までの三年間に集中的に成されたという、レオニダスによる訓練とアリストテレスによる授業の日程が、どのように組まれていたのかということである。

レオニダスによるスパルタ式の猛訓は、

陽も昇らないうちに始まり、しばしば陽が落ちた後もつづけられ、そのすべてが終わった後は死んだように眠りこむしかなかったという。

それでは、アリストテレスによる授業などは入りこむ余地はない。また、成育途上にある少年の肉体を、鍛えるどころか壊してしまいかねない。

しかし、スパルタ式の猛訓とアテネ式の授業は三年間、厳格につづけられたということはわかっている。ならば、スパルタ式とアテネ式は、互いに三日ずつとか、日を分けて行われたのではないだろうか。

もしもそうであったならば、三日つづいた猛訓練の後に訪れるアリストテレスによる授業は、アレクサンドロスにとって、知への愛を全身で吸収する、愉《たの》しくも快適な時間になったにちがいない。長い眼で見れば役立っても今すぐには役立たないという性質をもつ教養とは、愉しく学ばなければ身につかないものなのである。

肉体と精神両面でのこの特訓も、成長するにつれて終わりに近づく。つまり、精神と肉体ともに少年期を脱しつつあったアレクサンドロスに、父王フィリッポスは、もう一つの重要事を学ぶ機会を与えたからであった。

紀元前三四〇年、四十二歳になっていたフィリッポスは、ギリシア北辺一帯で進めてきた制圧の網を、ビザンティオンにまで広げる軍事行動に発つ。片腕と言ってもよいパルメニオン率いるファランクスを従えての出陣なので、マケドニア王国の主戦力総出の遠征になった。

王不在中のそのマケドニアの統治を、十六歳の息子に託したのである。

王国全般の統治、しかも主戦力は空っぽの中での統治だ。机に向っていれば済む任務ではまったくなく、スキと見れば侵入してくる北の蛮族への対処も怠ることは許されない中での、統治であった。

十六歳は、初めてのこの公務を、目的を果して帰国した父親が満足する状態で、再び父の手に返すことができた。統治面での「初陣《ういじん》」は、成功で終わったことになる。

ここで一休み。

後世からは「大王」と呼ばれることになるこの人の幼少年期を書いていてしばしば笑ってしまうのは、フィリッポスってけっこうちゃんと父親をやっているではないですか、と思うからである。

野蛮だ下品だと奥さんには軽蔑《けいべつ》されながらも、息子の教育には相当に適切な配慮で臨んでいたのがこの父親だった。

体育面はスパルタ式に、教養となればアテネ式を採用し、しかもそのやり方で一貫している。

フィリッポスの胸中には常にあった、名実ともに正真正銘のギリシア人でありたいという願望を、息子に託す想《おも》いゆえであったのか。

後のアレクサンドロスの演説に見られるとおり、息子は父の成し遂げた成果を正しく評価していたし、それゆえに認めていた。

父親のほうも、予想を常にはずされるものだから驚くことしばしばであったにかかわらず、息子の才能を、父として誇りに思うとともに、一人の人間としても完全に認めていたのである。

でいながらこの父と子は、面と向うや言い争いになってしまうのだ。

憤然と席を起《た》ち、仲間を引き連れて出ていく、アレクサンドロス。

その背に怒りの声を浴びせる、フィリッポス。

それでいて、この父と息子の関係は、しばらくするともとにもどるのだ。

息子が、強情の鉾《ほこ》を納めたからではない。関係改善の試みは、常に父親の側から成されている。私の想像では、フィリッポスが秘《ひそ》かにヘーファイスティオンを呼び、どうにかせよ、とでも言ったからではないかと思っているのだが。

いずれにせよ仲直りは実現するのだが、面と向うやまたもケンカになってしまうのだから、オカシナ父と息子ではあった。


翌年、十七歳になった息子に父親は、戦場を初めて経験させる。とは言っても、戦闘に参加させたのではない。パルメニオンにでも頼んで、北方のギリシア人相手の小ぜり合いとはいえ、実際の戦闘を現地で見せたのである。この体験は、早くも一年後に花開くことになる。

初陣

紀元前三三八年に闘われた、歴史上では「カイロネアの会戦」の名で知られる戦闘が、十八歳を迎えたばかりのアレクサンドロスの「初陣」になった。

この戦闘は、ギリシアの歴史を変えただけでなく、フィリッポスにとっても重要な戦闘になる。なにしろ、新興国でしかなかったマケドニアが敵に迎えたのが、都市国家《ポリス》としての歴史が長い、ゆえに都市国家の雄としてもよい、アテネとテーベであったからだった。

「カイロネアの会戦」とは、マケドニア軍と、アテネとテーベが主力になって編成された、ギリシアのポリス連合軍の間で闘われた戦闘《バトル》になる。

この戦闘の展開に関しては、フィリッポスを中心に物語った章ですでに詳述しているので、ここではふれない。あの会戦での最高司令官は、あくまでもマケドニア王のフィリッポスだった。

しかも、カイロネアの戦場でのアレクサンドロスは、参戦は許されたが騎兵の全軍をまかされていたわけでもなかったのだ。自軍を二分したフィリッポスが右翼と中央の半ばを指揮し、中央の残り半ばと左翼は、パルメニオンにまかせていたからだった。

そのマケドニア軍の陣型の中で、アレクサンドロスとその学友仲間で成る騎兵の一隊は、左翼も左翼、しかもその最も端に配置されていた。

総指揮をとるフィリッポスの戦略では、息子に与えた一隊はあくまでも補助で、もしもマケドニア軍が撤退しなくてはならなくなった場合の側面援護役が、十八歳に課せられた任務であったのだ。

ゆえにアレクサンドロスには、父王からの厳命が与えられていた。こちらからの命令があるまで、絶対に動いてはならない、と。

ところが、十八歳は動いてしまうのである。父の命令を無視しただけでなく、勝機と見た一瞬を逃さず、率先して敵への攻勢に転じたのだ。

これが、「カイロネアの会戦」の行方を決める。カイロネアでの勝敗は、ブケファロスにまたがって敵中に突っこんで行ったアレクサンドロス率いる騎馬隊と、それにかきまわされたテーベ軍との間の戦闘で決したのである。

戦略・戦術の研究者たちは、アレクサンドロスを取りあげるとき、ペルシアに渡って以後の戦闘のみを論ずる人が多い。

しかし、「カイロネアの会戦」には、その後のアレクサンドロスのすべてが現われているのだ。

たしかにあのときの彼は、補助あつかいで、小規模の騎兵の一隊を率いていたにすぎず、司令官と呼べる地位にはなかった。それでも十八歳は、このカイロネアで、武将としてのアレクサンドロスの能力を、早くも展開してみせている。まるで、作家のすべてが、処女作にすでに現われている、というのに似て。

第一は、速攻に次ぐ速攻によって戦場での主導権を手中にしたからこそ勝利できるのだが、その結果、戦闘の時間が短縮されること。

第二は、戦闘時間の短縮は、自軍の犠牲者の減少につながるので、兵士たちの士気の鼓舞に役立つこと。無為に死ななくてもよいということくらい、兵士たちのやる気の維持とその向上に役立つこともないのである。

アレクサンドロス以降の古代の名将たち、カルタゴのハンニバル、ローマのスキピオ、スッラ、そしてカエサルまでの全員が、武将としてはアレクサンドロスを第一にあげるのは、数万規模の兵士を率いる彼らだからこそ、その一人一人の兵の士気の如何《いかん》が戦果に響いてくるのを、肝に銘じて知っていたからだろう。

兵士の一人一人が、自分たちは犬死しなくてもよいと得心することほど、リーダーの価値を決めることもないのである。

「カイロネアの会戦」でも、敗れたテーベやアテネの戦死者の数の記録は残っているが、マケドニア側の戦死者については、記すまでもなし、であった。

第二は、これまでのギリシアではついぞ見なかった、戦闘の勝敗は、騎兵がまず先陣を切り、その後も騎兵と歩兵の絶妙な連帯による展開で決まるということを、初めてギリシア人に見せつけたところにある。

都市国家時代のギリシアのポリスの主戦力は、重装歩兵《ホプリーテス》でつづいてきた。その中での騎兵は、資産に恵まれた富裕層の専門職と見なされてきたのである。

それをアレクサンドロスがカイロネアで、騎兵も立派な主戦力になりうることを実証したのだ。

しかし、この厳しくも冷酷な時代の変化を、真に認識できた人は少なかった。とくに、長年にわたって重装歩兵を重視しつづけ、騎兵戦力に至っては事実上ゼロできたスパルタは、絶対にマケドニアの新戦略を認めようとしなかったのである。

認めたのは、騎兵によってカイロネアで勝ったマケドニアの王フィリッポスだが、その彼には、勝ったがゆえの問題の解決が待っていた。

それは、息子で世継ぎだからいずれはマケドニア軍の最高司令官になる、アレクサンドロスの身の安全をどうすれば保証できるか、という難題だ。

なにしろこの世継ぎは、先頭を切って敵に突っこんでいく性癖がある。

縦長の菱形の陣型の先頭に立って突っこむのだから、いかに異能の馬ブケファロスに乗っているとはいえ、他の誰よりも敵側からの攻撃に身をさらすことになる。

アレクサンドロス

とは言っても、アレクサンドロスが先頭を切るのは、彼の信念に基づいての行動だからどうしようもない。

誰よりも自分が兵士全員の手本であらねばならないというのが、彼が自らに課した責務であったのだ。しかもその信念は、何であろうと先頭に立つという、彼本来の気性にささえられていたので、叱《しか》りつけようが理《ことわり》をつくして説得しようが、改善の希望は絶望的と言ってよい。

と言って、放って置いたのでは、最悪の事態になりかねない。最高司令官の死が敗戦に結びついてしまうのは、多くの戦闘で実証されていた。

なにしろ、一兵卒ではできないこともやれるのが、リーダーの存在理由である。最高司令官とは、戦死したからと言って簡単に入れ換えが可能な存在ではないのだ。

フィリッポスが偉かったのは、息子のこの性癖を、矯正しようとはしなかったところにあった。

放って置くことにはしたのだが、それでも一計は考えた。

クレイトスという名の兵士を呼び出し、息子の守り役を頼んだのである。

クレイトス（Kleitos）はこの年、三十七歳。アレクサンドロスよりは、十九歳の年長になる。マケドニアの王子とのつながりは昔からあり、クレイトスの姉がアレクサンドロスの乳母であった頃からで、ということは、アレクサンドロスが赤ん坊であった頃を知っている男ということでもあった。

父親はこの男に、戦場での息子の守り役を頼んだのである。

それはつつしんで受けたクレイトスだが、彼自身は、騎馬軍団の全軍の指揮をまかせられるだけの能力の持主であった。だがそれを犠牲にして、以後は突っ走る一方のアレクサンドロスの後を追うことのみに徹する人生を送ることになる。

北方民族のマケドニア人にしては珍しい浅黒い肌に、武人丸出しの無愛想な態度から、「黒いクレイトス」がその彼の呼び名になった。

二年が過ぎる。

その二年は、カイロネアで勝利したフィリッポスにとっては、多忙をきわめた二年になった。

まず、アテネとテーベという有力な都市国家を敵にまわしてさえも勝ったマケドニア王に、もはや刃向うポリスはなくなったギリシア人に、マケドニアの覇権を確認させる仕事が待ちかまえていた。ペロポネソス半島の南端に引っこんだままのスパルタだけが唯一《ゆいいつ》の例外だが、それ以外のギリシアのポリスは、マケドニアの覇権下に入るのを、やむをえずにしろ認める気持にはなっていたからだ。

それらポリスの代表たちを召集したコリントでの会議は、マケドニア王フィリッポスを、ギリシア全軍の最高司令官として公式に認めたのだった。カイロネアでは敗れたアテネもテーベも、コリント会議では、それに賛成票を投じている。

ギリシア全土の兵士から成る軍勢の設立の理由を、フィリッポスは、ペルシアへの遠征のためとしている。

フィリッポスにすれば、エーゲ海を再びギリシア人の海にもどすには、小アジア西岸部に連なるギリシア人居住の諸都市とそれに近接する島のすべてを、ペルシアの支配から解放するしかなく、それにはペルシアへの進攻が不可欠になる、というのである。

まったくそのとおりで、だからこそ紀元前四八〇年の「ペルシア戦役」当時のギリシア人は、押し寄せてきたペルシアの大軍を迎え撃ち、撃破し追い払う必要があったのだった。

しかし、あれから百五十年が過ぎようとしているギリシアでは、かつての有力ポリスのアテネもスパルタもコリントも、その日その日を無事に過ごすことしか考えなくなっている。いかにギリシア人にとっては誇り高い栄光であっても、昔は昔、でしかなくなっていたのだった。

だから、コリント会議に来ていた各ポリスの代表たちは、フィリッポスから、ギリシア連合軍編成の必要を説かれても、心中では皮肉な笑いを浮べていたにちがいない。

とはいえ、カイロネアで、軍事力の威力を見せつけたマケドニア王の提言である。また、現実的なフィリッポスは、全ギリシアのマケドニア王国への併合を求めたのではない。

各都市国家は独立を保持し、ただ単にこれからは、マケドニアの覇権下に入ることを求めただけであった。

それによる、ギリシア連合軍の編成。その最高司令官にはフィリッポスが就任し、連合軍編成の目的は、遠征してペルシア帝国をたたくこと。

カイロネアでの敗者たちは、心中では笑ってはいても、それはそれで受け入れたのである。「カイロネア」の後では、受け入れるしかなかったのだが。

コリントでの会議を終えてマケドニアにもどってきたフィリッポスは、得意の絶頂にあったろう。オリンポス山に棲《す》まう神々からも背を向けられていたマケドニアであったのに、彼一代でギリシア最強の国にしたのだから。

翌年、長年つれそってきた王妃のオリンピアスを離婚し、高官アッタロスの姪《めい》にあたる女を妻に迎えた。

離婚されたオリンピアスは、怒って実家のエピロスにもどってしまう。母想いのアレクサンドロスは、娘ほどの年頃の若い女を妻にした父親を軽蔑した。

しかし、エピロスの王女だったオリンピアスとの結婚が政略結婚であったのだから、それが破綻《はたん》した後も政略的配慮は忘れるわけにはいかない。

次の年の夏、マケドニアの首都ペラでは、エピロスの王とマケドニア王の娘との結婚が、盛大に行われていた。会えば必ず父親とは衝突してしまうアレクサンドロスも、実妹の結婚ゆえ列席している。

王家同士の結婚ゆえ数々の行事が予定されていたのだが、その一つに劇場での観劇があった。その劇場に向う道で、突如襲ってきた男にフィリッポスが殺されてしまったのだ。

マケドニア内部の不満分子による暗殺ではなく、私恨による殺しであったというが、ギリシア最高の権力者の四十六歳での死を、予想していた人は一人もいなかった。

マケドニア王フィリッポス二世の突然の死は、マケドニア内にかぎらず、ギリシア中にも不穏な波になって広がる。二十歳になったばかりのアレクサンドロスにとっては、後継者の資格を試される機会でもあった。

二十歳で王に

マケドニアは王国だが、それでもギリシア人の国だけに、オリエントの王国とはやはりちがう。

王の世継ぎに生れ育ったというだけで、自動的に王位に就けるわけではない。一隊を指揮する地位にある将たちを召集した集会で、推挙され選出されて初めて王になれるというのが、マケドニアでは決まりになっていたのだった。

この集会は、最高裁判所も兼ねていた。つまり、王でさえも、この集会の下す判決がないかぎり、部下といえども死刑に処すことはできないのである。この点も、オリエントの君主国とはちがっていた。


父の死後直ちに召集されたこの集会で、アレクサンドロスは部下たちから、自分たちの王になることを正式に認められたのである。

カイロネアの会戦後の二年間に、将兵たちの彼への支持が確立していたのだ、とする研究者もいる。

私もそれには同意するが、それと同じくらいの重要さで、いち早くアレクサンドロス支持を明らかにした、パルメニオンの存在が大きかったのではないかと思う。

いずれにしても二十歳は、最初の関門はパスしたのだ。そしてこの一事は、早くも国内を固めることによって、権力の空白状態を回避したことになった。

その後も二十歳は、速攻戦法を変えなかった。再びコリントの地に、ギリシアの全ポリスの代表たちを召集したのである。

フィリッポスの突然の死を知ったギリシアの各ポリスは、二年前のコリント会議での誓約はフィリッポスに対してだから、彼の死とともに誓約のほうも白紙にもどる、などと言い始めていたのだから。

この動きを知ったアレクサンドロスは、踏破距離の稼げる騎兵軍団だけを率いてコリントに到着した。

そして、集まった代表たちに、二年前に成されたフィリッポスへの誓約、つまりはマケドニアの覇権を認めるとした誓約の、再確認を求めたのだった。

それも、軍事力を背にして、強要したのではない。実際はそうなのだが、次の項目をつけ加えることで、代表たちの決断の後押しまでしたのだ。

それは、コリント会議参加のギリシアの都市国家すべての自由と独立を、覇権国であるマケドニアは完璧に認める、としたことだ。

ただし、マケドニアの覇権下では、各ポリス間の戦争は認めず、そうなった場合はコリント会議の全員で解決するということは二年前にフィリッポスが誓約させていたことなので、それはそのままでつづく。

要するに、以後のギリシアからはポリス間の争いが消え、それでいて各ポリスは、彼ら自身で自由に選んだ政体で行けるということであった。

アテネが覇権国であった時代は民主政《デモクラツィア》が幅を効かせ、反対にスパルタが覇権をにぎってからは寡頭政《オリガルキア》が奨励されたが、そういう時代は終わったのだ、ということになる。もちろん、マケドニアの覇権下に入っても、王政《モナルキア》がもてはやされることはない、ということである。

一国の覇権の下での各地方の自由と独立は、以後のアレクサンドロスの統治の基本方針になることでもあった。

それでも、コリントに集まった各ポリスの代表たちは、アレクサンドロスの求めを、ギリシアの都市国家を尊重したがゆえと受けとり、マケドニアの覇権を認め、そのマケドニア王が率いるペルシア遠征への援軍派遣も誓ったのである。コリント会議での誓約の再確認という第二の関門も、二十歳はパスしたのだった。

このときのコリント滞在中に、アレクサンドロスというと必ず語られるエピソードが起る。

どこに行くにも一緒というヘーファイスティオンとアレクサンドロスが、哲学者のディオゲネスを表敬訪問したときのエピソードだ。この哲学者については、アリストテレスからでも教えられて知っていたのだろう。

コリントの街のはずれで大きな樽《たる》を住まいにしている老哲学者に、若き王はていねいに話しかけた。

「わたしにできることがあったら、遠慮なく言ってください」

衣服は破れ身体《からだ》も不潔なままのディオゲネスは、樽の中からアレクサンドロスを見上げて言った。

「ちょっとわきによけてくれませんかね。そこに立っていられると、陽がさえぎられてしまうのでね」

ディオゲネスは、日本では「犬儒派《けんじゅ》」と訳されている派の哲学者である。物質生活を軽蔑し、文化的社会的な価値を皮肉ることを信条にしている、言ってみれば、相当に世をすねた哲人なのであった。

そのすね者にこう言われてアレクサンドロスは、「わたしがアレクサンドロスでなければディオゲネスになりたい」と言ったというのだが、アレクサンドロスであることに自信をもっている彼が、このようなことを言うはずはない。おそらく、どこかの哲学者まがいがでっちあげ、権力者に文化の匂《にお》いがするや喜んでそれを特筆する癖のある、後世の知識人たちが広めた話だろう。ヘーファイスティオンと顔を見合わせて苦笑しただけで、犬儒派哲学者の前から立ち去ったというのが、真相に近いのではないかと思う。ディオゲネスに心酔でもしようものなら、ペルシアへの遠征などという、良くも悪くも人間的な大事業に出発できるわけはないのだから。

そして、コリントからもどった若き王には、ディオゲネスだったら、やめときなさい、そんな苦労をする価値はない、と言ったにちがいない任務が待っていたのである。

これまた、フィリッポスの死を好機と見て、不穏な動きを始めていた北方の蛮族への対策である。イリリア族との関係は生前のフィリッポスがほぼ解決していたので、そのさらに北から南下を狙うケルト族は、マケドニアには未知の敵であったのだ。

さし迫ったこの問題の解決に、コリントからもどったばかりの若き王は、軍装を解く間もなく立ち向う。

軍装を解く間もなかったのはマケドニアの兵士たちとて同様で、アレクサンドロスの指揮下全員が北に向った。北行も、簡単ではない。バルカン半島を縦断して、ドナウ河までの行軍になったのだから。

今度の北方の敵は、台頭しつつあったケルト族である。この五十年前には、一時にしろイタリア半島を南下してローマを占拠し、遅々としてではあったにしろ上昇中だったローマ人に、「ケルト・ショック」と呼んでもよい打撃を与えたと同じ民族に属した。

「ケルト人」とはギリシア人が与えた名で、同じ民族をローマ人は、「ガリア人」と呼んでいる。

この「ガリア問題」をローマ人が最終的に解決するのは、この時期よりは三百年も後の話になる、ユリウス・カエサル時代の「ガリア戦役」によってなのだ。

ゆえにアレクサンドロス時代の「ガリア人」はさほどの勢力ではなかったのだが、温暖な気候と豊かな農産物への憧《あこが》れから常に南下を狙っている、北方の蛮族の一つであることでは変わりはないのだった。

しかし、この時代のケルト民族にとっても、若き王が率いる組織されたマケドニア軍は、手強《てごわ》すぎる相手に見えたのだろう。北方蛮族相手に時間の空費をしたくなかったアレクサンドロスとは、利害が一致したのである。

こうしてケルト民族とは一種の不可侵協定を結んで帰国したアレクサンドロスだが、その間にギリシア中に偽《にせ》情報が広まっていたのを初めて知ったのも、マケドニアにもどってきてからになる。

それは、ドナウ河近辺でのケルト族との戦闘中に彼が死んだ、という情報だった。

これを信じてしまったテーベが、打倒マケドニアを旗印に蜂起《ほうき》したのである。

テーベ人は、三年前に闘われた「カイロネアの会戦」で自国のエリート軍団である「神聖部隊」が、速攻を駆使したアレクサンドロスによって全滅していたので、この若きマケドニアの王を深く恨んでいたのである。

反マケドニアに起《た》ったテーベは、市内に置かれていたマケドニア軍の基地を襲い、そこにいた兵士を皆殺しにした。

この報を受けたアレクサンドロスは、ただちに軍を率いて南下する。前回のコリント行きとはちがって、今回は歩兵の主力であるファランクスを同行しての南下になった。

そして、全軍にテーベを包囲させたうえで、コリント会議に参加していたポリスのすべてに対して、あのときに成された誓約に違反して起ったテーベへの処置を決めるよう求めたのである。

てくる。アテネを始めとする都市国家のすべてが、テーベには厳罰が下されて当然、と答え

それを受けた若き王の行動は、このときも速かった。テーベは徹底的に破壊され、主だった人々は処刑され、それ以外の住民は奴隷《どれい》として売り払われたのだ。

ギリシアの都市国家のうちでは、常に中程度のポリスであったにしろ長い歴史をもつテーベは、ギリシア中が戦慄《せんりつ》した残酷の中で姿を消したのだった。

古代のギリシア人やローマ人を書いていて抱く想いの一つは、日本で言う「武士に二言はない」という言葉は、西欧でも通用していたのだ、という想いである。

相手を百パーセント信用するのは、場合によっては危険になる。だが、疑ってばかりいたのでは、何ごとも前に進めない。

「誓約」とは誓って約束することだから、相手を信用して初めて成り立つ人間関係になる。たとえ署名をした契約書がなくても、それを破ることは、人間たる者してはならない卑怯《ひきょう》きわまる行為、ということになる。

何であろうと神格化するのが好きだったローマ人は、「フィデス」(信義)まで神にしたが、それは、人間が作る法の上に位置する、倫理であるからだった。

その古代で、裏切りが厳罰に値するとされていたのは、信頼で対してきた相手を裏切る行為になるからである。テーベも、アレクサンドロスも出席していた二度目のコリント会議で、誓約をしたポリスの一国なのだ。それを破ったのだから、マケドニアだけでなく他のポリスからも、裏切り者としての処罰に値すると断じられたのだった。一度口にしたことを引っくり返す武士は、もはや武士とは見なされない。この種の裏切りが国家反逆罪の名でひとくくりにされるのは、近現代になってからである。

とはいえこうして、一年も過ぎないうちにアレクサンドロスは、狭くて険しいテルモピュレーの峠道を二度も往復したことになったが、その労は報われる。ギリシアの都市国家《ポリス》はすべて、とは言ってもあい変わらずコリント会議への出席には応じないスパルタを除いてだが、それ以外のポリスはアレクサンドロスの下で鳴りをひそめるようにはなったのだった。

二十一歳になったアレクサンドロスには、父王の言い出したペルシアへの遠征を、ついに実行に移せる時が来たことになる。

東征

まず、残していくマケドニアの安全とギリシアの安定への配慮が優先した。

その大任を、二十一歳は、アンティパトロスに託す。

アンティパトロス（Antipatros）は父王時代からの高官で、パルメニオンが軍事面での片腕ならば、アンティパトロスは、外交面での片腕であった人である。遠征にはパルメニオンは連れていくと決めていた若き王は、父親世代の一人であったアンティパトロスに、後を託すという大任を与えたのだった。軍事面ではことは治めたから、後は外交で処理できる、と考えたのかもしれない。

このアンティパトロスには、難事であることでは変わらない、もう一つの依頼もしたのではないか。それは、母のオリンピアスと上手《うま》くやってくれ、ということである。

アレクサンドロスの母オリンピアスは、気が強いばかりでなく何にでも口出しする女だった。しかも、何かあるたびに息子に手紙を送りつけてくる。後事を一任されたアンティパトロスにとっては、外交上の手腕が最も必要になる相手になりかねないのであった。

この母親を除けば、何につけてもその処理には、軍事力がモノを言う。二十一歳は後を託す「代理」に、いずれもマケドニア人から成る一万二千の歩兵と一千五百の騎兵を残す。と言ってこの兵士たちは、本国残留軍というわけでもなかった。若き王の頭には、遠征途中での兵の交代システムの確立もあったからだ。

一万二千の歩兵と一千五百の騎兵を残して行くのだから、遠征に連れて行く兵力が減るのも当然で、固く踏んで、三万の歩兵と五千の騎兵が精いっぱいの規模になる。しかもこの数は、マケドニア以外の地方からの支援兵力も加えての数なのだ。

それでも若き王は、少しも心配していなかった。少数には、少数であるからこその利点もあると言いながら。

いずれにしても、後事を託されたアンティパトロスの任務は、相当な難事になる。だが、その彼を悩ませていた第一は、財政問題であったろう。マケドニア王国の財政は、ペルシアへの遠征などは考えられないほどの惨状にあったのだから。

国庫には、七十タレントしか残っていなかった。

借金に至っては、一千三百タレントにも達していた。

四十六歳で殺されるとは思ってもいなかったフィリッポスが、息子に十三タレントもする馬を買ってやったりして、大様にカネを借りまくっていたからでもある。

遠征に率いて行く陸上軍を維持するだけでも、年に二百タレントはかかるという。海軍の維持にも、年に百タレントは必要になる。

この状態では師のアリストテレスでなくても延期を推《すす》めたろうが、二十一歳は、瞬発力が衰える、などと言って聴き入れず、出陣は翌年の春、と決めていた。

史上有名なアレクサンドロスによる「東征」とは、資金繰りも確かでない状態での大事業進出、になるのである。

やはり、若いからこそやれる、大冒険ではあった。

あるイタリア人に、アレクサンドロスを一言で評するとしたらどの形容が適切だろうかと質問したら、その人は即座に答えた。

「愛すべきインコシエンテ」

「愛すべき」はひとまず措《お》くとして、「インコシエンテ」(incosciente)をイタリアの辞書は、無自覚、向う見ず、ゆえに相当に軽率、と説明している。

しかし、この「向う見ず」が率いていく遠征軍の陣容を見ていると、「インコシエンテ」であるのは彼の性格の半ばであって、残りの半ばはそうではなかったように思えてくるのだが。

その内実

総勢ならば三万五千になる全軍の最高司令官は、コリント会議で各ポリスの承認を獲得した以上、二十一歳ではあってもアレクサンドロスになる。次席は、父王世代で年齢も六十代後半に入りつつあったパルメニオン。

ただしアレクサンドロスとなると、この「主席」と「次席」の関係も変わってくる。地位の差ではなく、役割の分担になるのだ。

三万になる歩兵全員の総指揮はパルメニオンに、五千の騎兵の直接の指揮は、アレクサンドロスが取るというように。

それでまず歩兵だが、この歩兵全員の指揮でさえも、二十一歳はベテランのパルメニオンに丸投げしたわけではなかった。

総勢三万になる歩兵のうちの一万二千だけが、もはや「ファランクス」の名で定着した観のある、七メートル近い「サリサ」（長槍《ながやり》）を林立させて迫ってくる巨大なハリネズミ集団ということになる。その全員が、生粋のマケドニア人。

もともとからしてこの「ファランクス」の育ての親であったのがパルメニオンだが、最高司令官が父親から息子に代わって以後、この巨大なハリネズミもいくつかの分隊に分けられるように変わっていた。その目的が柔軟性と機動性の向上にあるのは、もちろんアレクサンドロスの考えによる。

遠征に連れて行く一万二千のうちの九千は、六個の大隊別に分けられる。

一千五百の兵で成るこの一個大隊の指揮はそれぞれ、クラテロスを始めとする六人に託された。全員が、アレクサンドロスとともに、レオニダスの下《もと》で「スパルタ教育」を受けていた当時の仲間で、いずれもまだ二十代の若者たち。

そして、一万二千からこの九千を引いた残り三千の「ファランクス隊員」を、アレクサンドロスは、「ヒパスピスタイ」(hypaspistai) と名づけた特殊部隊に仕立てあげた。

これは「特殊部隊」ではないかと私に思わせたのは、まず彼らの軍装にある。いかにマケドニア式に改良したと言っても「ファランクス」は重装歩兵だが、「ヒパスピスタイ」のほうは軽装歩兵に近い。主たる武器は、長槍ではなく短い槍。左腕に持つ盾《たて》も小型。

ゆえに巨大なハリネズミを思わせる「ファランクス」が敵に与える威圧力はないが、その代わりに機動性に富み、使い方も一つではない。重装歩兵団とともにも使えるし、騎兵団と組み合わせても使える。

言ってみれば小まわりの効く機能集団なので、一貫性は維持しながらも臨機応変の戦法を好むアレクサンドロスにとっては、実に使い勝手のよい三千であったろう。

都市国家時代のギリシアの「ホプリーテス」(重装歩兵)の役割は、アテネでもスパルタでも変わりなく、敵の攻撃を耐え抜くことで守った陣型のままで攻勢に転ずるところにあった。

それを、マケドニアの若き王は変えたのだ。まず防衛、次いで攻撃が役割であった重装歩兵を、多くはそのままで残しても、一部は騎兵と組み合わせて使うことで、始めから攻撃要員として使うように変えたのだった。

「ヒパスピスタイ」と呼ばれたこの特殊部隊は、アレクサンドロスによる戦略・戦術面での改革の、象徴的な存在になるのである。

この特殊部隊の指揮を、アレクサンドロスは、パルメニオンの二男で自分よりは少しばかり年上だったニカノレスに託した。この人も、「スパルタ教育」時代の仲間であった。

なにしろこの部隊には直前になって移動命令が下ることが多かったので、その説明に手間どるような人物が指揮官では不都合であったからだ。

そして、この特殊部隊も加えて合計一万二千になる歩兵の全員が、アレクサンドロスに従って東征に出発する、生粋のマケドニア人の兵士になるのである。

コリント会議で決まった遠征の目的が「ペルシア支配下にあるギリシア人の解放」にある以上、東征軍にはギリシアのポリスからの兵士たちも参加している。

それらギリシアの各地から参集した歩兵の数は、マケドニア兵と同数の一万二千になった。

これとは別に、コリント会議の参加国以外の兵士たちも同行する。彼らの出身地方はトラキアを始めとするギリシアの北部で、その地方はすでにフィリッポス時代に征服されていたから、マケドニアの属国と言ってよかった。これら属国にクレタ島からの兵士も加えた六千は、軽装歩兵だけに戦闘では、補助戦力にしか使えない。それでも、主戦力が力を発揮できるのは補助戦力がささえてこそだから、重要度は変わらないのだった。

次いでは、アレクサンドロスの直接の指揮下に入る騎兵だが、総勢五千のうちの二千が、マケドニア人の騎兵になる。

この二千の多くはマケドニア王国の支配層出身の若者たちで、「コンパニオン」と呼ばれていた。要するに、「王の仲間たち」ということだ。

しかし、この「王の仲間たち」こそが、騎兵で戦闘を決すると考えているアレクサンドロスにとっては、文字どおりの主戦力になるのである。つまり、先頭を切って敵に突っこんでいく集団なので、戦死する率は、他のどの隊よりも高率になる。都市国家時代のギリシアの騎兵のように富裕階級のお坊っちゃんでは、やってはいられない任務であった。

この二千の総指揮を、アレクサンドロスは、パルメニオンの長男で自分よりは四歳年上のフィロータスに託したのである。このフィロータスは、「スパルタ教育」時代の上級生であった。

しかも、ファランクスでさえも六個の大隊別に分けたように、アレクサンドロスは、「王の仲間たち」も八個の中隊に分けている。

こちらの一個中隊の構成員は二百五十騎。もちろんこれも、騎兵の機動性を高める目的から成された編成であった。ゆえに、中隊ごとに指揮官も任命されている。

第一中隊の指揮官は、クレイトス。

この騎兵中隊だけが「王の親衛隊」と呼ばれていたのは、この第一中隊の先頭に立って敵に突撃して行くのが常にアレクサンドロスであったからで、その守り役を命じられているクレイトス率いる第一騎兵中隊が、無鉄砲もよいところの若き王につづくしかないからであった。

横長の長方形で陣を組む歩兵に対して騎馬軍団の陣型が縦長の菱形《ひしがた》になるのは、まことに理に適《かな》っている。

敵の猛攻に耐えた後で初めて攻勢に転ずるファランクスに対して、アレクサンドロスの考える騎兵戦力の役割は、敵陣にくさびを打ちこむことでの敵の分断にあるからだ。

くさびを打ちこむのだから、先端の尖《とが》った菱形のほうが効果があがるのも当然だが、その先頭に立って突っこむのが、ブケファロスにまたがったアレクサンドロスになるのが、マケドニア軍の戦法の特色になる。

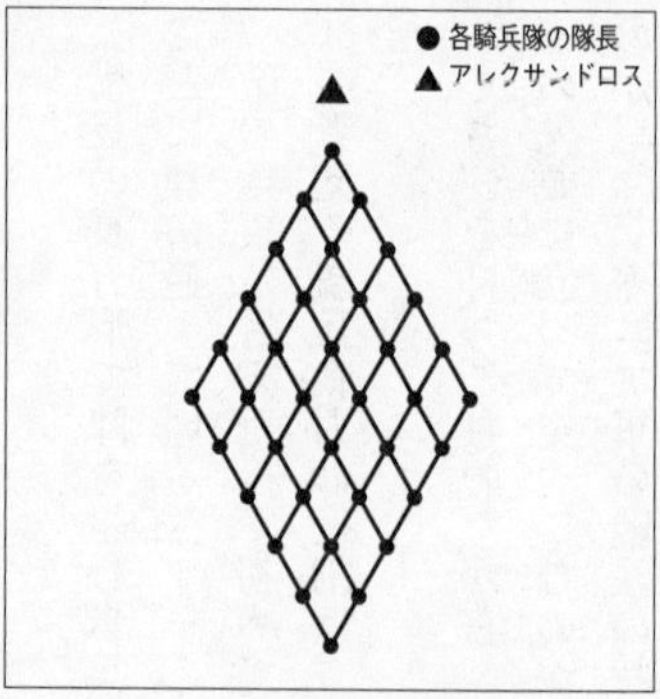

「ダイヤの切っ先」

しかも、若き王が「コンパニオン」でさえも八個の中隊に分けたのには、二つの理由があった。第一は、ファランクスのケースと同じで、責任と指揮系統の明確化。第二は、機動性に優れた騎兵ゆえの理由になるが、敵陣にくさびを打ちこんだ後はときには左右に分れ、そのまま敵を囲いこんでいく場合もあったからだった。

それゆえ、八個になる中隊の指揮官全員が、臨機応変な戦術の巧者であることが欠かせない。

第一中隊のクレイトス以外の隊長たちには、ヘーファイスティオンを始めとする、幼な友達としてもよい学友仲間が総動員されていた。

その中には、父親とケンカしたアレクサンドロスが家出するたびに一緒に家出した若者たちもいたというのだから笑ってしまう。だがそれも、眼を見合わせただけでわかり合える、同世代の友人同士であったからだろう。

ただし、戦端が切られるや突撃するのが騎兵軍団だから、彼らの犠牲者の率は他のどの部隊よりも高くなる。だが、苦情は言えなかった。最も危険に身をさらしているのが、アレクサンドロスであったのだから。

この二千騎の「コンパニオン」だけが遠征に同行するマケドニア生れの騎兵になるが、アレクサンドロスが信頼していた騎兵には、テッサリアから参加していた一千八百の騎兵もいた。もはやマケドニアの属国と言ってもよい中部ギリシアのテッサリア地方は、平野に恵まれているので馬の飼育にも適している。当然ながら、優秀な騎兵の産地でもあった。

この他には、コリント会議の参加国であるギリシアの各ポリスやトラキア地方からの騎兵も合わせれば、一千二百が加わる。

これら全員を合わせた騎兵の総数が五千になるのだが、すでに述べたように、その全員の総指揮が、パルメニオンの長男のフィロータスに託されていたのである。

ということは、父親世代のパルメニオンには同行を求めていても、実動の各部隊の指揮は、アレクサンドロス世代で占められていた、ということであった。

これが、遠征に向うと決めたアレクサンドロスが率いる軍勢の、第一の特質になる。

そして第二は、規模の小さい部隊別に分けたこと。柔軟性に富むことでの機動力の向上が目的であったのはもちろんだが、別の面での効果も大きかった。アレクサンドロスの軍では、戦闘中というのに最高司令官の発する命令が各隊長に、正確にしかも早く届くのには驚嘆してしまうが、それも、各隊の責任者を明確に決めていたことの成果と思う。

特質の第三は、三万の歩兵に五千の騎兵という、歩兵と騎兵の比率にあった。これこそが、都市国家時代のギリシアの常識からはずれていたのだ。これまでのギリシアでの歩兵と騎兵の比率は、騎兵が多かったときでも、十対一を越えたことはなかったのである。

アレクサンドロス以前には、騎兵の特質である機動性に眼をつけたギリシア人は、一人もいなかった、ということでもあった。

しかし、数では多数になる中産階級の担当する軍勢は、重装歩兵ではあっても歩兵である。その歩兵に比べれば少数になるしかない富裕者に課せられた軍務が騎兵、と考えられていたのが都市国家《ポリス》であった。この国体自体が、騎兵の重要性に目覚めるのを妨げていたのではないか。

王制の国に生れた王であっても、片足はまだ都市国家時代に置いていた感じのフィリッポスとちがって、その息子は、両足とも都市国家時代のギリシアから抜け出していたのだ。だからこそ、後ろ髪を引かれることなく、騎兵の重要性を認識することができたのではないかと思う。

海を渡ってギリシアからペルシアに向うのだから、アレクサンドロスの東征にも海軍は欠かせない。

軍勢を、ヨーロッパ側からアジア側に渡すためだけではない。アジア側に渡った後でも、本国マケドニアとの連絡や補給路は、敵地で孤立無援にならないためにも、確保しておく必要は絶対にあった。

それでこの海軍だが、マケドニアは陸上の戦力によって強大になった国で、海運にも無縁で来たので海軍を持った歴史がない。それゆえに、海軍というものがわかっていない。生前のフィリッポスのアテネへの厚遇はアテネの海軍力を過大評価していたからだと私は思っているが、その息子は、過大評価はしていなかったし海軍の重要性も理解していたのだが、今現在は、海軍の名に値する海軍を持っていないことでは変わりはなかった。

ゆえに海軍となると、コリント会議参加国に頼るしかない。それでも、百六十隻《せき》を集めるのには成功する。だが、他のどこよりも期待していたアテネからは、三段層のガレー船二十隻が送られてきただけだった。

実は、アレクサンドロスによるペルシアへの進攻に、ギリシアの都市国家の中で最も非協力的であったのが、アテネとスパルタなのである。

アテネは、コリント会議で賛成票を投じた以上、二十隻にしろ送ってはきた。だが裏では、ペルシアの首都スーザに密使を派遣しての、ペルシア王との連絡は絶やさなかったのである。

二股《ふたまた》をかけていた感じのアテネだが、コリント会議でアレクサンドロスは、各ポリスの自由と独立は完璧《かんぺき》に尊重すると明言している。それでアテネも民主政でつづいていたのだが、それゆえ言論も自由を謳歌《おうか》していた。

フィリッポスを「暴君」と呼んでの非難攻撃に情熱を傾けてきたデモステネスだが、五十歳になっても反マケドニアの態度は少しも変えていなかった。「暴君」が、父から息子に代わっただけである。

そのデモステネスだからアレクサンドロスのペルシア進攻にも絶対に反対で、対戦したとたんにペルシア軍に蹴散《けち》らされて終わりだろう、と断言していた。

このアテネに比べれば、スパルタの非協力は公然とはしていた。コリント会議には出席を拒否しつづけていたから、アレクサンドロスの東征に協力する義務もない。また、これまでの七十年もの歳月にわたって、スパルタとペルシアの仲は、密着と言ってよいほどの仲でつづいていたのである。

スパルタが、傭兵《ようへい》という形で兵力を提供し、それに要する資金はペルシアが払う、という形だ。

アテネ人のクセノフォンが書いたノンフィクション作品の『アナバシス』、別名では『一万人の退却』でも示されているように、ペルシア側に傭《やと》われたギリシア兵の指揮官クラスはほぼスパルタ人で占められていたし、六千キロもの敵中踏破を果したクセノフォンが、彼が率いた踏破行の生存者たちを手渡した相手も、スパルタの高官であった。これ以後も、兵士を提供するのはスパルタで、これを傭い入れるのはペルシア、の関係はつづいていたのである。

ギリシア本土では三十年前に価値を失っていた「スパルタ・ブランド」も、ペルシアでは生きていたということだろう。

また、自国出身の兵たちをペルシアに送り出すやり方を七十年にわたってつづけてきたスパルタに、どこの誰が率いようと、ペルシアを敵にする東征に協力できるわけもなかったのだ。

いずれにしても、ギリシアを代表するアテネとスパルタの両国からそっぽを向かれた中で遠征を決行するのだから、マケドニアの二十一歳は、やはり相当に「無鉄砲」ではあった。

そのうえ、この二十一歳は、遠征に連れて行く軍事要員以外の人々の人選でも、当時の常識を超えていたのである。彼らは、次のようなグループに分けられていた。

第一グループ――これって映画撮影時のスクリプターですね、と言うしかない記録者たちで成る一団。彼らの任務は、アレクサンドロスの後に従《つ》いて行って何であろうが記録に残すこと。

第二グループ――通訳要員の一団。

ペルシア語が堪能《たんのう》なギリシア人で成るグループだが、この男たちの役割はペルシア側との交渉時の通訳だけでなく、捕虜の尋問にも欠かせなかった。

アレクサンドロスは、先のテミストクレス、後のローマ人のカエサルに似て、捕えた捕虜の尋問を自分で行うことが多かった。わかる人間が問いただしてこそ真に役立つ情報を引き出すことができる、と思っていたのかもしれない。

第三グループ――技師たちの集団。

アレクサンドロスは、新しい技術の導入にも熱心であったリーダーである。運搬時には分解でき、組み立てれば戦場での移動も可能な各種の攻城器を開発している。これらはすべて、ローマ時代になって改良され、ヨーロッパでは中世になっても活用されたものの原型になった。

第四グループ――医師たちの集団。

これらの医師たちは、王のための侍医だけではなく、まるで野戦病院そのものを同行するぐらいの規模になる。連れていける兵力は三万五千にすぎないのだから、人道的立場からというよりその活用のために、兵士たちへの〝メンテナンス〟は絶対に必要であったのだ。

アレクサンドロスの東征には、地理や歴史や動植物を始めとする多くの分野の専門家たちも同行している。あらゆる事象に関心を向けていた、師のアリストテレスの影響かと思う。

哲学者も同行していた。名をカリステネスという。アリストテレスの甥《おい》にあたるらしく、伯父のコネで同行者に加わったこの男にアレクサンドロスは、自分以下の高位の将たちの身のまわりの世話をする少年たちの統率者の役割を与えていた。ギリシアでもローマでも、身のまわりの世話を女にさせる習慣はなかったのである。

これらの非戦闘要員は現代風に言えば「専門職」なので、マケドニア一国ではまかないきれない。ギリシア全土からの志願者をつのった結果、集まってきた人で成り立っていた。

若き王の学友の中では、一人だけが東征に同行していない。その人カッサンドロスだけが残されたのは、後事のすべてを託されて本国マケドニアに残った父アンティパトロスの助手を務める役割が与えられていたからである。

いずれにしても、若き王の率いる遠征軍が、パルメニオンや守り役のクレイトスその他を除けば、大半が若い世代で占められていたことは明らかだ。史上有名なアレクサンドロス大王による大遠征とは、向う見ずもよいところの総大将に率いられた、陽気な若者たちの冒険行ではなかったか、とまで思ってしまう。

それゆえか、行軍の速度からして速かった。なにしろ、先頭を行くアレクサンドロスが速いのだ。おかげで、その後に従いていく兵士たちの行軍速度までが速くなる。紀元前三三四年の春にマケドニアの首都を発《た》ち、途中でギリシアの他の地方からの兵士たちと合流しながらヘレスポントスの海峡に到着するのに、一ヵ月とはかからなかった。

アジアへの第一歩

ダーダネルス海峡とも呼ばれるこの海峡が、ヨーロッパとアジアの分岐線になっている。その海峡の幅が最も狭くなっているのが、ヨーロッパ側のセストスとアジア側にあるアビドスが向い合った地点になる。しかもこの地点は、海峡の幅自体からして五キロ弱と狭いだけでなく、潮流もゆるやかだった。

ゆえに、前四八〇年の第二次になるペルシア戦役当時も、実戦力だけでも二十万、王家総出の遠征とて各種の随行者を加えれば三十万を越える大軍勢でギリシアに侵攻してきたペルシア軍が、多数の舟をつなぎ合わせて造る橋を二本もかけて、アジア側からヨーロッパ側に渡ってきたと同じ地点になる。その百四十六年後にアレクサンドロスが、ペルシア軍の十分の一の軍を率いて、ヨーロッパからアジアに渡るのだ。

総勢でも三万五千だから、わざわざ舟橋をかけるまでもない。百六十隻の船の中の大型船が上流で流れをやわらげている間に、他の船を総動員したピストン輸送で、渡峡は充分に可能だった。

アジア側のアビドスにペルシア軍でもいたならばこのピストン輸送も簡単には行かなかったと思うが、フィリッポスがすでに、セストスとアビドスの両方をマケドニア領にしてくれていたのである。

それでも、ピストン輸送とはいえ三万五千もの人間を船で運ぶのだから、先頭を切ってアジア側に渡ったアレクサンドロスは、自分にはいくばくかの時間の余裕ができた、と考えたのだ。

全軍の渡峡の監視役はパルメニオンにまかせ、友人たちを連れただけで、下船地のアビドスからは三十キロ南にある、トロイアの古戦場の観光に向う。

少年時代からの愛読書であった、叙事詩『イーリアス』の舞台になった地である。

ヘレスポントス海峡とその周辺

憧れの人アキレウスが、トロイア相手に闘った戦場の跡地であった。

ここまで来ていながら足を向けないなんて、二十一歳のアレクサンドロスにとっては、考えもできないことであったのだろう。

彼の上陸を知ったペルシア軍がいつ攻めてくるかわからない状況なのに、古戦場トロイアの訪問だけはやらねば気が済まないのである。

幸いにも、敵に襲われることもなく、味方の軍勢の渡峡も無事に終わる。アレクサンドロスも、憧れの地ではあってもトロイアには長時間滞在せずに、渡峡を終えつつあった自軍にもどったというから、向う見ずでも責任感はあったのだ。

しかし、その間ペルシア王ダリウスは、何をしていたのか。

メソポタミア地方にある首都スーザにいたとはいっても、マケドニア王率いるギリシア軍のアジア入りを、ダリウスは、アテネやスパルタがもたらす情報で知っていたのである。だが、それが三万五千に過ぎないと知ったことで、危機感が薄れてしまったのではないか。大国ペルシアの王にとって、王自ら率いて行く軍勢の規模は、十万単位にもなるのは当り前であったのだから。

三万五千では自分が出て行くまでもないと思ったダリウスは、アジア入りしたばかりのアレクサンドロスへの対処を、小アジアの各地方を王に代わって統治している「サトラペ」たちにまかせたのである。

安心材料はあった。「サトラペ」と呼ばれるこれら地方長官を軍事面でささえていたのはギリシア人から成る傭兵だが、その傭兵たちを統率しているメムノンを、王ダリウスは、ペルシア人の家臣以上に頼りにしていたのである。ロードス島出身のこのギリシア人には、ペルシア王家の女を妻に与えたりして、王家の一員並みの待遇まで与えていたのだ。メムノンのほうも、カネで傭われた傭兵隊長を越えた忠誠心を、ダリウスには感じていた。

この、ギリシア人の将メムノンが、アレクサンドロスにとってのペルシアでの第一戦の、真の意味での敵になる。つまり、アレクサンドロスがペルシアの地での初戦で闘うのは、民族としてならば同胞になる、メムノン率いるギリシア人の傭兵たちになるのだった。

「グラニコスの会戦」

中東からエジプトまで領するペルシア帝国にとっての小アジアは、帝国の西端に位置する辺境の一地方にすぎない。とは言ってもこの「辺境」であい対する敵は、文明度の高いギリシア人である。この地方を王に代わって統治している地方長官たちも、この特殊事情は心得ている。急遽《きゅうきょ》集まった彼らとメムノンも交えて開かれた作戦会議で、メムノンは、まずは焦土作戦を先行させることを主張した。

アレクサンドロス率いるギリシア軍は敵地入りしたばかりで、補給線の整備も完全ではないはず。それを兵糧《ひょうろう》無しの状態にして体力も弱体化したところで、会戦に持って行って壊滅する、という戦略を主張したのである。

これに、ペルシア人の地方長官の全員が反対した。

地方長官《サトラペ》とは、純粋な意味ではペルシア王国の官僚ではない。王から託されて統治するのが彼らの任務だが、統治する地方からあがる収益の中のあらかじめ決められている分は王に納付しても、残りは自分のポケットに入れることが認められている。ゆえに、焦土作戦とは、収穫も終わっていない季節に焦土にするうえに、王への納付金も例年と同じに払わねばならない彼らにとっては、ポケットに入る分がゼロになるどころか、持ち出しになりかねないのだった。

絶体絶命のピンチであったら、受け入れたかもしれない。だが、彼らも首都にいる王と同じに、若き王が率いる三万五千を見くびっていたのかもしれない。

また、メムノンの影響力もかぎられていた。ペルシア人の地方長官たちから見れば、いかに王の信頼が厚くても、メムノンはギリシア人の傭兵隊長でしかなかったのだ。

こうして、敵地入りしたばかりでまだ元気いっぱいのマケドニア王率いる軍を、直線距離ならば六十キロと離れていない平原で迎え撃つとした作戦会議での決定を、メムノンも飲まざるをえなかったのである。

このメムノンの指揮下にあった、ギリシア人の傭兵の数は八千。その全員が、都市国家時代のギリシアでは主戦力であった、重装歩兵で占められていた。

アジア入りしたアレクサンドロスにとっての第一戦になる戦闘が「グラニコスの会戦」と呼ばれているのは、北に広がるマルマラ海にそそぎこむ、グラニコスという名の川の両岸に開けた平原で闘われた会戦であるからだ。

この地を戦場にすると決めたのは、ペルシア側である。それゆえアレクサンドロス率いる軍は、すでに布陣を終えた敵軍が待ちうける、戦場に入っていくことになった。

しかし、アレクサンドロスは、斥候を多用した武将でもある。波状的に送り出す斥候が次々と持ち帰る情報から、戦場に向う途上で早くも、敵の陣容を正確に把握していた。

また、このマケドニアの二十一歳は、と言うのは「グラニコスの会戦」は前三三四年の五月に闘われるので二十二歳にはまだ二ヵ月足りなかったからだが、その二十一歳は、戦場に到着するまでの道程ですでに、戦場での陣型別にして行軍していたのでは、と思ってしまう。

そうであるならば、戦場に到着するやそのまま左右に分れれば済むので、陣型づくりに時間がかかると思いこんでいた敵側が驚いたというのも、嘘《うそ》ではないのだった。

「グラニコスの会戦」は、アレクサンドロスが王になって闘う、会戦らしい会戦の最初になる。二十一歳だけにやはり、緊張は周囲にいる人にもわかるほどであったのだろう。

その王に、この遠征軍では王に次ぐ地位にあるパルメニオンが近づき、並んで馬を進めながら言った。戦場に入るのは夜になるまで待って、夜襲をしかけてはどうか、と。

父の片腕と言われてきたこの老将の忠告に、二十一歳は答えた。

「わたしは、勝利を盗みには行きたくない」

この答えはカッコイイだけのように聴こえるが、実は理に適《かな》っていたのだ。夜襲は、敵の不意を突くことにはなるが、味方の兵たちを混乱に落としかねない。

夜襲という攻撃法が効果を発揮できるのは、少数の敵を少数の兵で攻める場合であって、川の対岸いっぱいに広がって眠っている万単位の敵を、万単位の兵で攻める場合ではない。まずもって、夜中ではあっても川は渡るのだから、音を出さないことからして不可能だった。

というわけで、アレクサンドロス率いるギリシア軍が戦場入りしたのは、充分な睡眠をとった後の朝になる。そのとき初めて兵士たちは、幅百メートルにもならない川の向う岸を埋めつくした、ペルシア軍を眼にしたのである。

この「グラニコスの会戦」でアレクサンドロス率いる軍勢が、公式には「マケドニア王国とギリシアの都市国家連合軍」となるのに準ずれば、これと対決するペルシア軍も、「ペルシアの地方長官たちが率いるペルシア軍と、メムノン指揮下にあるギリシア人の傭兵軍」としなければならない。

実際、グラニコス川の東岸を埋めたペルシア軍は、ペルシア人で成る右翼と、ギリシアからの傭兵で成る左翼にはっきりと分れていた。

ペルシア兵の軍装は華やかなので、遠くから見るだけでも判別できるのである。

そのペルシア側の右翼で最も目立ったのが、一万五千を越えていたといわれる騎馬軍団。広大な領土をもつペルシアでは昔から、騎乗しながら矢まで放つ騎兵が重要視されてきたのである。

その背後に、騎兵が蹴散らした後でのダメ押しが役割の、歩兵の一万が控える。その右脇《わき》と背後には、さらに一万二千になる、ペルシア中から集めた歩兵が配置されていた。

その脇から広がる左翼を占めるのが、メムノンに率いられたギリシア人の傭兵軍で、歩兵だけでも八千。
とは言ってもギリシア式に、この八千は重装歩兵で、それにメムノン以下の指揮官クラスの騎兵が加わる。
「グラニコスの会戦」でのペルシア側の兵力は、ペルシア人とペルシア側で闘うギリシア人の傭兵を合わせて、総数ならば四万五千を越えていた。

この四万五千に対して、アレクサンドロス率いるギリシア勢は、歩兵三万と騎兵五千の計三万五千。

ところがマケドニアの二十一歳は、数では多い敵に向う際の常識を完全に破る。川に沿って、戦線は横に長く、奥行きは浅い陣型を布《し》いたのだ。

そして、パルメニオンが総指揮をとる左翼の全軍には、敵右翼の騎兵軍団の猛攻に耐え、戦線は絶対に堅持することを命じた。

一万五千を越えるペルシアの騎兵軍団の猛攻のすさまじさは、事前に充分に予想されていた。それで自軍の最左翼には、テッサリアの一千八百騎を配置する。敵騎兵団に、右側からまわりこまれる事態を避けるためなので、ギリシアのポリスの参加騎兵の半ばも左翼にまわした。

中央には、大隊ごとに分けられそのそれぞれを学友仲間たちが指揮する「ファランクス」が、パルメニオンの総指揮下、七メートルもの長槍を林立させたハリネズミで、敵側をにらんでかまえる。

そして、問題の右翼。

もはや王なので、アレクサンドロスの立ち位置も、最左翼にまわされていた「カイロネアの会戦」当時とはちがう。ギリシア軍の伝統では、最高司令官の位置と決まっている右翼が、グラニコスでも彼の立ち位置になる。

だが彼は、この「立ち位置」の使い方でも、過去の最高司令官とはちがっていた。

右翼は自分が指揮をとる、と決めたのはけっこうだが、この彼が使える兵力となると、騎兵の二千五百と弓兵等の軽装歩兵と、命令一下移動可能な特殊部隊まで加えても、六千を大きく切る。

直接に当ることになるメムノン下のギリシア傭兵の八千に対するには、機能別の駆使にしか勝機はなかった。

騎兵五千のうちの半ばまでを左翼の守りに送っているので、アレクサンドロスの使える騎兵は二千五百でしかない。

その二千五百のうちの二千は、「コンパニオン」と呼ばれた王の近衛《このえ》軍団になる。パルメニオンの長男のフィロータスが総指揮をとるこの二千騎が戦闘の前半の主導権をとるのがアレクサンドロスの考えた戦略だが、戦端を切るのは残りの五百に託された。

ソクラテスという名の隊長が率いるこの五百の役割は、言ってみれば、敵に投げ与える餌《えさ》である。真先に川を渡って敵陣に斬《き》りこむ役で、敵の左翼を指揮するメムノンに、ギリシア軍は正面から攻撃してきた、と思わせるための策だった。

二十一歳は、両軍を分けているグラニコス川が、南西から北東に向って流れる中で少しだけ曲がり、その辺り一帯は両岸とも樹木が密集した一帯になっているのに眼をつけたのである。

おそらくメムノンもそれは知っていたらしく、その一帯の防備は、他に比べれば手薄だった。

二十一歳は、樹々《きぎ》が隠してくれているその方向に、二千の近衛軍団を移動させる。

樹木が絶える地点までの移動が終わって初めて、ソクラテスへの突撃命令が発せられた。

かわいそうなのは、ソクラテス率いる五百の騎兵である。ギリシア側の騎兵全軍の攻撃と見せかけるために声を嗄《か》らしての大喚声をあげて川を渡ったのはよいが、騎兵の総攻撃かと思った敵側も本気で迎え撃ってきたので、はや全滅か、という事態になる。

しかし、冷徹《クール》ではあっても味方は見捨てないアレクサンドロスだ。このときにはすでに川を渡り終わって、敵の脇からの二千騎による急襲に入っていたのだった。

ソクラテス隊が大喚声をあげながら川を渡り始めたのを見たペルシアの騎馬軍団も、突撃を開始する。

だが、一万五千騎によるこの猛攻撃も、巨大なハリネズミのファランクスを崩すのは容易ではなかった。パルメニオンの総指揮下、各大隊を託された若将たちも敢闘した。つまり、ギリシア軍の左翼は、一歩も退かなかったのである。また、最左翼を守るテッサリアの騎兵たちも、まわりこもうとするペルシアの騎兵団を阻止しつづけた。

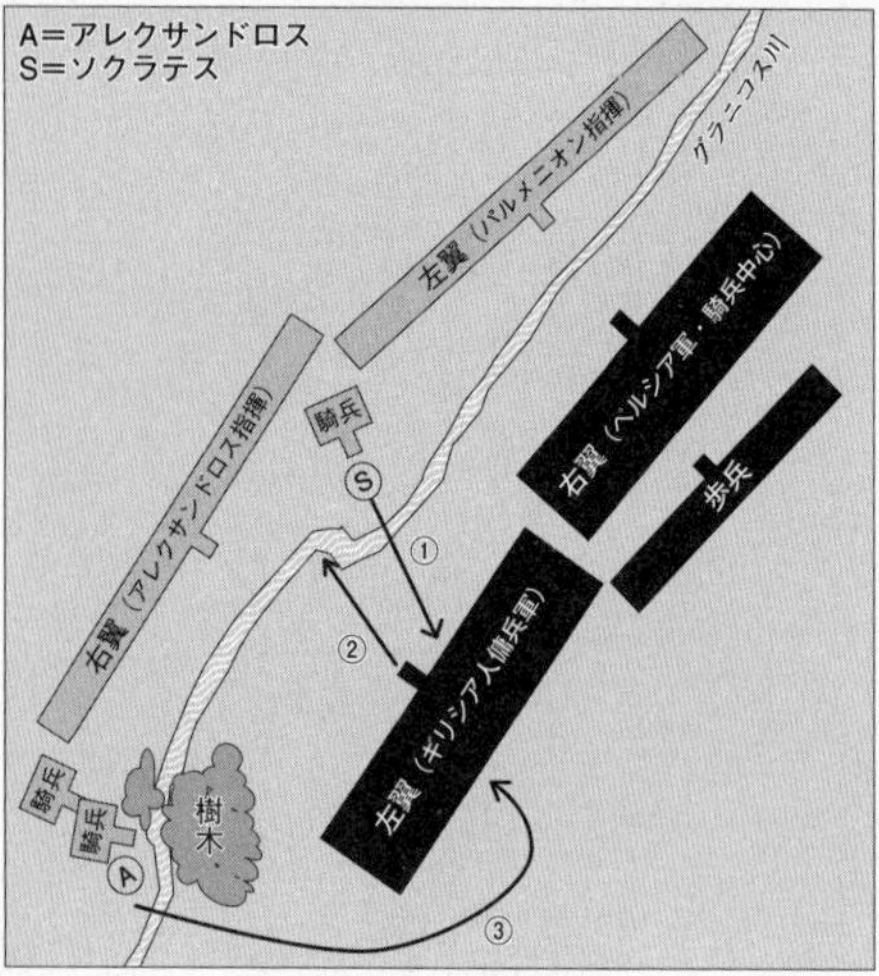

グラニコスの会戦

アレクサンドロスの戦略・戦術を簡単にまとめれば、次のようになる。

まず、騎兵の突撃で敵陣にくさびを打ちこみ、それによって敵の陣営を分断する。

次いでは、分断した敵軍を、防衛から攻勢に転じた歩兵とそれまでは攻める一方だった騎兵との連携作戦によって、包囲し壊滅に持っていく。

この間はすべて、速攻に次ぐ速攻。

「戦場では、主導権をにぎった側が勝つ」とは、他でもない、アレクサンドロスの言葉であった。

それでもやはり、まだ二十一歳。「グラニコスの会戦」でのアレクサンドロスは、がんばりすぎてしまったのである。

二千の騎馬軍団の先頭を切って敵に突っこんで行ったのはよいが、この年の彼は突っこみすぎたのである。突っこみすぎて、味方から離れてしまったのだ。

ギリシア人の騎兵は、風になびくほど長い羽毛で兜《かぶと》を飾る習慣がある。それでアレクサンドロスの「コンパニオン」たちも、全員がこの派手な飾りを風になびかせていたのだが、その色彩豊かな中で白は、アレクサンドロス一人と決まっていた。

味方の兵士たちがどこからも最高司令官の居場所をわかるために彼だけが白にしたのだが、味方が見分けるということは、敵も見分けるということである。

先頭を切って突っこんできた白い羽毛飾りが孤立しているのを、ペルシア側の武将の一人が見逃さなかった。

味方から離れ、一騎のみになってしまったアレクサンドロスを、敵兵が囲む。もはやこれまで、と見えた危機から脱することができたのは、クレイトスとその彼の率いる二百五十騎が駆けつけてきたからであった。

このときは、「インコシエンテ」(無自覚)なアレクサンドロスも、さすがに反省はしたようである。これ以後は二度と、突っこみはしてもそれがすぎることまではなくなったのだから。

速攻で終始した戦闘だけに、勝敗が決まるまでに要した時間は短かかった。「グラニコスの会戦」も、太陽が昇ってから始めたのに、陽がまだ高いうちに終わったのである。

ペルシア側の戦死者は、四千人を越えたと言われているが、その中には、地方長官が二人もいた。メムノン指揮下のギリシア人の傭兵部隊も、その半ば以上が戦死。メムノンとともに逃げた者を除いて、二千人が捕虜になった。

この二千人をアレクサンドロスは、マケドニアの鉱山での強制労働に送った。コリント会議で決まったことの一つに、傭兵としてギリシア軍相手の戦闘に参加した者はギリシア民族全体への裏切り者とされ、それにふさわしい厳罰に処されることが決まっていたからである。

勝ったアレクサンドロス側の戦死者は、次のようになった。

「近衛軍団」と呼んでもよいマケドニアのエリートを集めた騎兵軍団の戦死者、二十五人。

これ以外の騎兵の戦死者が、六十人。

「ファランクス」もふくめた歩兵全体の戦死者、三十人。

合計すればこの百十五人が、「グラニコスの会戦」で、アレクサンドロスが失った兵士になる。

騎兵の戦死者の比率が歩兵のそれより高くなるのは、アレクサンドロスの軍では、騎兵こそが攻撃の主力を担《にな》うからであった。

また、巨大なハリネズミに似たマケドニアの「ファランクス」を崩すのは、オリエント全域に勇名をとどろかせていたペルシアの騎馬軍団にとっても、さすがに難事であったのだろう。


こうして、紀元前三三四年の初夏に闘われた、二十一歳のアレクサンドロスにとっては王になっての本格的な初戦、また、敵地入りして直後の初戦にもなる「グラニコスの会戦」は、アレクサンドロスの大勝で終わったのだった。

そのうえこのときの勝利は、テルモピュレーでの玉砕はあったとはいえその後はサラミスにプラタイアと「ホーム」では大勝でつづいたギリシア人が、「アウェー」、つまり敵地であげた、初めての勝利になるのである。

このことも感じていたらしい二十一歳は、いかにもアレクサンドロスらしい振舞いに出る。グラニコスで戦死したペルシアの武将三百人の軍装を、次の一句をつけて本土のギリシアに送りつけたのだ。

「スパルタ人を除いた全ギリシアの人々に、アレクサンドロスから」。

三百人分とは、テルモピュレーでペルシアの大軍相手にスパルタ王レオニダスが率いて玉砕したスパルタ兵の数が、三百であったからだ。このことは、ギリシア人ならば誰でも知っていた。

とはいえ、ペルシア入り後の第一戦である以上、「グラニコスの会戦」での勝利の真の意味は別のところにあり、それも二十一歳は知っていた。

小アジア西岸部一帯という、かつてはギリシア人の世界であった地方の支配者がペルシア人になってから、七十年が過ぎている。

そのペルシア人の力を、マケドニアから遠征してきた若者が突き崩したところにあったのだ。

この七十年間、ペルシアはこの一帯を、軍事力によって支配下に置いてきた。その軍事力で敗れたとなれば、支配者の地位を保つことはできなくなる。

かつてはギリシア人が「イオニア地方」と呼んでいたギリシア文明発生の地が、七十年ぶりにギリシア人の手にもどってくるか否《いな》かは、マケドニアの若者の力量にかかっていたのである。

勝利の活用

戦闘《バトル》での勝利を確実にするのは、その後にどう行動するかによる。「グラニコスの会戦」が闘われたのは五月。軍事行動に適した季節は、まだ充分にあった。

アレクサンドロス軍は、最高司令官からして酒飲みで宴会好きときているので、遠征中も毎晩大騒ぎで明け暮れていたのかと思ってしまうが、実際はまったくそうではない。

ただし、勝利の夜は兵士全員を交えての大パーティになるので、グラニコスで勝利を得た夜も、大騒ぎの中で過ぎたろう。だが、勝利の後には何をやらねばならないかは、誰よりもアレクサンドロスが知っていた。

次の目標は、サルディスと決める。小アジア西岸部を支配してきたペルシア勢力のこの地方での一大拠点が、サルディスであったからだった。

なにしろこのサルディスまでは、ペルシアの首都スーザからの、直行道路さえも通っていた。ペルシア帝国の中心であるメソポタミア地方からこのサルディスまで、ことあると見れば大軍勢の移動を容易にするためであった。

「王道」と呼ばれていた全線舗装の道路は、広大なペルシア帝国でも、首都スーザとサルディスを結ぶこの一本しかない。

ペルシアの歴代の王たちの、ギリシア征服への執念も示していたのである。

このサルディスを、グラニコスで受けた打撃からペルシア側が立ち直らない前に攻略しておく必要は絶対にあったのだ。

戦勝祝いもそこそこに、若き王率いるギリシア軍は、サルディス目指しての南行に移る。

だが、サルディスを囲む城壁の前に到着していながら、二十一歳は、ただちの攻撃は命じなかった。

「グラニコスの会戦」には、小アジア西岸部一帯を支配していた、ペルシアの地方長官《サトラペ》のほとんどが参戦していた。地方長官が参戦していたということは、この彼らの指揮下にあったペルシア側の軍事力の大半が参戦していたということだ。

それでも敗北したのだが、この敗北の結果、いかに長年にわたってペルシア勢力の一大拠点であったサルディスでも、防衛力は激減しているはずだった。

それでアレクサンドロスは、サルディス防衛の責任者であるペルシア人の高官に、次の選択を迫る。もちろん、「グラニコス」での結果は知っているはずのこのペルシア人が、現実的に判断を下すのを期待してであった。


残存兵力を集めての、徹底抗戦を選ぶか。

それとも、彼の地位保留をふくめての現状維持は認めるから、ギリシア軍の前に平和裡《り》の開門を選ぶか。

ペルシアの高官は後者を選び、誓約も送ってきた。

こうして、長年にわたってペルシア人の都市でありつづけてきたサルディスは、ギリシア人にも開かれた都市に変わったのである。

アレクサンドロス率いるギリシア軍が南行の速度をゆるめる必要もないくらいの短期間に、サルディス問題は片づいたのだった。

次の目標は、エフェソスになる。その後は、ミレトス、ハリカルナッソスとつづくことになる。


だがなぜ、ギリシア文明の発生の地であり住民もギリシア人で占められているこの三つの都市が、住民がペルシア人のサルディスとちがって、同じギリシア人のアレクサンドロスの前に城門を開こうとはしなかったのか。

それには、二つの理由があった。

第一に、これら「イオニア地方」を代表する三都市は、全盛時代のアテネが主導していた「デロス同盟」が健在であった時代は、ギリシア本土のポリスとまったく変わらない、エーゲ海をはさんだギリシア世界を構成していた都市であったこと。

アテネが誇るパルテノン神殿の建造にかかわった建築家の二人までが、ミレトスの出身者である。

ペルシアとの戦役を書いた歴史家ヘロドトスも、生れたのはハリカルナッソス。

ギリシアの文化文明の中心がアテネに移った後も、これらイオニア地方出身者の活躍の舞台がアテネに移っただけで、人材の提供度では少しも変わらなかった。アテネ最高の政治家とされるペリクレスが、愛した女もミレトス生れであったのだから。

この密なる関係に変化が訪れるのは、三十年もつづいた「ペロポネソス戦役」で、アテネが敗退してからである。当然、「デロス同盟」もアテネと運命をともにする。「デロス同盟」の有力な一翼を担っていたイオニア地方も、スパルタと組んでアテネを敗北させた、ペルシアの支配下に入った。

ところが、そのペルシア人による支配が、経済感覚も豊かだったイオニア在住のギリシア人にとって、さほど不都合なものにはならなかったのだ。

ペルシア人は領土を広げそれを支配下に置いていれば満足する民

グラニコスからエフェソスへ

族で、ビジネス面には関与しなかったからである。小アジア西岸部一帯に住むこれらのギリシア人にとって、あらかじめ定められた税金を払っていればビジネスは自由という状況は、不都合ではなかったのだろう。

この状態で七十年過ぎた後に現われたのが、アレクサンドロスである。

通商面での接触は多かったアテネからの情報も、アレクサンドロスに対する評価に影響したのではないかと思う。

アテネの論客デモステネスの、マケドニア嫌いは徹底していた。マケドニアは専制国家であり、そのマケドニアの王は暴君だから市民の敵であり、遠征しても早晩ペルシア軍に一掃されるだろうと、反マケドニアの論調を執拗《しつよう》にくり返していたからだ。経済人は、経済にまで関与されるのを嫌う。アレクサンドロスに対しても、この種の怖《おそ》れを抱いていたのかもしれなかった。

この彼らを反マケドニアに起《た》たせた理由の第二は、メムノンの存在にあった。

グラニコスからは逃げて助かったメムノンだが、この会戦での敗北は、彼を、八千人の部下を率いていた司令官の立場から、一傭兵《ようへい》隊長に変えていた。

部下の多くは戦死し、逃げ出せずに捕虜になった二千人は、マケドニアの鉱山での強制労働に送られてしまった。アレクサンドロス相手に一矢《いっし》を報いないでは、気が済まない想《おも》いであったのかもしれない。

そのメムノンが、レジスタンスを組織したのである。ロードスに生れたギリシア人だけに、メムノンは海軍の威力も知っていた。自前の海軍を持たず、しかも資金不足が悩みのアレクサンドロスにとって、手強《てごわ》な相手になる危険は大きかった。アレクサンドロスにとっての資金不足は深刻な問題になっており、百六十隻《せき》の船のうちアテネからの二十隻を除く全船を、解雇するしかなかったのだ。

その直後に、メムノンの許《もと》に届いたのが、フェニキアからの四百隻が到着したという知らせである。これでは、アレクサンドロスにとって、「グラニコスの会戦」以上の難問題に化す怖れは充分にあった。

なにしろ、メムノンとフェニキアからの四百隻という応援を得て、イオニア地方のギリシア人のアレクサンドロスへの態度は、硬化する一方であったのだから。

この状況の中で、エフェソスが素直に城門を開いてくれたのは、若き王にとっては、二十二歳の誕生日が来たのも忘れるほどの嬉《うれ》しい知らせであったろう。だが、エフェソスの住民のこの判断は、彼らが若きマケドニア王の力を冷徹に判断したからではない。メムノンとフェニキアの四百隻が、エフェソスは見捨ててミレトスに向っていると知ったからであった。

だが、何であろうがアレクサンドロスには、時間と経費と兵力を節約できることならば大歓迎なのである。エフェソスとは同盟関係を結んだだけで良しとし、そのままミレトスを目指す。


だが、ミレトスに近づくや、海上が敵側の船で埋めつくされているのを見ることになる。フェニキア地方はペルシア帝国の領土でもあるので、四百隻のフェニキア船はペルシア王の海軍になる。

だからこそペルシア王の信頼厚いメムノンが召集できたのだが、これを自分の眼で見たアレクサンドロスも、さすがに後悔したようである。解雇したばかりの百四十隻に、もどるよう命じたのだから。経費の問題などは知ったことか、とでも思ったのかもしれない。それで二十隻は再び百六十隻にはもどったのだが、問題が解決したわけではまったくなかった。

そのアレクサンドロスに、パルメニオンが再び進言した。

四百隻に対する百六十隻でも海戦に打って出るべきだ。でなければ、海側を四百隻で守られ、陸側はメムノンが防衛の先頭に立っているミレトスを陥《お》とすのは簡単ではなくなる怖れがある、とでも言ったのにちがいない。

しかし、二十二歳は、六十六歳のベテラン中のベテランの進言を、このときもしりぞけた。

父親世代だから、聴き入れなかったのではない。二十二歳はパルメニオンに、陸側からの攻撃だけでミレトスは陥とせる、と言ったのだった。

第一に、百六十隻に対する四百隻の差は、何と言おうが無視できなかった。

この差でも逆転してみせるのは、サラミスの海戦の勝利者であったテミストクレス並みの、海将としての才能が必要になる。陸軍国のマケドニアで生れ育ったアレクサンドロスには、それはなかった。そしてそのことは、彼が誰よりも自覚していた。

だがここで、あの時代よりは二千三百年以上も過ぎた二十一世紀に生きるわれわれは、ある疑問を抱いてしまう。

陸軍国マケドニアの力を活用するのはけっこうだが、陸側から三万五千で攻めている間に、上陸してきた敵の四百隻の乗員たちに背後から攻められる心配はなかったのか、と。

結論を先に言えば、アレクサンドロスもパルメニオンも、それは心配しなかったのである。

『イーリアス』の昔から、ガレー船の漕《こ》ぎ手が自由民であるのは、ギリシアの海軍の伝統であった。

ガレー船の漕ぎ手たちも、海戦では、敵船に近づくや櫂《かい》を剣や槍《やり》に持ちかえ、上陸戦でも同じく櫂を捨て剣と槍を手にして敵に向っていく、立派な戦闘要員であったのだ。

反対にオリエントでは、エジプトでもフェニキアでも、ガレー船の漕ぎ手には奴隷《どれい》を使っていた。海上での暴動を防ぐために、漕ぎ手たちは台に鎖でつながれていたし、もちろん武器は持たされていない。ゆえに、海戦でも上陸戦でも、ガレー船の漕ぎ手たちが兵士に一変するような事態は起らなかったのである。

こうなったのには種々の要因があったが、ヨーロッパのガレー船とオリエントのガレー船の最大のちがいは、漕ぎ手も兵力として活用するか、それともしないか、にあったのだ。

この、ヨーロッパとアジア、ないしはオチデントとオリエント、のちがいは、中世、

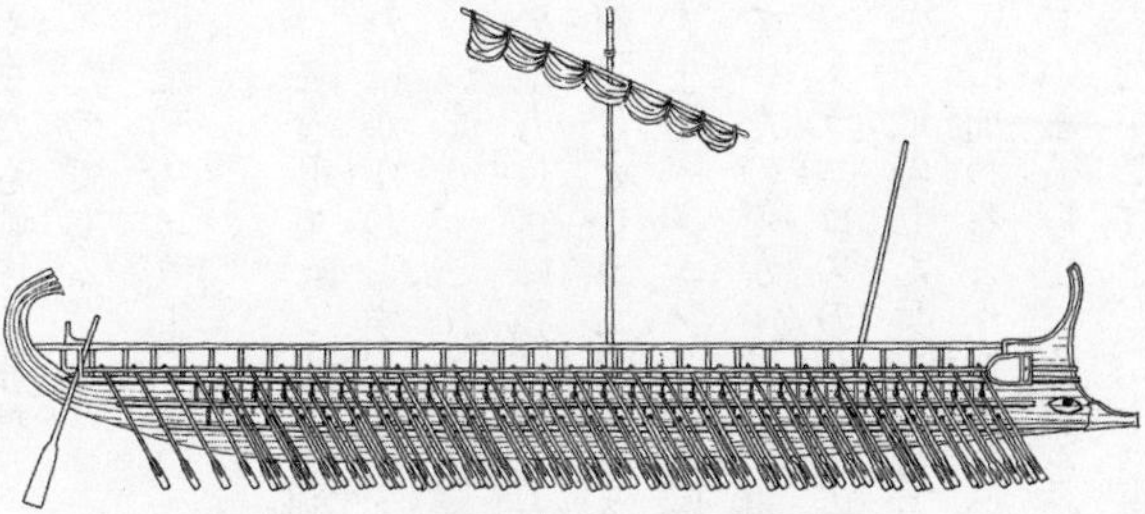
古代ギリシアのガレー船

ルネサンスと時代が進んでもつづく。ガレー船が軍船の主力であった時代が終わるまで、つまり、西暦一五七一年に闘われる「レパントの海戦」、までつづくのである。だから、古代人であったアレクサンドロスもパルメニオンも、四百隻ならば少なく見積っても四万人にはなったにちがいない、フェニキア船の漕ぎ手たちに背後から突かれる心配はしなかったのであった。

というわけで、四百隻が海上でウヨウヨしていようと陸側の攻撃に専念できたのだが、ミレトスも海に面した都市であり、しかも七十年もの長きにわたって陸側の防衛を、ペルシアにまかせたままで過ぎている。いかに戦闘のプロであるメムノンが組織したと言っても、全員が戦闘のプロとしてもよいマケドニアの三万五千を防ぎきれるはずはなかった。

そして、頼りにしていたメムノンも、敗色が濃くなるやまたも戦場を放棄し、フェニキアの四百隻を連れてハリカルナッソスに逃げてしまったのである。

こうなってはミレトスも、二十二歳の前に城門を開くしかなかった。

こうしてミレトスも制圧できたアレクサンドロスだが、抵抗した後で初めて降伏したにかかわらず、そのミレトスへの処置も、エフェソス並みの寛容で臨む。

つまり、これ以後はペルシアに頼らない自由なギリシアの都市に変わり、ペルシアの地方長官に払っていた税金はこれからはマケドニアに払うこと以外のすべては現状維持、ということである。「寛容」とするよりも、「現実的」としたい処置であった。

また、メムノンの指揮下で闘っていたギリシア人の傭兵たちの三百人が捕虜になっていたのだが、彼らに対しても二十二歳は、「寛容」で臨んだ。

「グラニコスの会戦」直後のように、マケドニアの鉱山での強制労働には送らなかった。敢闘した兵士にはそれにふさわしい処遇が与えられて当然、などと言って、彼の軍に加わるよう推《すす》めたのである。コリント会議の決まりによって祖国からも追放されている彼らが、それを受けたのはもちろんんだ。

だがこれを、二十二歳は、単なる親切心だけでやったのではない。またも逃げたメムノンが、従う兵士なしで孤立するのを狙《ねら》っての、策であった。だがこのときの三百人は、遠征の全行程を通じての、アレクサンドロスの忠実な兵士になるのである。

ミレトス制圧後の次の目標は、ハリカルナッソスになる。西洋の中世以降はボドルムと名の変わるこの都市は、小アジア西南部では重要な都市なので、アレクサンドロスとて通り過ぎることは許されない。

しかもこの時期は、ミレトスから逃げたメムノンが防衛の指揮をとっている。メムノンもこのハリカルナッソスでは、相当な覚悟で防戦にあたっていたようで、アレクサンドロス側も技師グループを総動員しての攻撃を浴びせるのだが、攻防は一進一退のまま、秋が過ぎようとしていた。

ところが、城壁は崩れなくてもハリカルナッソスの内部が崩れ始めていたのだ。徹底抗戦を主張するのはメムノンとペルシア人の地方長官で、エフェソスやミレトスのような穏やかな解決に訴えようと主張するのは、ハリカルナッソスの従来の統治者であったカリア王家の人々、と二分していたのである。

王家を代表していたのが、先王の妹でアダという名の老貴婦人。この老婦人からアレクサンドロスに、愉快な提案が成されたのだった。

自分は老齢で子もいない。マケドニア王がこのわたしの養子になれば、ハリカルナッソスはマケドニア王のものになる。ただし、わたしが生きている間は、このわたしの統治をつづけさせてもらいたい、というのが提案であった。

攻防戦に手間どるのが気になっていた二十二歳には、思ってもみなかった朗報である。

OK、養子でも何でもなりますよ、というわけで、老婦人との間で養子縁組が成立したのである。

この愉快な解決法がよほど気に入ったのか、アレクサンドロスは、この貴婦人にハリカルナッソスの統治権を認めただけでなく、この都市が首都格のカリア地方全域の知事としてもよい、地方長官にも任命したのである。

以前から人々の尊敬を集めていた貴婦人が動いて決めたことだけに、徹底抗戦派として国外に去るしかなく、メムノンもコス島に逃げるしかなかった。

しかし、愉快ではあってもこれで、小アジアの南西部にあたるハリカルナッソスとその周辺のカリア地方は、アレクサンドロスの傘下《さんか》に入ったことになる。

ということは、この年の春にヘレスポントスの海峡を渡ることでアジアに入り、「グラニコスの会戦」にも勝ったアレクサンドロスは、「小アジア西岸部一帯に住むギリシア人のペルシアの支配からの解放」という、当初の目標は達成したことになった。紀元前三三四年の春から始まって冬に入るまでの、八ヵ月間で達成したのである。

ただしこれで、目標のすべてが達成できたわけではない。だが少なくとも、当初の目標ならば達成したと、二十二歳は考えたのだろう。

冬に完全に入る前に、アレクサンドロスは次の三つのことを決め、早くも実行に移していた。

第一は、この遠征に出発する直前に結婚していた兵士たちに休暇を与えたこと。春にはもどってくる約束ではあっても、マケドニアへの一時帰国を許したのである。

第二は、その兵士たちを連れてギリシアに向う任務を与えた武将には、もう一つの任務も与えていた。それは、ギリシア全土で新兵を集め、休暇を終えた兵士たちとともにもどってくる、という任務である。

アレクサンドロスの軍では戦場での兵士の損失は少なかったので、それへの補充ではない。制覇した地の確保のためには兵を置いていかねばならず、そのための補充なのである。ゆえに兵の補充は、常に考えておかねばならない問題であった。

第三だが、冬の間の行動を、パルメニオンと二分したことだ。パルメニオンが率いる全軍の三分の二以上になる第一軍には年長者を配し、重くてかさばる荷物を運んでもらう。その代わり、敵に出会う危険も少なく、平坦《へいたん》で広い道を行くことができる。

一方、二十二歳が率いる第二軍は若い兵士たちで編成され、荷車を引く必要もなくすべてが身軽だから行程は稼げるように思えるが、敵に出会う率ならば断じて高かった。

小アジアの中央部に入っていくので、アナトリア地方と呼ばれた内陸部に点在している小部族が、簡単に通してくれるとは期待できなかったからである。

ペルシア帝国とは、当時では最大最強の国ではあっても、明確な組織の上に築かれた堅固な中央集権国家ではない。多くの部族に分かれ、部族の長にはしばしば、「サトラペ」（地方長官）という官名が与えられていたが、これらのサトラペや部族の長たちの上にゆるく王による支配の網《ネット》を広げることで成り立っていたのが、ペルシア帝国の実態であった。

「グラニコスの会戦」は、これらの地方長官が総動員されていたことから、小アジアにおけるペルシアの支配を突き崩した戦闘になったのだ。ということは、この時期の小アジア全体に、権力の空白が生じていたということである。「グラニコス」には召集さえもかけられていなかった小部族が、グラニコスの勝者に対して勝手な行動に出る可能性は充分にあったのである。

しかし、これらの部族も傘下に収めないかぎり、ギリシア人の住む西岸部一帯の安全さえも保証できない。アレクサンドロスには、冬であろうとなるべく早く、この問題を解決しておく必要があった。

アレクサンドロスとパルメニオンの間では、次の年の春、つまり前三三三年の春、に合流する地も決めていた。現代ではトルコの首都になっているアンカラの、すぐ南に位置するゴルディオンの町である。

小アジアの内陸部にあるこのゴルディオンに向って北上して行くのがアレクサンドロス隊だが、出会う部族を皆殺しにしながら北上したわけではない。ほとんどの部族とは、問題は平和裡に解決できた。

若き王が部族長に伝える。現状維持は約束するが、その約束に反した行動に出ようものならタダでは済まないと思え、とか告げることによって。

要は、「グラニコス」での結果しか知らない彼らに、権力は空白ではなく、ペルシア人からギリシア人に代わったことを悟らせることにあったのだから。


翌年の春になって合流地に到着したのは、このような経路を踏まないで済んだパルメニオン隊のほうが早かった。しかもこの老将は、まだ雪が残る中を北上中だったアレクサンドロスに、早くも次の知らせを送ってきたのである。

第一に、ゴルディオンはすでに長老たちとの話し合いで制圧下に置いたので、われわれにとっては安全な町になっていること。

第二は、一時帰国組がもどってきたことと、その彼らとともに新兵たちも到着していること。

新規の参加兵の内実は、次のようになった。

三千の歩兵と三百の騎兵。この全員がマケドニア人の兵士になる。

これに、テッサリア地方からの騎兵二百と、ペロポネソス半島で募集した歩兵百五十が加わるので、新兵の総数は三千六百五十人になる。三万五千でアジア入りした若きマケドニア王は、四万人弱の軍勢は使えるようになったということであった。

一方、首都スーザにいるペルシア王ダリウスが受けたのは、悪い知らせばかりだった。

まず、小アジアは西部だけでなく中央部までもが、マケドニアの若者の手中に帰してしまったこと。

第二は、コス島に逃げていたメムノンが、従う部下たちが減る一方の現状に絶望したのか、病に冒されて死んだという知らせであった。

こうなっては、王自らが迎撃に起つしかない。この時期ダリウスは、四十七歳になっている。年齢的には男盛りだが、この人はなぜか、打つ手打つ手が常に遅れる、という人でもあった。

しかもペルシアでは、王自ら率いていく軍勢ともなれば大軍勢であらねばならないというのが通例になっている。

その大軍勢を、信頼してきたメムノンなしで編成しなければならないのである。とはいえペルシア側にはまだ、スパルタ人の傭兵《ようへい》の二万が残っていた。

このダリウスが、重い気分で考えあぐねていたと同じ頃、ゴルディオンで全軍の合流を果した二十二歳のほうは、今なおヨーロッパでは子供でも知っている、愉快なエピソードを展開してくれていたのである。

「ゴルディオンの結び目」

ゴルディオンには昔から、ゴルディオンの結び目と呼ばれていた言い伝えがあった。町の中央広場に置かれている一人用の戦車とそれを引く馬をつなぐ木製の轅《ながえ》の組み合わせなのだが、その結び目が尋常ではない。

何本もの皮ひもを束ねて作った強靭《きょうじん》なロープで結ばれているだけならばまだしも、そのロープはさらに何重ものぐるぐる巻きになって出来ているのである。

誰かが結びつけたのだからどこかに先端があるはずだが、それがどこに隠されているのかは誰にもわからない。

マケドニア王の支配下に入ることは納得して平和裡《り》での開門は受け入れたゴルディオンの長老たちだが、新しく支配者になった若き王に、この言い伝えがあることも告げたのだった。ある種の下心を隠しての、オリエント人らしい挑発でもある。彼らは言った。

「この結び目を解くことができた者だけが、オリエントの支配者になれると伝えられているが、今なおそれに成功した人はいない」

こうまで言われては、二十二歳とて退《ひ》くわけにはいかない。と言って、ぐるぐる巻きになっているロープの先端がどこに隠れているのかは見当もつかない。マケドニアの若き王はしばらくは無言でそれを見つめていたが、迷っていたのではなかった。

このときもまた、勝機がどこにひそんでいるのかを見きわめようとしていたのだ。次の一瞬、長剣を振りあげたアレクサンドロスは、一気に振り降ろした。皮ひもの束でできていたロープは、真二つに断ち斬《き》られた。戦車とそれを引く馬用の轅も、二つに切り離されたのである。

結び目は手でほどかねばならないとは、言い伝えのどこにもなかった。
また、剣で斬り離してはならないとも、言い伝えでは禁じていない。禁止されていたわけではないのに、これまでの挑戦者の全員が、結び目は手を使って解かねばならないと思いこんでいただけである。

禁止されていないのだからやってもよいのだと考えた者は、これまで一人もいなかっただけなのであった。

今なおヨーロッパでは、この「ゴルディオンの結び目」に、次のような解釈を与えている。

「複雑な問題の解決には、断固とした意志と、明快で単純で果断に対処するのが、最も有効な方法になる」

そして、ゴルディオンでのこのエピソードから、アレクサンドロスにとっては遠征の二年目になる、紀元前三三三年が始まるのである。

マケドニアの若者には、二十二歳から二十三歳にかけての一年になるのであった。

イッソスへの道

理論的には、ヨーロッパとアジアを分けているのは、エーゲ海の北東の端に口を開いた、ヘレスポントス海峡になる。

だが、感覚的ならば、小アジアを通り抜けてシリアに入って初めて、オリエントに足を踏み入れたという気分になる。

　古代の小アジアには、とくに西岸部にはギリシア人が多く住んでいたからだが、狭い海峡のヘレスポントスとちがって、小アジアからシリアに入るには、タウルス山脈の険しい山道を越えていかねばならなかったからである。

　この山脈は、別名「キリキアの門」とも呼ばれていた。オチデント（西方）からオリエント（東方）に向う者の前に立ちはだかる「門」が、タウルス山脈であったのだ。

　もしもペルシア王ダリウスにアレクサンドロスの進路を断つ意志がほんとうにあったならば、この「門」で待ちかまえていて、山脈越えしたばかりで疲れていること必至のアレクサンドロスとその軍をたたいていただろう。

　だが、ダリウスにはそれを考えつく能力はあったのだが、強引に実行に持っていく指導力がなかった。彼自身、決めてもすぐに迷ってしまうのだ。それで、配下の将たちも動けなくなる。動いた場合でも、常に遅れる。

　その結果、みすみす好機を逃してしまうことになるのだが、いまだ小アジアの内陸部を制圧中のアレクサンドロスはそれを知らない。

知らなかったが、「キリキアの門」を入った直後が最も危険であることは知っていた。

この時期に、二十二歳の頭を占めていたのはただ一つ。タウルス山脈を越えたところにある都市のタルソスに、可能なかぎり早く到着を果してしまうことであった。

しかし、小アジアの内陸部に広がるアナトリア地方は東隣りにあるカッパドキア地方とちがって、荒地ではまったくないが地勢的には複雑にできている。複雑な地勢とは、小部族が割拠するには好都合な地勢、ということでもある。それで、ゴルディオンからアンカラを経て再び地中海に出てくるには、これらの小部族を一個一個制圧することが先行した。

このときも若き王は、数万の軍勢を従えていながら、強奪とか皆殺しとかの強行策は採っていない。

ただし部族長たちには、現状維持は認めるが、反マケドニアには起《た》たないと誓った約束を破ろうものならタダでは済まないと思え、という一事を肝に銘じてわからせることはしたのである。これこそほんとうの意味の「抑止策」だが、これが成功する。

大帝国ペルシアにとっての小アジアは、何と言おうが辺境の領土にすぎない。その小アジアに住む部族長たちにとって、支配者がペルシア王からマケドニア王に代わっても、さしたる不都合にはならなかったのかもしれない。

とは言ってもアレクサンドロスにとっては、地域ごとに割拠する小部族を制圧したり山脈を越えたりでつづく行程になるので、アンカラを後にして地中海に出るまでに二ヵ月以上もかかってしまう。

山脈越えも無事に終え、この「キリキアの門」を出たところにあるタルソスの町に到着したときは、一兵卒までがほっと安堵《あんど》したという。

その間、ペルシア側による妨害はなかった。季節も、夏に入っていた。

無事に山脈越えを果した喜びと、再び地中海を眼前にした喜びの両方で、兵士たちは近くを流れる川にとびこみ久しぶりの水浴を愉《たの》しんだのだが、それに若き王も加わったらしいのだ。

だがその夜、彼だけが病に倒れた。

水浴を愉しんだ後で裸で歩きまわっていたから風邪でも引いたのかもしれないが、確かな病因はわかっていない。

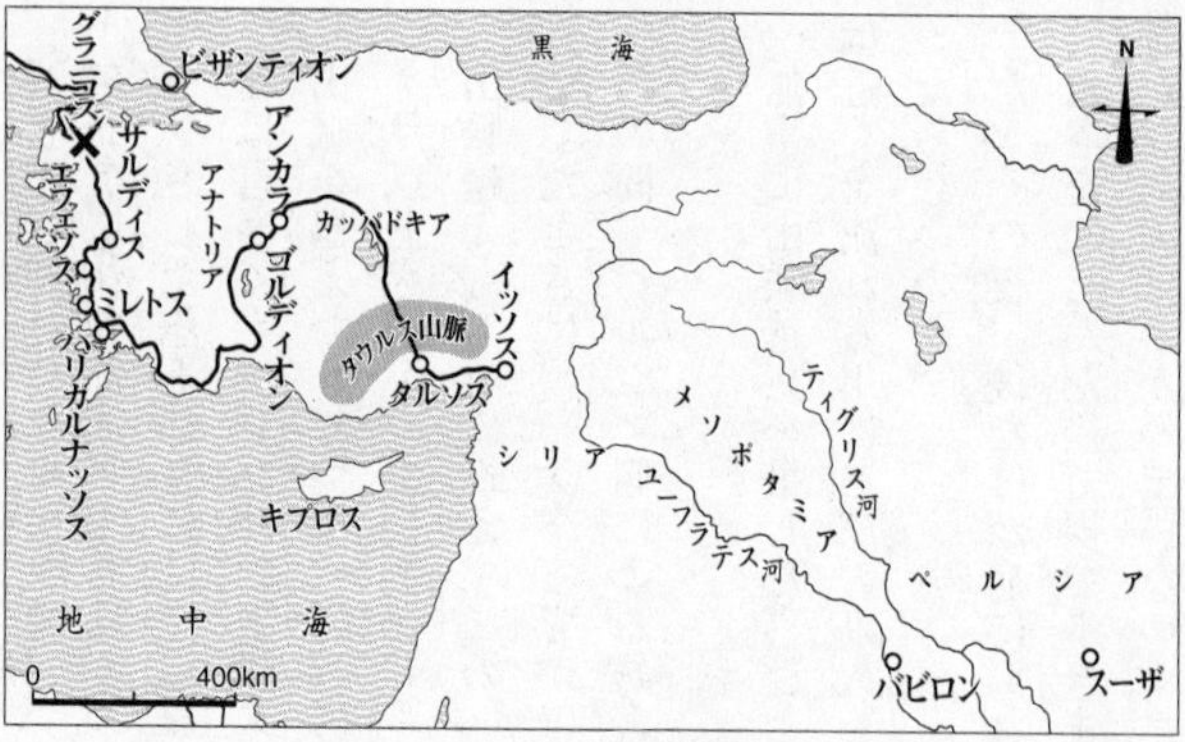

イッソスまでの道程

高熱にあえぐ王の寝所には、ただちに主治医が駆けつけた。

フィリッポスという名のこの医師は、マケドニアの王家にとってはホームドクターのような存在で、子供の頃からアレクサンドロスを診てきた人である。かすり傷だからと治療を拒否する王子を強引に坐《すわ》らせ、薬を塗ったことも一度では済まなかった。そのような間柄でもあるから、遠征にも同行している。

医師フィリッポスは、寝台に横たわったままの王を診察した後で、その場で飲み薬の調合を始めた。

そこに、パルメニオンからの一通の手紙を持った兵士が入ってきて、緊急の知らせであると言いながら、その手紙をアレクサンドロスに渡した。

若き王は、その手紙を読み始める。医師が、調合した飲み薬を杯《さかずき》に入れ終わったとき、王も、手紙を読み終えていた。

その手紙には、アレクサンドロスの毒殺を狙《ねら》うペルシア王ダリウスが、多額の報酬を約束することで主治医フィリッポスの買収に成功したという噂《うわさ》を耳にしたので伝える、と書いてあったのだ。

医師が差し出す飲み薬の入った杯を右手で受けとりながら、アレクサンドロスは左手で、パルメニオンからの手紙を医師に手渡す。

王が薬を飲むのと、医師が手紙を読むのが、同時進行で進んだ。

薬を飲み干していく王と、手紙を読みながら蒼白《そうはく》になっていく医師。それは、二人の間でくり広げられた、無言のうちに進んだ緊迫のドラマでもあった。

眠り薬も混じっていたのか、薬を飲み終えたアレクサンドロスは、深い眠りに落ちていった。その王のそばで、医師は一睡もしないで夜を明かす。

その彼が心の底から安堵できたのは、朝になって目覚めた王の、さわやかな笑顔を見たときだった。そこには、医師フィリッポスが見慣れたアレクサンドロスがいた。

この後もフィリッポスは、アレクサンドロスに何かが起るたびに駆けつける、主治医でありつづけた。

また、若き王は、偽物《にせもの》の疑いがある情報でも伝えてきたパルメニオンを、非難したりはしなかったのはもちろんのこと、冗談の種にさえもしなかった。偽の疑いがあろうと情報はすべて上に告げるのが、下にある者の義務である。上がってきた情報にどう対処するかは、上に立つ者が判断することであるのだから。

いずれにせよ、アレクサンドロスは全快した。病に倒れたという報には蒼《あお》くなっていた将たちも、やれやれという想《おも》いで安心する。元気になった王を見て、兵士たちも元気をとりもどした。

東方からは、ペルシア王ダリウスが、編成を終えた大軍を率いて西方に向って動き始めたという知らせも届いていた。ダリウス率いるペルシア軍は、アレクサンドロス率いるギリシア軍の、優に五倍を越える大軍ということだった。

しかしこれは、アレクサンドロスにとっては良い知らせであったのだ。

ペルシア帝国の中枢部《ちゅうすうぶ》は、ギリシア人がメソポタミア地方と名づけた、ユーフラテスとティグリスの両大河にはさまれた中東にある。

そのメソポタミア地方にまで攻め入らねばならないとすれば、敵地深くに攻めこむことになる。アレクサンドロスにとっては、あらゆる面で不利になる。

ところが、ペルシア軍のほうが出て来てくれるというのだ。本拠地の中東から出て、中近東にまで遠出してくれるということである。

タウルス山脈を越えてキリキア地方に入ってきたアレクサンドロスは、ダリウスにしてみれば、自分の家の庭にまで踏みこんできた、不埒《ふらち》な存在に見えたのだろう。許せないこの侵入者は、早々にたたきつぶして追い払ってやらねばならぬ、と思ったのかもしれなかった。

このダリウスを、アレクサンドロスは待つことにしたのである。これまでは前に進む一方であった若き王も、今度ばかりは待つことにしたのだった。

パルメニオンと手分けして、つまり軍勢を二分して、手中にしたばかりのキリキア地方の守りを固める軍事行動を進める。ダリウスと正面切って対決したときに、背後の安全を保証しておくためであった。と同時に、新兵も加わった自軍の兵士全員に、柔軟で機動的な戦法を、身体《からだ》で会得《えとく》させるためでもある。
要するに、七月を迎えて二十三歳になったアレクサンドロスは、敵を待つのを、キリキア地方の確保と兵士の訓練の二つを同時進行させながら待ったのだった。

大規模な軍勢の行軍が遅くなるのは、各地から集まってくる兵士たちとの合流を果しながらの行軍になるからである。エジプトからも参戦していたから、王率いるペルシアの全軍が中近東に入ってきたときには、すでに冬に近づいていた。

ここでダリウスは、またも誤りを冒すことになる。
合流を終えた全軍を、後《のち》にはアンティオキアと呼ばれる地に集結したのはよいが、アレクサンドロスとの対決は、この近くで決すべきであった。アンティオキアの周辺一帯は平野に恵まれているので、大軍で闘うのには適していたのである。ところがその地を捨て、北に軍勢を持っていってしまったのだ。自家の庭深く攻めこまれない前に、敵をたたき追い払う想いだけが頭を占めていたのかもしれなかった。

行きちがい

しかし、これによって、笑うにも笑えない事態が起ってしまうのである。歴史を画すことになる戦闘《バトル》といえども、第三者から見ればしばしば、笑わずにはいられない展開から始まることがあるが、史上有名な「イッソスの会戦」もその例にもれない。

ダリウスもあせっていたのだろうが、アレクサンドロスのほうも、あせってはいなかったが、気がはやっていたのは確かだった。

王であることを強く意識していたアレクサンドロスは、これまでの敵であった地方長官《サトラペ》や傭兵《ようへい》隊長や部族の長たちとはちがって、今度こそは王を相手に闘うのである。グラニコスのときのような、ペルシア帝国の地方勢力と闘うのではなく、ペルシアの中央勢力を敵にするのだった。二十三歳という年頃にふさわしく、かなり興奮していたようである。

それで、ダリウスがアンティオキアに入ったのを知るや、彼も軍勢を率いてアンティオキアを目指しての南下に入る。

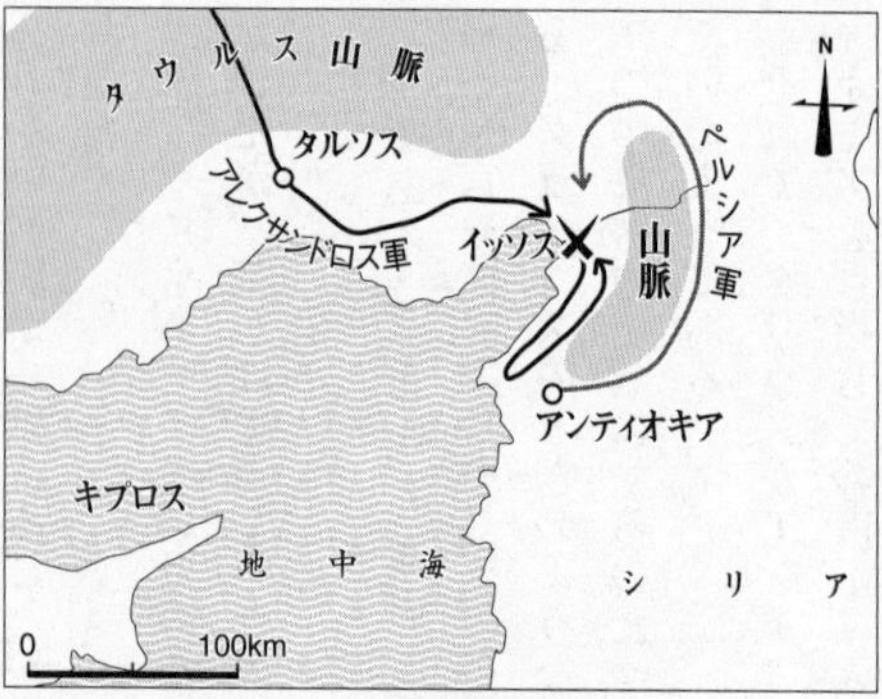

イッソスの平原周辺

ところが着いてみると、ペルシア軍は影も形もない。住民によれば、北に向ったという。

一つの情報だけで判断するアレクサンドロスではないので、漁船に部下の将を乗せて確認に送る。もどってきた部下も、ペルシア軍の北上が事実であることを伝えた。

行きちがいになってしまったのは、海沿いの道を南下したアレクサンドロスと北上するダリウスの間には山脈が横たわっていて、両軍ともが相手側の行軍に気づかないでいるうちに、一方は北上し、もう一方は南下していたというわけである。

そうと知った二十三歳は、このときも迷わなかった。今度もまた強行軍でUターンする、自軍の先頭に立つ。

というわけで「イッソスの会戦」は、普通ならば北から来たアレクサンドロス軍と南から来るダリウス軍が激突するところが、この逆になってしまうのだ。

とはいえ、イッソスの地を戦場に選んだのは、この地に先に着いていたダリウスであった。

私には、四十七歳にもなる成熟した大人のダリウスが、古代では唯一人《ただ》「王たちの王」とまで呼ばれていた大帝国ペルシアのトップであるこの人が、なぜ対戦の場にイッソスを選んだのかが、どうしてもわからない。

近くにある村の名から「イッソス」と呼ばれていたこの平原は、このときの会戦が行われていなければ歴史に名を遺《のこ》すことはなかった、どこにでもある平凡な平原である。

西側は地中海に面し、東側には低い丘陵が連なる、海と丘陵にはさまれた三キロ四方しかない平原だ。

中央には丘陵地からの水を地中海にそそぐ川が流れているが、この川もグラニコスのときと同様、川幅は狭く流れもゆるやか。しかもグラニコスの会戦が行われたのは五月だったが、ここイッソスでは十一月。水量も減っており、歩兵でも水を蹴立《けた》てて一気に走り抜けられる程度の川でしかない。

このイッソスに、ペルシア王ダリウスは、古代の史家たちによれば、六十万もの大軍を引き連れて到着したのである。

ただし、オリエント人は常に大げさな数字をあげる傾向があるので、現代の研究者たちによる推測では、二十万。この中で実際に戦場に投入されたのは十五万、が現実的な数字とされている。百五十年昔の前四八〇年にペルシア王クセルクセスが率いてギリシアに侵攻してきたときの兵力が二十万であり、ペルシアでは王自らが率いていくとなると二十万を下らない兵力になるのは、「王たちの王」とまで言われていたペルシアの王にとっては、面子《メンツ》の問題でもあるからだった。

それにしても、固く踏んだとして十五万である。このペルシア軍に対し、アレクサンドロスは、三万にも満たない兵力で立ち向うことになる。

三万五千で「グラニコスの会戦」を闘ったのに「イッソス」では、本国からの補充兵を加えても三万以下になってしまったのは、小アジア制圧行での犠牲者が多かったからではない。戦死者は、少しにしてもやはり出た。だが、兵力が減った理由は他にある。養子縁組という愉快な方法で手に入れたカリア地方に駐屯基地を設立したのに加え、他にも戦略要地ごとに基地を置き、そこには兵を残してきたので減ったのだ。敵地では、減った数だけ補充することまでは無理な話だった。

「イッソスの会戦」でアレクサンドロスが使える兵の数は、歩兵二万四千と騎兵五千の、合計しても二万九千。雑兵《ぞうひょう》を入れても、三万にも満たない。ダリウスの十五万に対し、アレクサンドロスは三万。そのうえ、「グラニコス」につづいてこの「イッソス」でも、戦場を決めたのはアレクサンドロスではなかった。

しかし、マケドニアの若者は、自軍にとっての有利を徹底的に活用するのに加えて、不利でさえも有利に変えてしまう才能でも卓越していたのである。

若き王は、ダリウスがイッソスに到着したと知るやただちに、そのイッソスが、ペルシア王との初の対決の場になることを確信したにちがいない。

たしかに十一月では、戦闘に適した季節とは言えなかった。冬でも雪の降らない中近東でも、軍はひとまず解散し、翌春の再会を約してそれぞれの故郷にもどり、そこで冬を越すのが通例になっている。

だが、ペルシア王の軍勢とは、王の権威を認めた帝国各地に住む地方長官《サトラペ》や大部族長が、自前の兵士たちを引き連れてくるのを集めて編成された軍なのである。いったん解散して故郷に帰してしまったら、翌年の春にまた集まってくるという保証はなかった。いや、ペルシア王のダリウスに、その自信がなかった。ダリウスは、今このイッソスで、ことを決するしかないと思いこんでいたのである。

この点に限るならば、ペルシア王から見れば小国マケドニアの王でしかないアレクサンドロスのほうが、有利な状況にあった。冬も野宿も粗食も、王から一兵卒に至るまでがOK、というのが二十三歳が率いるギリシア軍であったのだから。

だが、これもまたダリウスに、首都にもどって王宮での冬越しをするどころではないと思わせたろう。何であろうが甘受するという三万は、すでにペルシア王の家の庭に入りこんでいるのである。二重にも三重にもダリウスは、「イッソス」でことを決する必要に迫られていたのだった。

将兵すべての運命が両肩にかかっている最高司令官には、敵の心理状態を見透す能力が求められる。これがあって初めて、数では劣勢でも勝利に持っていけるようになるからである。

マケドニアの若者には、それがあった。言い換えれば想像力だが、アレクサンドロスもまた、ギリシア人であったのだ。

ダリウスはイッソスで勝負に出てくる、と確信した若き王は、来た道を引き返してイッソスに向う行軍中に、戦略・戦術を考え、それを各隊の指揮官たちに告げている。指揮官たちも、イッソスに近づくにつれて道幅が広くなるのを利用して、命じられたとおりの陣型に整えながら軍を進めていた。

こうして、イッソスの平原に着くまでにすでに、戦場に着くやただちに左右に分かれれば、全軍の布陣が完了するまでの状態になっていたのである。

アレクサンドロスは、ヘレスポントスを渡ってアジアに入って以後、会戦と呼ぶにふさわしい大戦闘《バトル》を四度行うことになる。

「グラニコス」「イッソス」「ガウガメラ」「ヒダスペス」の四会戦だが、私の考えではこの中で、彼にとっても歴史的に見ても、最も重要な戦闘は「イッソス」ではなかったか、と思っている。

それでこの会戦の展開に入る前に、両軍の最高司令官であるダリウスとアレクサンドロスの、姿勢と言うかスタイルと言うか、そのちがいをまとめてみるのも、無用な労にはならないと思うのだ。戦略・戦術のちがいにかぎらず戦況の進展に至るまでが、トップの性格なり姿勢《スタイル》に関係してくるからである。

それでダリウスだが、この人は、大帝国のトップであることの他にオリエント人の気質もあって、常に多数の顧問、ないしは御意見番、に囲まれていた。

しかも、穏やかな性格の持主でもあったらしく、この人は何であろうと、決定する前にあらかじめ、彼ら全員の意見の聴取のほうを先行するのである。聴いた後で決定を下すのはダリウスなのだが、確固とした考えもない前の意見聴取になるので、決断した直後から、彼自身に迷いが生じてくる。

思い悩む王を見て、配下の将たちとて「様子見」の態勢にならざるをえない。命令がいつ変更されるかは予想できず、それでも走り出して失敗でもすれば、ペルシアでは裁判なしの死刑が待っているのだった。

より悪いのは、兵士たちへの影響である。指揮官たちが様子見では、その彼らの命令で動く兵たちも、自信が持てなくなってくる。

これでは、戦略・戦術の徹底どころか、戦意の共有さえもむずかしくなる。

その反対が、アレクサンドロスだ。彼の場合は、トップダウンもよいところの独断になる。

マケドニアの若き王も、司令官や指揮官たちを集めての作戦会議は、しばしば開いた。だがその場では、配下の将たちの意見を聴くよりも、アレクサンドロスが彼らに戦略と戦術を説明するだけで、会議は終わることのほうが多かった。それでも配下の将たちには、なぜそうするかは、理をつくして説明したのだ。

六十七歳のパルメニオンとその下のクレイトスの世代以外は、ほぼ全員がアレクサンドロスとは同世代に属す若者たちである。理解し合うにも、時間はかからなかったにちがいない。

ただし、アレクサンドロスも、独断的ではあったが柔軟性もあった。戦場を自分の眼で見た後で、部隊の配置を急遽《きゅうきょ》変更するなどはしばしばであったのだから。

速攻で勝負する、という基本戦略では一貫していた。だが、戦術となると、臨機応変であったのだ。

ダリウス

しかし、アレクサンドロスは、考えることはあっても、迷うことはなかった。戦術の変更も、即座に考えて決めた結果であって、迷った末にようやく下した決断ではない。

このことは、急に配置の変更を命じられた部隊長たちの動きに、無駄がまったくなかったことが示している。変更するときには、もはやその理由の説明などは必要ではなかった。軍団を指揮する司令官クラスから小部隊の隊長までが、アレクサンドロスが言うのだから充分な理由があっての変更だ、と信じて疑わなかったからである。

そして、上層部のこの空気は、兵士たちにも伝わっていく。最高司令官から兵士の端に至るまでが、勝利への意欲を共有するようになるのだ。

迷いは勝利への足を引っぱるが、確信は勝利への後押しをするからである。

アレクサンドロス

ダリウスの十五万とアレクサンドロスの三万のちがいは、この点にもあったのだった。

ミもフタもない言い方で言えば、戦闘《バトル》で勝つ方法は一つしかない。

味方はパニックに陥らないようにしながら、敵をパニックに陥らせることにつきる、のである。

どうすればそのような状態にできるかだが、そのためにこそ、戦略も戦術もあるのだ。

戦場では、兵士は肉体で戦うが、総司令官は頭脳で闘うというのも、勝因はこの一点につきるからだった。

イッソスの平原に着いて初めて敵の大軍を眼にしたことでは、王も将たちも兵士たちも同じだった。

川の向う岸を埋めつくしているペルシア軍が、五倍の兵力であるにかかわらず、攻撃よりも防御を固めているのに気づいたにちがいない。

川の向う岸では、騎馬軍団が占める敵の右翼を除く戦線のすべてに、柵《さく》が張りめぐらされていたからである。とくに何重もの柵で守られているのは戦線の中央部で、ペルシアでは王の位置は全軍の中央と決まっていた。

これを見たアレクサンドロスは、交代制にはしたが全軍に、丸一日の休息を与える。往復二百キロもの強行軍の後では休息も当然だが、敵軍は見ようとすれば誰にも見える地点にいるのである。

それでも兵士たちは、遠くに見える敵などは忘れて眠りこみ、腹ごしらえも充分に済ませた。

アレクサンドロスが会戦前夜をどのように過ごしたかを記した、確かな史料は残っていない。

だが、一睡もしないで陣幕の中を行ったり来たりしているうちに夜が明けた、という彼は想像もできないので、様子を見にきたパルメニオンが眠りこんでいる王を見て呆《あき》れたという、古代の一史家の記述が真相に近かったのかもしれない。

「イッソスの会戦」

紀元前三三三年の十一月の始め、いよいよ「イッソスの会戦」の当日である。

空は快晴。十一月に入っているので、降りそそぐ陽光にも夏の強さはない。甲冑《かっちゅう》に身を固めていても、それだけで汗が噴き出ることもなかった。

戦場には先に入って待ちかまえていただけに、ペルシア軍の布陣は完璧《かんぺき》だった。

まず、ペルシア軍は川の向う岸を埋めつくしていた、と書いたのは、ペルシアの全軍は四段になる層に分れて布陣していたからである。三キロ四方の平原は川で二分されているので、固く踏んでも十五万という兵数では、四段の層に分けでもしないかぎり、収容することさえもできなかったろう。

しかし、奥行きの深いこの陣容は、戦況が有利に展開しているうちは、押せ押せという力も加わるので、攻撃力の強化になる。

だが、戦況が不利に変わろうものなら、一転して壊滅状態になりかねない危険があった。

おそらくダリウスは、自軍の優勢に次ぐ優勢で、最後まで押していくつもりでいたにちがいない。そうなるための策も、充分に立てた、と思っていたのだろう。勝負はまず、第一の層で決め、第二、第三、はダメ押しに、第四層は予備、と。

その第一層だが、地中海を右側に眺める右翼には、ペルシア帝国の誇りとさえ言われた、二万を越える騎兵軍団を配置した。

全員が、帝国の各地から集まった、ペルシア社会のエリートたちで占められている。ヨーロッパでもアジアでもクリームやバターを牛や羊の乳からとる地方では、社会のエリートを「クリーム」と呼ぶ習慣がある。イッソスの戦場でペルシア軍の右翼に陣取っていたのは、ペルシア帝国の「クリーム」たちであったのだ。それだけに軍装も華やかで、実際の数よりも多く見えた。

このエリート集団の左側から始まる「中央」には、こちらもまた二万を越える数の、ギリシア人の傭兵たちが配置されている。

彼らの多くはスパルタ出身なので、軍装もかつてのスパルタの勇士と同じ、兜《かぶと》から胸甲から脚甲から盾《たて》までが、ギリシアの都市国家の重装歩兵よりは大型で頑丈な造りのもので身を固めている。

集団になって向って来られると、タンクの集団にでも向って来られるのに似た圧力を感じさせる、プロ中のプロで成る集団だ。この彼らを王のいる中央の最前線に配置したことこそ、いまだにペルシアでは、「スパルタ・ブランド」が生きていることを示していた。

この傭兵軍団のすぐ背後には、「不死身の男たち」の名で呼ばれるペルシアの精鋭の一万が、ダリウスが乗る戦車を囲むように陣取る。「不死身」と呼ばれていたのは戦闘でも死なないからではなく、戦死で欠員が出るやただちにその穴は埋められ、一万の数は常に維持していたからにすぎないのだが、この一万こそがペルシア王の近衛《このえ》軍団でもあるのだった。ゆえに王自らが出陣するときは、必ず彼らが同行する。

そのペルシア王は、自軍の左翼には、歩兵と騎兵の混成軍団を配していた（図①）。前年に闘われた「グラニコスの会戦」の展開については、ダリウスも聴き知っていたにちがいない。あのときは、アレクサンドロス率いるマケドニアの騎兵軍団の突撃で戦端が切られただけでなく、それが勝敗を決したのである。

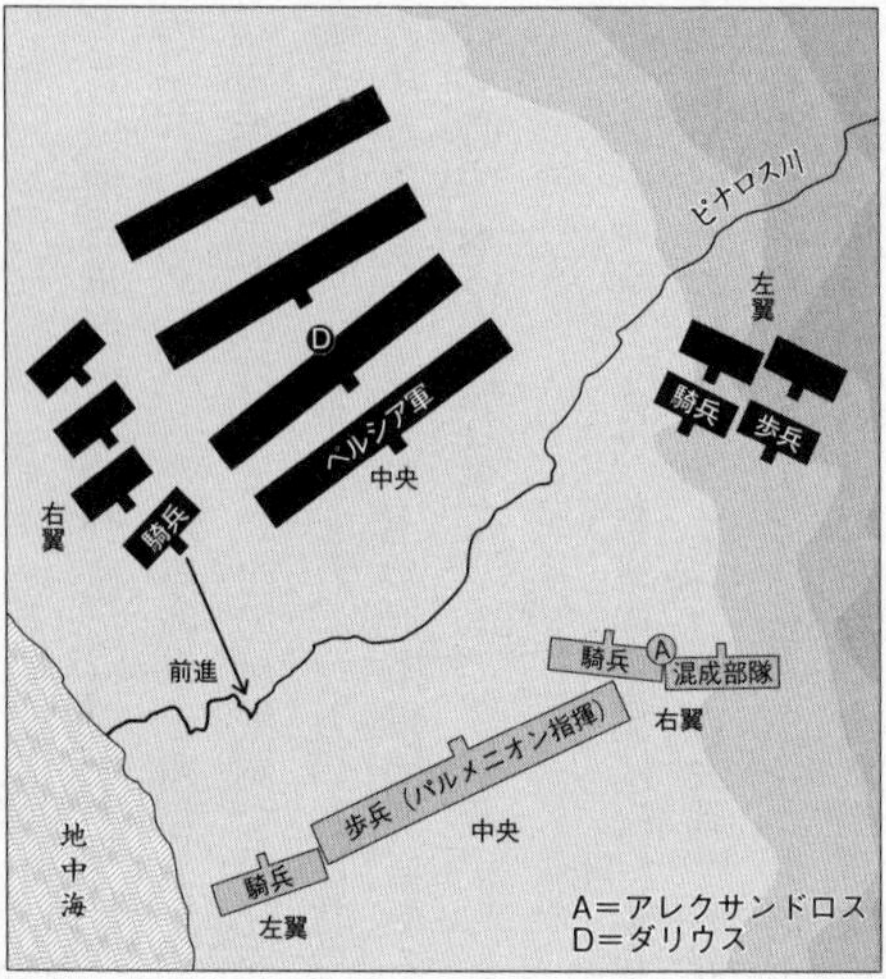

イッソスの会戦①

また、ギリシア軍では、最高司令官が右翼に位置するのも知っている。つまり、アレクサンドロスは、その右翼にいるということだ。

ダリウスは、アレクサンドロス率いるこの右翼の突撃を阻止する、そこまで行かなくても妨害する策が必要だと考えたのだろう。

それで、自軍の左翼の一部に早くも川を渡らせ、ギリシア側の右翼の横手に配したのである。彼らがギリシア軍の右翼の突撃を阻止している間に、自軍の右翼の騎馬軍団による猛攻によって、ギリシア側の左翼が総崩れになるのを期待したからだと思う。

戦略・戦術としては、悪くはなかった。だが、相手が悪かった。

充分な睡眠をとった後で敵が待ちうける戦場に入った二十三歳だが、奥行きの深い敵の陣容を見て、それとは反対の陣容に変える。

つまり、敵の五分の一にも満たない兵力しかないにかかわらず、敵よりは横に長く広がった陣型にしたのだ。

これは、開戦直後の攻撃が上手《うま》く行かない場合には、数では断じて多い敵に簡単に破られる状況におちいる危険があったが、勝利は、リスクを冒してこそ得られるのだ。

それに彼は、自軍内の部隊の配置も変えている。

彼自身は右翼を、パルメニオンにはファランクスが主力になる中央をまかせ、左翼にはギリシアの各地からの騎兵を配したことでは変わっていない。

だが、マケドニア騎兵に次いで実力を認めていたテッサリアからの騎兵の全員を、このイッソスでは左翼にまわしたのである。

敵の騎馬軍団による猛攻にさらされること必至の、左翼を強化しておくための策であった。

同時に、彼自らが率いる右翼にも手を加える。特殊部隊としてもよい攻撃用の歩兵と騎兵で成る一個部隊を急遽編成し、マケドニアの騎兵のみで成る右翼の右端に置いたのである。

「グラニコス」で戦端を切ったのはアレクサンドロス率いるマケドニアの騎兵軍団だったが、ここ「イッソス」で戦端を切るのは、この歩騎混成の部隊になる。この部隊には、マケドニアの騎馬軍団が突撃に入る際に邪魔になる敵の一隊を排除する目的が与えられた。

速攻で勝負を決める戦法では変わりはなくても、障害物はとり除いておく必要があったのだ。

平原を舞台にくり広げられる会戦とは、どの会戦でも変わらず、最初はゆっくりと始まる。

このイッソスでも、両軍ともが敵味方を分けている川に向って、ゆっくりとした速度で前進していく。このときの前進速度は、矢の射程距離とされていた二百メートルを切るまでは変わらない。

だが「イッソス」では、ゆっくりではあっても前進したのはギリシア軍で、ペルシア側で前進してきたのは右翼の騎馬軍団のみ。柵《さく》で守られている中央も左翼も、待機の姿勢を崩していない。兵力ならば五倍、押しつぶす機会ならばいつでもある、と思っていたのかもしれない。オリエントの人々の量に対する信頼は、ほとんど信仰の域に達していた。

紀元前三三三年の初冬の陽光の下、「イッソスの会戦」の火ぶたはついに切られた。急の配置変換にもかかわらず、最右翼に配されたギリシア側の歩騎混成隊は、障害物排除という任務を、充分以上に果す。ペルシア側の前哨《ぜんしょう》部隊を、丘陵に追い上げただけでなく壊滅状態にもしたので、早くも非戦力化まで成しとげたことになった。

これを見たアレクサンドロスから、マケドニアの騎兵軍団の三千騎に突撃命令が発せられた。

突撃の命令を発したというより、愛馬ブケファロスにまたがった王自身が、突撃・突撃と叫びながらとび出して行った、とすべきかもしれない。

だが、王がとび出せばその後につづくのは、マケドニアの騎兵ならば言われないでも知っている。

「グラニコス」のときのように、先頭を切って突っ走った王が敵中で孤立するような事態は、絶対にくり返してはならなかった。

こうして、マケドニアの騎兵の全軍が突撃に入ったことで、「イッソスの会戦」は、真の意味での戦端が切って落とされたことになる。

同時に、戦場の反対側になる海側では、ペルシアの騎兵軍団による猛攻が始まっていた。

その中で中央ではまだ、両軍の激突にはなっていなかった。

パルメニオン率いるこの中央にはアレクサンドロスから、敵の攻撃には耐えに耐えつづけよ、と命じられていたので、マケドニアの誇るファランクスも巨大なハリネズミになって、ペルシア側で闘うスパルタの傭兵《ようへい》たちが、川を渡りながら少しずつ距離を縮めてくるのに対していたからである。ファランクスの横長の陣型を崩されようものなら、それは即、敗北への道を開くことであったのだから。

若き王も今度は、川水を蹴立てて川を渡っての突撃はしたが、そのしすぎには注意したようである。終始騎馬軍団の先頭で闘っていたが、騎馬軍団もその王からは絶対に離れなかった。

このマケドニアの騎馬軍団が、ペルシア側の陣容にくさびを打ちこむのに成功する。つまり、相互に守り合わねばならないペルシア軍の中央と左翼が切り離されてしまったのだ（図②）。

陣型を崩されては、次にくるのは壊滅である。壊滅を目指すマケドニアの騎兵軍団の猛攻の前に、ペルシア側の左翼は成すすべもなかった。左翼が非戦力化されてしまっては、ダリウスのいる中央部の左脇《わき》が、無防備同然になってしまう。この中央に、アレクサンドロス率いる三千騎の猛攻が集中した。

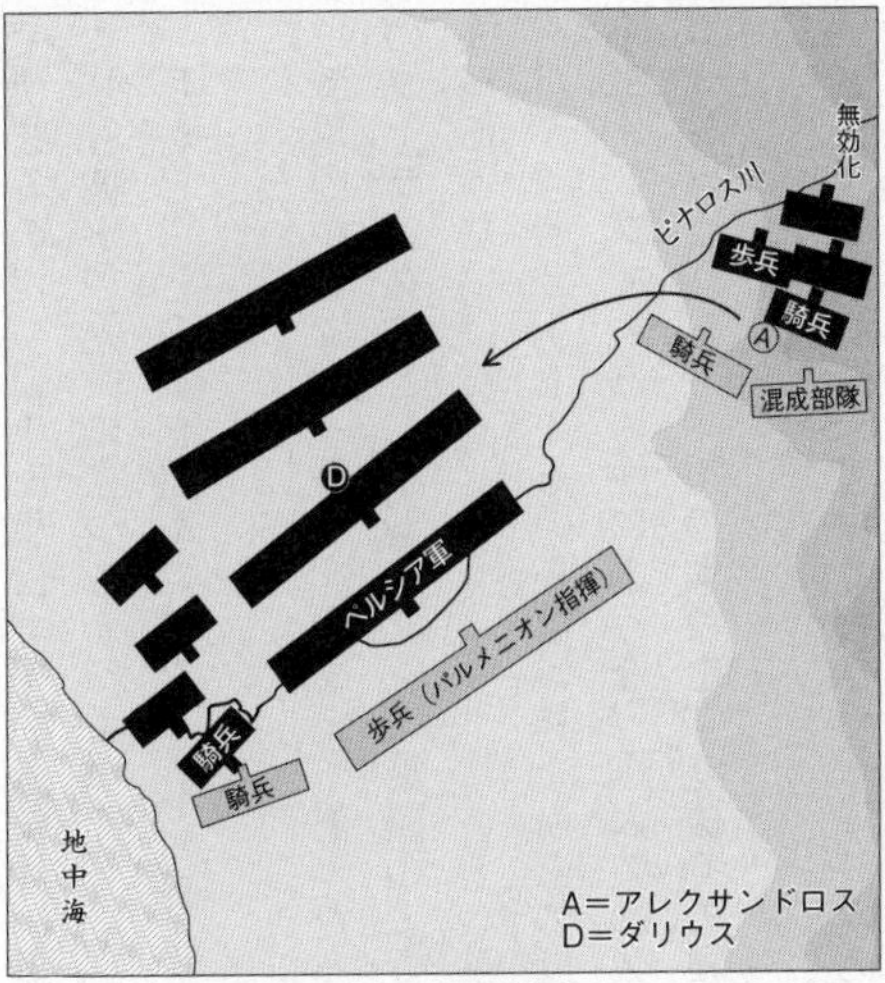

イッソスの会戦②

戦況は、このときから二幕目に入っていく。

丘陵側では、敵左翼の非戦力化に成功した後のマケドニアの騎兵軍団が、ダリウスのいる敵中央への攻撃を激化していた。

右に左にと敵兵を倒しながらも、若き王は、敵軍の中央にただ一人、大型の戦車に乗っているダリウスから眼を離さなかった。

王を倒しさえすれば、勝負はそれ

で決まるのだ。二十三歳は、率いる騎兵の全員を、この箇所での攻撃に投入する。誰よりも彼が、先頭に立つことによって。

しかし、その王を囲んで守る、「不死身の男たち」の壁は厚かった。

戦場の中央では、長槍《サリサ》をかまえて怒ったハリネズミのようになっているマケドニアのファランクスと、小型のタンク集団のようなギリシア人傭兵軍団が、ついに激突に入っていた。

だが、七メートルもの長槍の林を崩すのはどうしてもできない。倒されていくのは、小型タンクでもあるかのような、重武装のスパルタの傭兵たちになっていく。パルメニオンはこうして、王の厳命を守り抜くのに成功しつつあった。

海寄りでは、川を渡って大きく敵陣に攻めこんだペルシアの騎兵軍団と、少しずつ後退はしながらも反撃はやめない、テッサリアを始めとするギリシアの騎兵たちの間で、激闘がくり広げられていた。

優勢に闘っていたのは、数では十倍にもなるペルシアの騎馬軍団だったが、テッサリアは騎兵王国でもある。敵の猛攻に対してもしぶとく反撃をやめず、一兵たりとも背は見せず、ここでも陣型が崩れることはなかった。

「イッソスの会戦」が、まったくちがう様相で三幕目に入っていったのは、ペルシア王ダリウスが、恐怖の虜《とりこ》になってしまったからである（図③）。

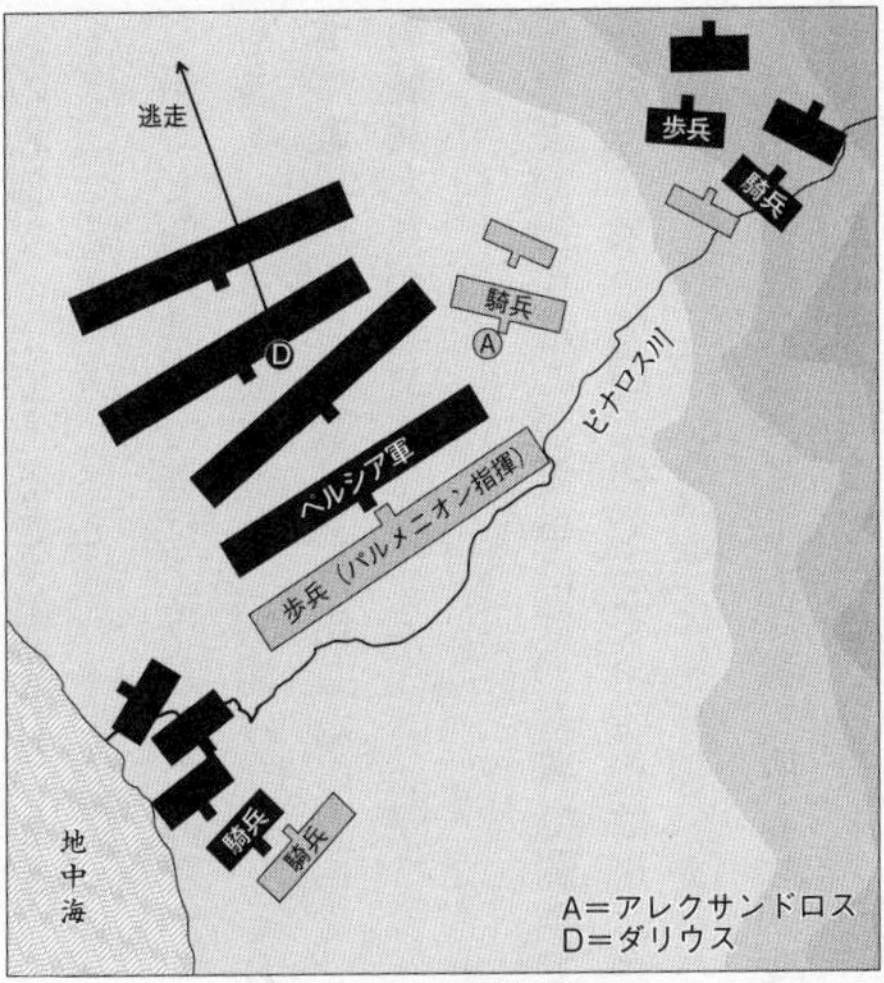

イッソスの会戦③

左側からは、アレクサンドロスを先頭にしたマケドニアの騎馬軍団が迫ってくる。

その敵から王を守ろうと立ちはだかる「不死身の男たち」も、精鋭ではあっても所詮《しょせん》は歩兵。次々と敵の馬のひづめの犠牲になっていった。この日の戦闘で、一万人いた彼らのうちの六千人が死んだ。

これを見たダリウスは、四十七歳にもなっていながら、身に迫る危険への恐怖で、王であることを忘れてしまう。そのダリウスの頭には、逃げることしかなくなっていた。

乗っていた戦車で逃げようとしたのだが、まわりにいる味方の兵士たちがあまりにも多く、戦車を通す道さえも開けない。それで、連れてきていた馬の一頭にまたがって、戦場から一目散に逃げ出したのである。その王に、中央に配されていたペルシアの騎兵たちがつづいた。

中央で起ったこの変事には、右翼で闘っていたペルシアの騎兵軍団も気づく。大型の戦車に乗っていたので、王の所在は遠くからも見えたことに加え、この種の情報は風よりも早く伝わるのだ。

ペルシア社会のエリートである彼らも、戦場から逃げ出した王を見ては、これ以上戦場に留まる理由もなくなる。Uターンして、彼らも逃げ始めたのだ。それも、味方の歩兵たちを蹴散らしながら逃げたのだった。

こうして、ペルシア軍全体が総崩れになる。それでもこのエリートたちの全員は、無事に逃げきることまではできなかった。テッサリアの騎兵隊を先頭にしたギリシアの騎兵全員が、追撃に転じてきたからである。逃げおおせることができたのは、半ば以下であったという。

しかし、ダリウスが逃げたのに誰よりも先に気づいたのは、間近まで迫っていたアレクサンドロスであったろう。

ただちに彼は、逃げた王の追撃に移った。

だがそこに、パルメニオンからの急使が追いかけてきたのだ。

敵中央部での攻撃にもどってくれという、要請だった。

アレクサンドロス個人の想《おも》いならば、逃げたダリウスへの追撃を続行したかったにちがいない。

だが彼も、そしてパルメニオンも、まさか王が逃げるとは、予想していなかったのである。

予想していなかったから、敵左翼の壊滅後は敵中央の攻撃に移り、それを合図にパルメニオンも、ファランクスを完全に攻撃に転じさせるとした戦略で、合意していたのだった。

そのことを思い出したのか、アレクサンドロスからパルメニオンへの答えは、もどる、の一言だけであり、そして実際にもどる。

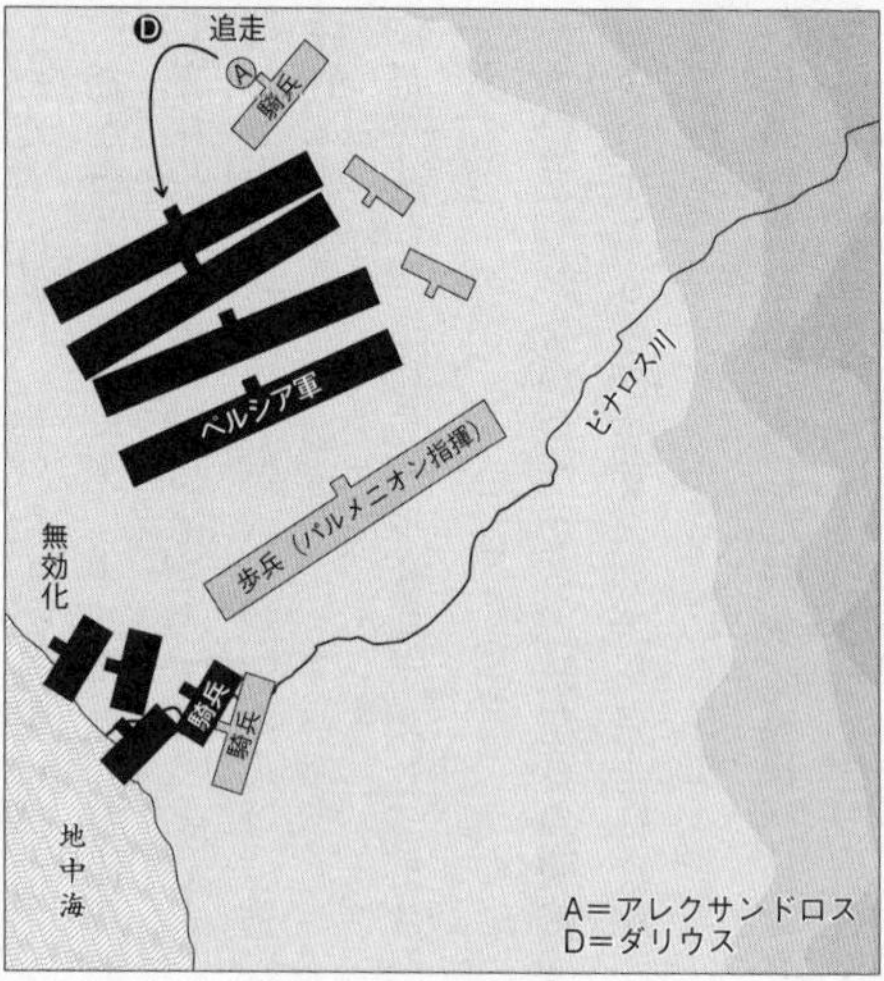

イッソスの会戦④

こうして、前方からのマケドニアのファランクス、後方からのマケドニアの騎馬軍団にはさみ討ちになったペルシア軍の中央は、文字どおり壊滅した（図④）。

三万と十五万が闘った「イッソスの会戦」は、三万側の圧勝で終わったのである。

古代の史家たちによれば、ペルシア側の犠牲者は、歩兵十万、騎兵一万、になったという。

戦死者の多くは、ギリシア兵の槍《やり》に突き刺されて死んだ者よりも、逃げる味方の兵たちに押しつぶされて圧死した者のほうが多かった。全軍がパニック一色になってしまっては、兵の数が多かっただけになおさら、圧死が多くなってしまったのである。

二万を越える数であったギリシア人の傭兵の中で、戦場から逃げおおせたのは八千人。東方に逃げたペルシア兵とちがって、彼らは西に逃げる。多くはスパルタの出身者であったので、どういう経路をたどったのかは不明だが、母国スパルタにまで逃げた。

コリントでの会議に出席していなかったスパルタには、そこで決まった、ギリシア以外の国の傭兵になって対ギリシアの戦闘に参戦したギリシア人は祖国から追放される、とした決定に従う義務はない。それで、スパルタ人の傭兵だけが祖国にもどることができたのである。ギリシアの他の地方からの傭兵たちには、たとえ戦場から逃げおおせても、帰る祖国がなかった。彼らは、次の就職先を求めて散り散りになったという。

アレクサンドロスが率いたギリシア軍の損失だが、戦死者は四百五十人であったといわれている。

「グラニコス」では百十五人であったのに、五倍以上の数の敵と闘った「イッソス」では、戦死者も多くなってしまったのだ。

「イッソスの会戦」はやはり、二十三歳のアレクサンドロスがあげた、圧倒的な勝利であったのだった。

ユーフラテス河を渡ってようやく安心できたダリウスに、「不死身の男たち」の生き残りの四千人が追いついた。この四千を従えて、ペルシア王ダリウスは、メソポタミア地方を横断し、ティグリス河も渡った後で、ようやく首都のスーザに逃げ帰ることができたのである。

兵士たちを捨て、豪華な造りの王専用の戦車も捨て、傭兵に払うために持ってきた三千タレントもの大金も捨て、そのうえ戦場に連れてきていた家族までも捨てての逃走であった。ダリウス自身は、かすり傷さえも負っていなかった。

激闘中に敵兵の槍によって太股《ふともも》に傷を負っていた二十三歳のほうは、医師フィリッポスによる応急手当てを受けただけで、活動を再開していた。

まず、戦死者たちの埋葬が行われる。ギリシア軍では、戦死者はその戦場で火葬に付され、その戦場に葬《ほうむ》られるのが決まりになっていた。

死者の埋葬は、彼らを率いた最高司令官が行うのも慣例になっている。ペルシアではそのようなことはしないが、ギリシアではするのだ。また、ローマでもする。

最高司令官にとっての兵士は、戦友であるからだ。後のローマのカエサルも、兵士に向って話すときは、「戦友諸君」と呼びかけるのが常だった。アレクサンドロスが彼らに話すとき、どのような呼び方をしたのかはわかっていない。

だが、誰よりも彼自身が、部下の兵士たちを戦友と思っていたし、兵士たちもこの若き王を、自分たちの戦友と思っていたのである。

死者の埋葬を終えた後は、死にはしなかったが傷は負った戦友たちの見舞いが待っている。これも、最高司令官には欠かせない、戦闘直後の行事になっていた。最高司令官には、敢闘をねぎらうだけでなく、重傷を負うかして、これ以上の参戦は不可能な兵士たちを故国に送り届ける義務もあったのだ。

だが、アレクサンドロスが指揮した戦闘では、戦死者の数が少なかっただけでなく、普通ならば戦死者より多くなる負傷者の数も、少なかったと言われている。「イッソスの会戦」の後も、特別に船を仕立てて帰国させる必要もない程度の数であったらしい。あらかじめ組織して同行させた、医師グループによる適切な治療も効果があったのかもしれない。アレクサンドロスは、戦闘後の負傷者訪問には、医師グループを同行するのが常であったからである。

これらのすべてを終えた後で、アレクサンドロスは、その日初めての食事を、親しい仲のヘーファイスティオンと二人でとっていた。

そこに部下が入ってきて言った。ペルシア王の母后と妃《きさき》と二人の王女が泣き叫んでいて、どうしたらよいかわからない、と。

全力を投入した激戦の後というのに、二十三歳の若さだけでなく、好奇心も旺盛《おうせい》なアレクサンドロスのこと。訪問すると決め、それもただちに実行した。もちろんこのときも、どこへ行くにも一緒という、ヘーファイスティオンを同行する。

ペルシアの王室では、勝利で終わると予想した戦闘には、家族も同行する習慣があった。

百五十年昔に大軍でギリシアに侵攻してきたペルシア王クセルクセスも、弟たちから息子たちまで同行していた。一方、ダリウスの場合は、ギリシアという「アウェー」への遠征ではなく、イッソスでは「ホーム」での戦闘になる。それで、女たちまで連れてきていたのだった。

アレクサンドロスが訪れたのも、戦場の後方に張られていた王家の女たちのための天幕で、泣き叫ぶ声はその中から聴こえてきた。

ダリウスが置き去りにしていった王専用の戦車と同じに、王室の女たちのためのこの天幕も、ペルシアの富を象徴するかのように美しく豪華な造りになっている。その中に入ってきたアレクサンドロスとヘーファイスティオンを見るや、ペルシアの母后は、その二人のうちの一人の足もとにひざまずいて、泣きながら命乞《ご》いを始めた。

ところが母后は、今で言うならば「外交上の重大な過失」を犯していたのだ。ひざまずいて命乞いをする相手を、まちがえてしまったのである。

なにしろ、幼少時から双子《ふたご》みたいと言われていたくらいで、身体《からだ》つきから服装まで似ているこの二人だ。それもヘーファイスティオンのほうが背丈が少しばかり高かったので、ペルシアの母后は、この人こそがマケドニアの王だと思ってしまったのだった。

この、「外交上の重大な過失」はただちに、王家の女たちに仕えていた一人のギリシア人によって指摘される。それでさらに、母后の絶望は極限に達した。相手をまちがえるということほどの、礼を失した行為はなかったのだから。

それでもアレクサンドロスは、もともとからしての母親っ子ときている。だから、他人の母に対しても優しい。

それでこのときも、老婦人の手を取って起《た》たせてやりながら言った。他人の母に対する尊称である、「御母堂」と呼びかけながら。

「御母堂、お気になさることはまったくありません。この彼も、もう一人のアレクサンドロスですから」

そして、通訳を介したにしてもつづけた。

ペルシア王ダリウスは逃げたから、まだ生きている可能性は充分にあること。

そして、母后にとっては息子、妃にとっては夫、娘たちにとっては父親のダリウスの消息がわかりしだい知らせることも約束した。

また、御婦人方への待遇には一切変わりはなく、名誉や地位を損《そこな》うような行為は、兵士たちにも厳しく命じて、絶対にさせないとも約束したのである。

召使いまで加えての悲嘆の大合唱も、これで静まった。

しかし、アレクサンドロスは、しばらくして届いたダリウスからの講和の提案は、きっぱりとはねつけたのである。

それには、次のことが提案されていた。

第一に、タウルス山脈以西の小アジアは、マケドニア王の領有地として譲渡してもよいこと。

第二、王家の女たちを取りもどすのに、一万タレントの身代金《みのしろきん》を払う用意があること。

最後は、ペルシア帝国とマケドニア王国の敵対関係の解消の証《あか》しとして、王女の一人をアレクサンドロスに嫁がせてもよいこと。

それには二十三歳は、大笑いしながら言った。

まず、タウルス山脈以西の小アジアの地は、すでにわたしの手中に帰している。

第二は、王家の婦人たちも、留め置く必要がなくなれば、身代金などは無しで自由にするつもりでいる。

第三だが、わたしさえその気になれば、今でもすぐに王女を妻にすることなどはできる。

いずれにしても、ペルシアの王とアレクサンドロスの間に行われた、一度目の対決は終わったのだ。

若き王にとっては、ヘレスポントス海峡を渡ってアジア入りしてから、二年が過ぎたことになる。

次の年の春からは、現代の研究者たちの言う「イッソス以後」が、若き王を待ちうけているのであった。

その彼の前には、二つの選択肢があった。

「シーレーン」の確立

前の年の五月に行われた「グラニコスの会戦」で、アレクサンドロスは、小アジアのペルシア勢力の一掃に成功していた。この地方へのペルシア帝国支配の象徴的存在であった地方長官《サトラペ》たちの半ば以上はグラニコスで戦死し、生き残った人々も若き勝利者の前に城門を開き、マケドニアの支配を受け入れていたからである。

実際、次の年の十一月に行われた「イッソスの会戦」に、小アジアの地方長官《サトラペ》たちの参戦者はいなかった。

そして、「イッソスの会戦」では、ペルシア王自らが率いた軍勢を相手にして圧勝する。つまり、ペルシア帝国の中枢部《ちゅうすうぶ》を敵にまわしてさえも勝ったのだ。しかもペルシア側には、王自らの戦線離脱という汚点が加わっての敗戦であった。

その結果、イッソスから逃げおおせた地方長官や豪族の長たちの、自分たちの王であるダリウスに向ける視線が、以前とは変わってくるようになったのも当然だ。また彼らには、これまでのアレクサンドロスによる、ペルシア人の地方有力者たちへの寛容なやり方も、魅力的に見え始めていたのかもしれない。

これでは、ダリウスに雪辱を期す想いがあろうと、彼が実際に頼りにできるのは、帝国の東半分に領地を持つ有力者だけということになってしまう。

広大なペルシア帝国を大まかに分け、しかもそれを現代の国別で示すとなると次のようになる。

小アジアは帝国にとっては北西にある辺境だが、現代はトルコになるこの地方は、何かといえばめんどうを起すギリシア人世界と接していた。しかも「グラニコス」以後は、アレクサンドロスの支配下に入っている。

帝国の南西を占めるのがエジプト。エジプトは、メソポタミア地方に覇権を打ち立てた民族が必ず触手を伸ばしてくるほどに豊かな国なのだが、それだけに、ペルシアの支配にゆるみが見えるやすぐに反乱を起すという、困った地方でもある。それでも一応はペルシア支配下でつづいており、イッソスにも、ペルシア人の地方長官《サトラペ》に率いられた一軍が参戦している。だが、そのサトラペ自身はイッソスで戦死していた。ということは、「イッソス」後のエジプトでは、それまでのペルシアの軍事力による支配も、空白状態になっていたということになる。

次いで、ペルシア帝国の中枢部になる。

地中海の東端から始まり、ユーフラテス河を越え、ティグリス河の東側にまで達する広大な一帯だ。現代の国別ならば、中近東諸国、シリア、イラク、そしてイランの西半分までを占めている。ユーフラテスとティグリスの両大河にはさまれたこのメソポタミア地方こそが、歴史的にも常に、中東の中枢部であったからだった。「イッソスの会戦」でのアレクサンドロスの勝利の意味は、この中枢部を相手にして勝ったことにある。

それゆえ、このペルシア帝国の東半分は、ティグリス河から東方に広がる地方になる。現代の国別ならば、イランの東半分に、アフガニスタン、パキスタン、そして北に、トルクメニスタン、ウズベキスタン、タジキスタンにまで及ぶ、大半が山岳地帯。「イッソス」には、この地方を実際に支配している有力者のほとんどは参戦していない。ということは、ダリウスが捲土重来《けんどちょうらい》を期すならば、アレクサンドロスとはまだ闘ったことのない、彼らに召集をかけるしかないということであった。

ここで話を、「イッソス」後にアレクサンドロスの前にあった二つの選択肢にもどす。

その第一は、この機にメソポタミア地方にまで攻めこみ、一気にペルシア帝国を崩壊させてしまうという選択肢。

第二はこれとは反対で、中近東を制圧しながらエジプトを手中にするほうを優先する、選択肢になる。

第一を選んだ場合のメリットは、軍の再編成もままならない状態にある今現在のダリウスを突くことができる、という点にある。だが、デメリットもあった。補給線が長くなる、ということだ。

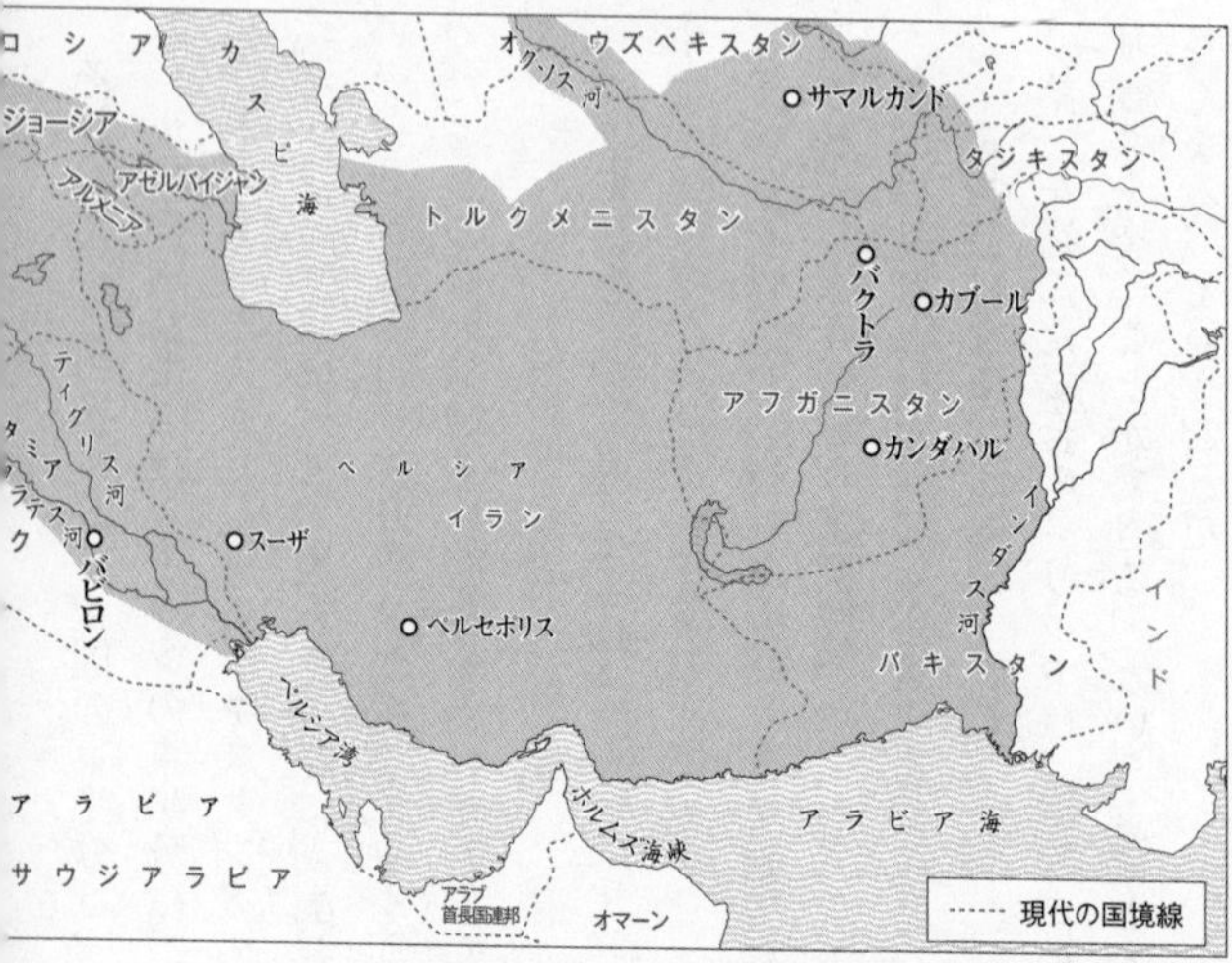

アレクサンドロスの東征以前のペルシア帝国の版図

これに反して第二の選択肢のメリットは、制圧行は中近東から始めるのだから、「イッソスの会戦」による影響を最大限に活用できる、ということ。

また、制海権をペルシア側から奪取するという利点もあったのだ。

自前の海軍を持っていないアレクサンドロスにとっての海軍は、実質的にはアテネからの二十隻《せき》にすぎない。

それに反してペルシア側には、四百隻のフェニキア海軍がいた。東地中海はもとよりエーゲ海まで、制海権はいまだペルシア側にあったのだ。

この状況下では、マケドニアはも

ちろんのことギリシア本土との間でも、連絡から補給までを保証するなどは夢になってしまう。

　兵站《ロジスティクス》を重要視しない司令官は、戦場ではいかに勇猛果敢でも、勝利者には絶対になれない。つまり、戦闘では勝っても、戦争には勝てないのだ。「グラニコス」「イッソス」と陸上の戦闘では圧勝してきたアレクサンドロスも、海戦で勝ったわけではなかったのだから。

　戦場では速攻に次ぐ速攻で勝利した二十三歳だが、その後となると方針を変えた。一気に敵の本拠に攻めこもうという声が兵士の間では強くても、最高司令官が選んだのは第二の選択肢である。まずは中近東、そしてエジプトの制圧のほうを優先する、と。

　この男は、戦場でも速かったが、学び取るのも速かったように思う。

冬に入っているのもかまわず、アレクサンドロスは自軍を二分した。そして、軍の半ばを率いさせたパルメニオンを、ダマスカスに直行させる。イッソスで捕えた捕虜の尋問から、イッソスに向う前にダリウスが、王の財宝のほとんどをダマスカスに送っていたことを知ったからだった。

一方、彼のほうはイッソスを後に、中近東の制圧のための南下行に入る。「イッソスの会戦」の年と言ってもよい紀元前三三三年も終わり、三三二年に入りつつあった。アレクサンドロス率いる軍では、当時の常識であった冬季休戦などはないのである。

やはり、「イッソス」の影響は大きかった。

地中海の東岸に沿って連なる海港都市が、そろいもそろってという感じでペルシアを捨て、アレクサンドロスの支配を受け入れたのである。

北から南にラオデキア、トリポリ、ベイルート、シドンと、そして近くの海に浮ぶキプロス島までが、次々とマケドニアの若き王の前に城門を開いたのだった。

これらのすべては海港都市なので、小規模とはいえ海軍を持っている。都市内の現状維持は認めたアレクサンドロスだが、海軍だけは彼の直接の支配下に入れた。

そこに、ダマスカスに送っていたパルメニオンが、大量の金と銀を持ってもどってきた。アレクサンドロスはそれを、ただちに金貨や銀貨に鋳造《ちゅうぞう》させる。こうして、ダリウスが置き去りにして逃げた金塊や銀の延べ棒は、兵士たちへの給与や褒賞金《ほうしょうきん》に化けたのであった。

アレクサンドロスの金貨

私もその一つを持っているが、表面には兜《かぶと》を上にあげたアレクサンドロスの横顔が、裏面には勝利の女神ニケが彫られた金貨で、私の知るかぎり、自らの横顔を通貨に彫らせたのは、アレクサンドロスが最初ではないかと思う。後にヘレニズム時代の王たちがまね、ローマ時代になるとカエサルを始めとするローマの皇帝たちがまねるようになる。

いずれにしても、ダリウスが置き去りにした財宝はこのようにして活用され、兵士たちへの給与や褒賞金に化けたのだが、化けたものには他にもあった。それらは、アレクサンドロスの前に無血開城した都市が、新たな支配者に恭順の証しに贈ってくる黄金製の王冠である。それらもさっさと溶かされて、金貨に変わる。

軍資金も充分どころか借金のある身なのに大遠征を決行したアレクサンドロスにとっては、財政面の不安からは、まずは解放されたということであった。

もともとからしてこの人は、贅沢《ぜいたく》には関心のない男なのである。イッソスの戦場でダリウスが置き去りにした豪華な品々の中に、オリエントの贅をつくした美しい小箱があった。内部には、真珠やルビーやエメラルドが詰まっている。それを見たアレクサンドロスは、豪華な造りの小箱には眼を見張りながらも言った。

「わたしなら、『イーリアス』の一巻を入れておく」

だから、金塊や宝石が兵士への給与に化けてもけっこうではないか、というのだ。

戦場でも、彼自身の軍装は、他の司令官たちと変わらなかった。他の人々と変わっていたのは、兜の上で風にひるがえる白の羽毛飾りだけである。これも、配下の将たちと差をつけるためではなく、最高司令官がどこで闘っているかを、兵士たちに一眼でわからせるためであった。

このように、シドンまでは思うとおりにきた中近東制覇行だったが、そのアレクサンドロスの前に、ティロスが立ちふさがったのである。

ティロス攻防戦

ティロスも、地中海に向って開いた中近東の海港都市の一つで、市街地も陸上にあったのだが、しばらく前から、五百メートルほど離れた海上に浮ぶ島に、都心部を移していた。航空機の出現以前は、陸地から切り離されている島のほうが、防衛には断じて有利であったのだ。

しかも、新たなティロスになったこの島には、その北側と南側の双方に、大量の船を停泊させるに適した港までがある。

この二つの良港ともが、フェニキア海軍の寄港地になっていた。ペルシア帝国の海軍であったフェニキアの軍船団も、アレクサンドロスによる東征が進むにつれて、次々と寄港地を失っていたのである。

始めは、「グラニコス会戦」後の小アジア西岸部のミレトスやハリカルナッソス、「イッソスの会戦」後は、中近東のベイルートやシドン、と。

アレクサンドロスの支配下に入ったこれらの海港都市に寄港できなくなったフェニ

キア海軍にとって、今やティロスは、少なくなる一方の寄港地の最後の一つ、にさえもなっていたのだ。

寄港地のない海軍は、海軍ではない。寄港地が保証されてこそ、その周辺の海域の制海権を手中にできるからである。


このティロスを支配下に加えるに際して、アレクサンドロスは当初、海上に浮ぶ島というティロスの特殊性を、充分に理解していなかったように思う。彼はやはり、陸の国マケドニアに生れたリーダーであった。

それでティロスに対しても、これまでの成功例にならって、平和裡《り》での制覇で行けると考えたのだ。

島にあるヘラクレスに捧《ささ》げた神殿に参拝したいから開門されたし、と言わせた使者を送ったのだが、それにティロス側は、ヘラクレスの神殿は陸上の旧市街にもあるから、そこに参拝されたがよかろう、という素気ない返事で答えてくる。こうなってはもはや、軍事力による開門しかなくなった。

海上に浮ぶ一海港都市にすぎないのだからそのまま通り過ぎても不都合はなかったではないか、と言うかもしれない。だが、確かな不都合だけでも二つあった。

第一は、これまでアレクサンドロスがつづけてきた、ペルシア側にもどる可能性のある都市は絶対に背後に残さない、とした戦略に反してしまうこと。

第二は、ティロスは放っておけても、フェニキア海軍は放ってはおけないということ。

この第二はとくに重要だった。ギリシアとの海上交通路、今風に言えば「シーレーン」、の確立が成るか否《いな》かがかかっていたからである。

陸の国の人である若き王も、ティロスからの素気《すげ》ない返事を得て初めて、「海」というものに眼を開くようになったのではないか。

というわけで「ティロス攻防戦」に入っていくのだが、これだけになんと、紀元前三三二年の一月から始まって、七月までかかってしまう。

会戦でも一日で勝負をつけてしまうほど速攻大好きの若者にとって、我慢と忍耐と、それでも勝機を見出《みいだ》すことだけは忘れなかった、緊張の絶えない七ヵ月になるのである。

海に浮ぶティロスの新市街と陸上にある旧市街の間は、五百メートルほど離れている。

浅瀬でつづくと思いこんだアレクサンドロスは、その五百メートルを、突堤を築くことでつないでしまおうと考えた。

ところが、浜辺から少し進んだところから、急に海が深くなるということがわかる。それでも、木材の柵《さく》を大量に海中に埋めこむことで海水を遮断し、次いでこれまた大量の岩石を投じその間にあらゆるものを詰めこむことでの突堤造りは進んだのだが、島にいるティロス人がそれを黙って見ているわけがない。海港都市だけに、彼らは船を持っている。船の上から矢を射たり石を投げたりしての突堤工事への妨害作戦は、執拗《しつよう》につづけられた。

だが、この種の敵による妨害作戦を、単に耐えつづけるアレクサンドロスではない。若き王も、ただちに反撃に出る。

造築中の突堤の先端の両端に二つの塔を建て、そこに投石器をすえ、その上から眼下の海上でわがもの顔に妨害行動に熱中している敵船を撃沈しようとしたのだった。

このあたりから、アレクサンドロスとティロスの間にくり広げられる攻防戦は、チエスのゲームの展開に似てくる。一方が攻撃に出れば、もう一方もただちに新手の策で反撃に出てくる、というふうに。

塔の上という高所からの攻撃に出てきたアレクサンドロスに対して、それには音《ね》をあげたティロス側も、新たな攻撃法を考え出した。

可燃物を満載した三段層ガレー船、と言うからには大型船だが、その船を、二隻のタグボートに引かせて港から出す。そして、突堤の上に立つ塔に接近したところで積みこんだ可燃物に火を点《つ》け、燃えあがる船そのものをぶつけることで塔を炎上させるという作戦に出たのだった。もちろん、炎上する船が突堤の上の塔に激突する直前に、そこまで引いてきたタグボート二隻は、左右に分れて逃げるので、船は犠牲になっても人の犠牲は出ない。

ティロス側のこの作戦は、完璧《かんぺき》に成功する。二つの塔は、その上に置かれていた投石器ともども炎上した。突堤の上にいた兵士たちは、敵への攻撃どころか、消火作業に専念するしかなかったのである。しかもこれは、一度では終わらなかった。ティロ

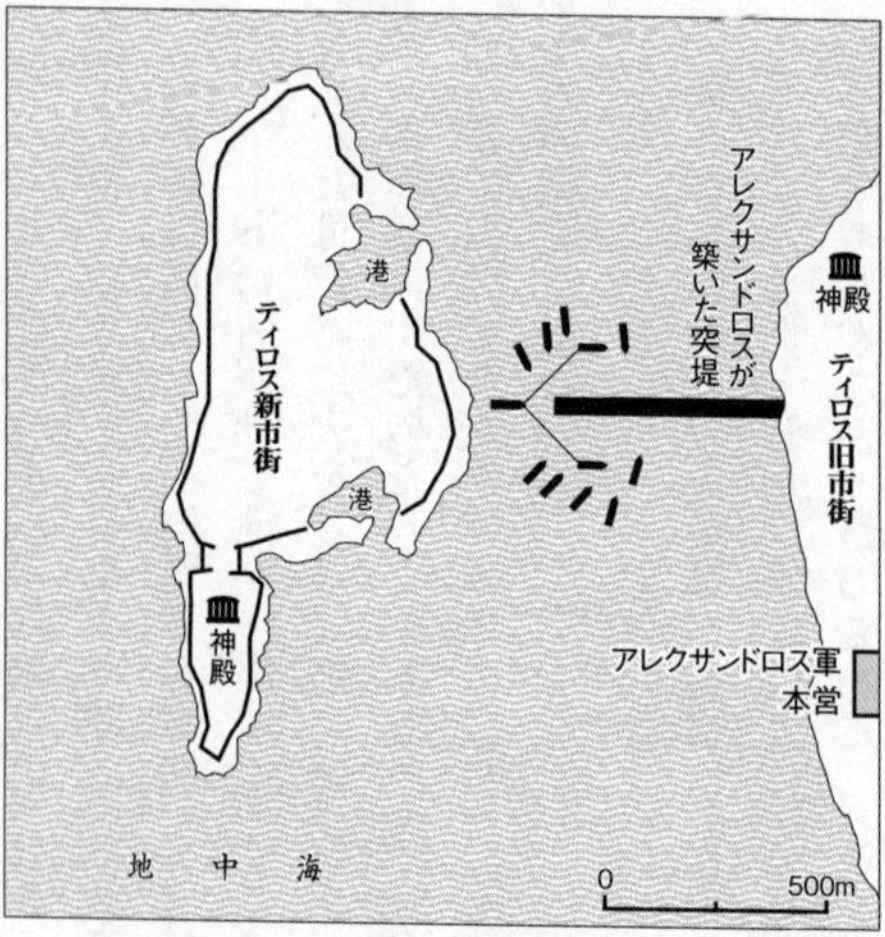

ティロス市街図

ス側はこの成功に気を良くして、その後もこの作戦で押してくるようになったからである。

アレクサンドロスの本営は陸上にある旧市街でも海に面した一画にあったのだが、ティロス側は、その前の海上まで、船団を送っては脅《おび》やかしてくるようになっていたのだった。

若き王にとっては、初めての危機だった。それも、海の上という、彼には未知の世界で襲ってきた危機である。

それでも二十三歳は、犠牲がいかに大きくなろうとも攻めつづけよ、などとは兵士たちには命じなかったし、何よりも彼自身が考えていなかった。

とはいえ、危機は打開しなければならない。では何によって？　発想を転換することによって、である。

相手が船で来るのならば、こちらも船で行こうではないか、と。

ただし彼自身は、自前の海軍を持っていない。ギリシアの各ポリスから送られてきていた船団も、アテネの二十隻を除いて、そのほとんどは、経費節約のためにすでに故国に帰してしまっていた。

兵士たちには突堤工事の続行を命じておいて、アレクサンドロス自身は小隊を率いただけで、五十キロ北にあるシドンに向う。

シドンはすでに、平和裡にマケドニア王の支配を受け入れていた。また、中近東の海港都市の中では有力だったシドンとティロスは、以前からライヴァル関係にあったのだ。それで、このシドンに来たアレクサンドロスを喜んで迎え入れただけでなく、その彼からの命令も、これでついに憎っくきライヴァルの排除も実現するとの想いで、その実行には協力を惜しまなかったのである。もちろん、アレクサンドロスもその辺りの事情がわかっていたからこそ、新戦略を実行に移すための基地として、シドンを選んだのではあったのだが。

このシドンの港から、アレクサンドロスの命令、早急に軍船を送るようにとの命令を乗せた船が、東地中海の各地に散って行った。

やはり、「グラニコス」と「イッソス」で得た勝利の効果は大きかった。命令が送られた先も、小アジアの沿岸都市からロードス島にキプロス島、そして中近東もシドンまでの海港都市すべてにわたっていたのだが、アジア入りしてからまだ二年しか過ぎていないのに、マケドニアの若き王の勇名は、この全域にまで響きわたっていたのである。

ティロスにもどって待つアレクサンドロスの前に、まず、シドンを始めとする中近東の海港都市からの八十隻が姿を現わした。

次いでロードス島からは、三段層ガレー船の十隻が到着する。三段層ガレー船とは本格的な軍船ということだから、十隻でも二千人の兵力になる。

また、小アジア沿岸都市からも、十三隻の軍船。そして最後に到着したのは、キプロス島からの百二十隻。

軍船の名に値する船さえ持っていなかったアレクサンドロスは、一挙に、アテネの二十隻を加えれば二百四十三隻にもなる船を使える身になったのだ。

もちろん、各軍船団とも、ベテランの海将に率いられている。おそらく、海を眼前にするアレクサンドロスの本営では、彼ら海将たちを交えての作戦会議が重ねられたことだろう。

なぜならこの時期を境に、「ティロス攻防戦」も第二段階に入っていくからである。

これまでのように、突堤を築いたりそれを妨害したり、一方が船をつなぐロープを断ち切れば、他方はそれを鉄鎖に替えるとかで過ぎてきた第一段階は脱して、舞台は開けた海に移っていくのだ。海を知りつくしている男たちからの進言を、アレクサンドロスが聴き入れた結果ではないかと思う。


二百隻を越える船の到着を知っても、ティロス側の戦意はいっこうに衰えなかった。小規模の船隊を港から出しては敵側の昼食時を急襲してはただちに立ち去るという、ゲリラ戦法はやめなかったのだ。それでいて、こちら側の望む海上での会戦には絶対に応じない。

アレクサンドロスの作戦会議は、この敵のゲリラ戦法に対して、次の作戦を立てる。

北と南の二つの港の中にこもってゲリラ戦法に出るとき以外は出てこないティロス海軍を、港の中にとじこめ、一隻たりとも出てこさせないという、封鎖作戦に出ることにしたのである。

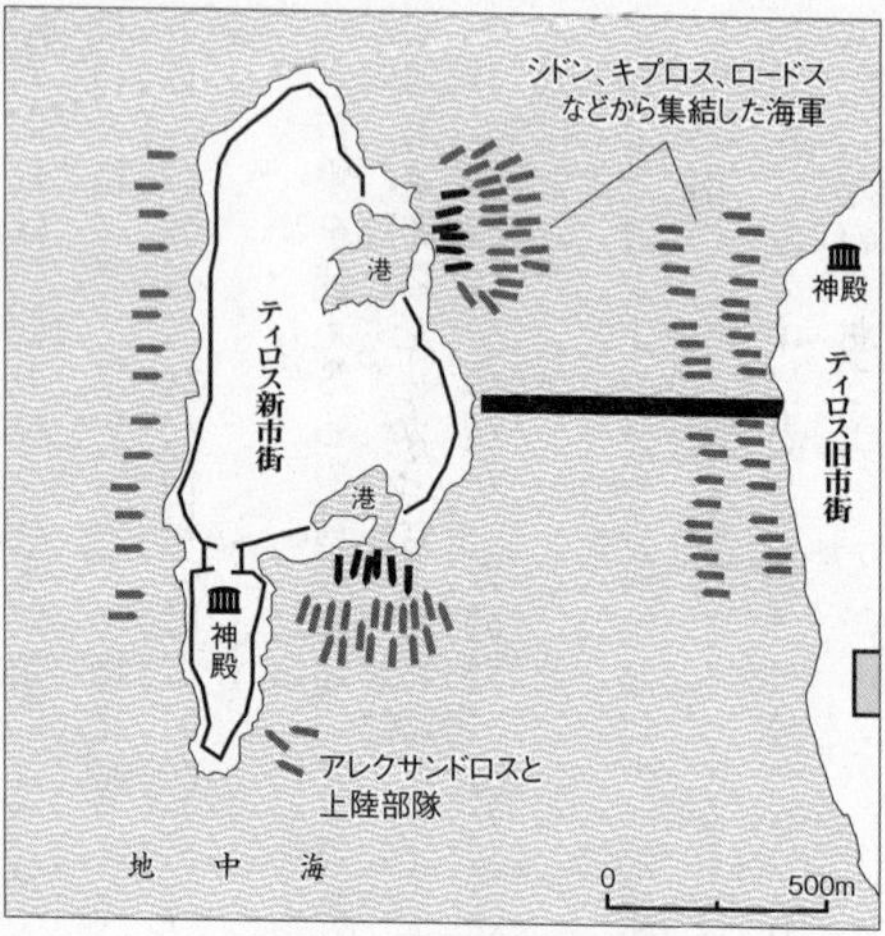

ティロス封鎖作戦

島の北側の港はキプロスからの百二十隻が、南側の港はそれ以外の地からの船団が、この封鎖作戦の実行部隊に決まった。

ならば、アレクサンドロス自身は、それを眺めていただけなのか。答えは、完全にNO。最前線にいなければ気の済まない彼のことである。

何よりも、彼自身が小船隊を率いて、積極的に封鎖作戦に参加した。だが、戦場全体に眼を光らすことも忘れなかった。

封鎖作戦もそれが進むにつれて、アレクサンドロス側で闘う二百四十三隻は徐々に、島全域の浜辺からの攻撃にも移っていた。

この状況の変化はティロス側にとって、兵を送って防御しなければならない地域が拡大したことも意味する。

　それでいながらティロス側は、二つの港をかかえる都心部に、防衛の主力を集中せざるをえなくなる。結果として、神殿があったりして都心部からは離れている南の一帯への防衛にまで、兵力をまわす余裕がなくなっていた。言い換えれば、防御が手薄になっていたのだ。

　この南側の静かな一帯も、島の他の地帯と同様に城壁で守られている。だが城壁は、守備兵なしでは、単に高い壁でしかない。

　この箇所からの突破を、アレクサンドロスは考えついたのである。あの箇所にこそ勝機がひそんでいると。

　ティロスの島でも南に位置するこの一帯まで、重い投石器を運び浜辺にすえつける作業に、丸三日がかかった。

　四日目、アレクサンドロスはすべての船に、島北部への総攻撃を命じる。これを受けた封鎖部隊も、北港南港ともに封鎖をやめ、いっせいに港内に進攻し、敵兵を倒しながらの上陸戦に移る。

　一方、ティロス側の防衛が手薄になっている島の南側の城壁に向けて、投石器がいっせいに石丸を浴びせかけた。
壁が破壊されたと見るや、アレクサンドロスはそこに、歩兵の精鋭部隊を投入した。「ヒパスピスタイ」と呼ばれるこの攻撃用の歩兵は、私の想像するに現代の米国の海兵隊に似た働きをしていたのではないかと思うが、その部隊全員を一挙に投入したのである。

こうして、海上に浮ぶティロス全体が戦場と化した。アレクサンドロスの〝海兵《マリーンズ》〟たちは、南端部の壊滅でも満足せず、島の都心部にまで攻めあがる。

二つの港から上陸して来た軍勢とこの南からの〝海兵〟にはさみ討ちになったティロス側は、もはや死体の山を築くだけであった。

この日の戦闘だけでもティロス側は、八千人が戦死したという。

アレクサンドロスも、七ヵ月にもわたったこの「ティロス攻防戦」で、マケドニア兵だけでも四百人を死なせている。その中には、この日の戦闘で戦死した〝海兵《マリーンズ》〟の二十人もふくまれていた。

陥落後のティロスに対するアレクサンドロスの処置は、厳しくも残酷なものになった。

生き残ったティロス人の男も女も、全員が奴隷《どれい》として売り払われた。ただしそれは、島内にいて最後まで抵抗をやめなかったティロス人のことで、陸上にある旧市街に住んでいたティロス人は、この対象からははずされていた。

そして、住民が一掃された後の海に浮ぶティロスは、以後はマケドニアの海上の砦《とりで》、つまり海軍基地に変わる。

「ティロス攻防戦《バトル》」とはアレクサンドロスにとって、「シーレーン」を確立するために闘った戦闘なのであった。


七ヵ月もつづいた攻防戦も終わって一息ついていたアレクサンドロスの許《もと》に、ペルシア王からの第二信が届いた。ダリウスからの、再度の講和の提案である。

その内容だが、第一信で成された三つの条件のうち、二件は変わっていない。即《すなわ》ち、王家の女たちを自由にするうえでの一万タレントの身代金を支払うということと、王女の一人をアレクサンドロスに嫁がせるということは、第一信のときと同じなのだ。

変わっていたのは、次の一事だった。

第一信では、ペルシア王はマケドニア王に対し、小アジア全土を譲渡する、とあったのだが、第二信では、ユーフラテス河以西の地の全域を譲渡する、に変わっていたのである。

ダリウスのこの変心の要因は、想像するに、ティロス攻防戦中に起ったことが、彼にはショックだったのではないかと思う。

あの当時、アレクサンドロスの要請に応じて、小アジアや中近東の海港都市からロードスやキプロスの島までが軍船団を送り、攻防戦にも積極的に参加したのである。これらの都市も島も、アテネが凋落《ちょうらく》して以後の七十年余りの歳月、軍船を送り戦闘にも参加せよと命じてきたのは、歴代のペルシア王であった。なぜならこの地方全域の支配者はペルシア王であり、この地方の全域はペルシア帝国の領土であったからである。

それが、マケドニアの若者がヘレスポントス海峡を渡ったときから変わる。「グラニコス」でまず変わり、「イッソス」で完全に変わった。

今や、軍船の派遣を命ずるのはマケドニアの若き王であり、東地中海世界はその命令に、従順に応ずるように変わっている。

ペルシア王ダリウスにとっては、この状況の変化がショックであったのではないか。なぜなら、まだアレクサンドロスが足も踏み入れてもいないシリアの内陸部からエジプトまでも、この若者の前進を阻止できるならば捨てよう、とまで思わせたのだから。

アレクサンドロス

なにしろこの時期のアレクサンドロスは、もしも講和が成ったとすればペルシアとマケドニアとの国境になっていた、ユーフラテス河でさえも見てもいなかったのだから。

ペルシア王から送られてきたこの講和の申し入れを読んだパルメニオンが、アレクサンドロスに言った。

「諸々の状況からしても、今回のこ

の提案は受けるべきと思う」

それに、若き王は即座に答えた。

「パルメニオンならば、そうするだろう。だがわたしは、パルメニオンではない」

現代の研究者には、これが二人の間の摩擦の始まりになったとする人が多い。だが私には、そうとは思えないのだ。

このとき以前もこれ以後も、父王時代からのマケドニアの重臣であったパルメニオンは、アレクサンドロスには常にすべてを報告し、考えがあればそれもすべて告げるやり方を変えていない。そして、それがしりぞけられても気分を害することもなく、次の機会にはまたそのやり方をくり返すのである。

私の想像にすぎないが、パルメニオンは、四十四歳も年の差のある若いアレクサンドロスに対して、父親にも似た想《おも》いで接するようになっていたのではないか。と言うか、前王フィリッポスと二人三脚でマケドニアを強国にしてきたパルメニオンにしてみれば、フィリッポスが生きていたとしたら、この生意気な息子にどう対したろうかと思いながら、アレクサンドロスに対したのではないだろうか。

忘れてはならないのは、フィリッポスの暗殺直後に他の誰よりも先に、アレクサンドロスの王位継承に賛意を明らかにしたのが、パルメニオンであったことである。たとえ王の息子に生れても家臣たちが賛成票を投じなければ、王位を継ぐことはできなかったのがマケドニア王国だ。そのマケドニアで、パルメニオンの賛意が持つ影響力は大きかった。

それは、生前のフィリッポスが認めていたように、パルメニオンもまた、その頃は二十歳でしかなかったアレクサンドロスが、マケドニアを、さらには全ギリシアを、率いていくにふさわしい器量の持主、と認めていたからである。それに、王になって以後のアレクサンドロスも、パルメニオンの期待を裏切らなかった。

この息子を見れば亡《な》きフィリッポスも誇りに思うだろうと思いながら、パルメニオンはアレクサンドロスに接していたのではないだろうか。

父親だったフィリッポスと、フィリッポス亡き後も第一の重臣であることでは変わりのないパルメニオンのちがいは、ただ一つしかなかった。

考えが衝突するたびにフィリッポスは生意気な息子を怒鳴りつけたが、パルメニオンはそれはしなかった、ということだけである。

そして、忠告や助言をしりぞけられても気分を害さず、その後も変わりなく助言をしつづけるパルメニオンに対し、アレクサンドロスもこの老将に、重要な任務を与えつづけるのである。

日本語に「慈父《じふ》」という表現があるが、あるイタリア人は、パルメニオンはアレクサンドロスを、心の中では養子にした想いでいたのではないか、と言った。

パルメニオンには三人の息子がいたが、そのうちの次男を、「グラニコスの会戦」で失っている。

とは言っても、マケドニアの若き王はあらゆる面での才能には恵まれていたのに、この種のデリカシーとなると、相当に欠いていたことは確かであった。

四十四歳も年長の、重臣であるだけでなく忠臣でもあるパルメニオンに向って、もう少し穏やかな答えようはなかったのか、とは感じてしまう。とはいえ「生意気」とは、若者の特権でもあるのだが。

パルメニオンが何と言おうが、アレクサンドロスは、ペルシア王ダリウスからの二度目の講和の申し出も、きっぱりとはねつけてしまうのである。「わたしはパルメニオンではない」などと、憎たらしい一句を吐きながら。そして、地中海の波が洗う、中近東の南下行を再開したのだった。

そのアレクサンドロスの前に、立ちはだかる都市はなくなっていた。唯一《ゆいいつ》、ガザを除けば。

ガザと聴くと現代のわれわれには、パレスティーナ人の本拠としてのガザしか思い浮ばないが、イェルサレムは誰も重要視していなかった二千三百年昔のこの時代、ガザのほうが知名度は高かったのである。とはいえ、中近東からエジプトに向うには通らねばならない都市としてのガザ、ではあった。

紀元前三三二年の九月、そのガザを統治していたのは、ペルシア人の高官である。この人が、アレクサンドロスから送られてきた、平和裡での開門の推《すす》めを拒否したのだ。

この男に、ペルシア王への忠誠心が厚かったからではない。アレクサンドロスの力を正しく認識していなかったからにすぎないのだが、無知とはしばしば、頑迷な抵抗という形で表面化しやすい。

アラブ人の兵士を大量に傭《やと》い入れていたことが、このガザが徹底抗戦を決めた要因であった。だがこうして、二ヵ月もかかってしまう「ガザ攻防戦」が始まるのである。

ティロスとはちがって陸の上にある都市への攻撃というのに、その陥落に二ヵ月もかかったのは、いつもと同じに最前線で闘っていたアレクサンドロスが、重傷を負ってしまったからである。

彼は、ティロスの攻防戦中でも負傷していた。ティロス側が投げてきた岩石が左の肩を強打したからだが、ガザとの戦闘中に負ったのは、これまた左の肩に、敵兵の射た矢が深く突き刺さったからだった。

医師が駆けつけるのを待たず、二十四歳になっていたアレクサンドロスは、近くにいた一人の兵士に、矢を引き抜け、と命じた。命じられた若い兵士は、眼をつむる想いで一気に引き抜く。血が、どっと噴き出した。若き王は、そのまま気を失った。

イッソスとティロスとこのガザで、アレクサンドロスが負傷したのは三度目になる。

それでも彼に、最前線に立つのを断念させることのできた人は、一人もいなかった。アレクサンドロスは、生意気であるだけでなく、頑固でもあったのだ。

しかし、自分が最前線に立つことがどれほど兵士たちの心境に影響を及ぼすかを、充分にわかったうえでの頑固ではあったのだが。

とはいえ、アレクサンドロスの進路に立ちふさがったことで、落城後のガザが支払わされた代償は大きかった。要人の全員は死刑になり、住民たちは奴隷に売り払われた。

これを終えた後でアレクサンドロスは、初めてエジプトに向う。紀元前三三二年も、終わりに近づいていた。

エジプト領有

ペルシアの支配に常に不満を抱きつづけてきたのが、エジプト人であった。そのエジプトだから、ペルシアに勝ちつづけているマケドニアの若者を、解放者として迎え入れたのである。

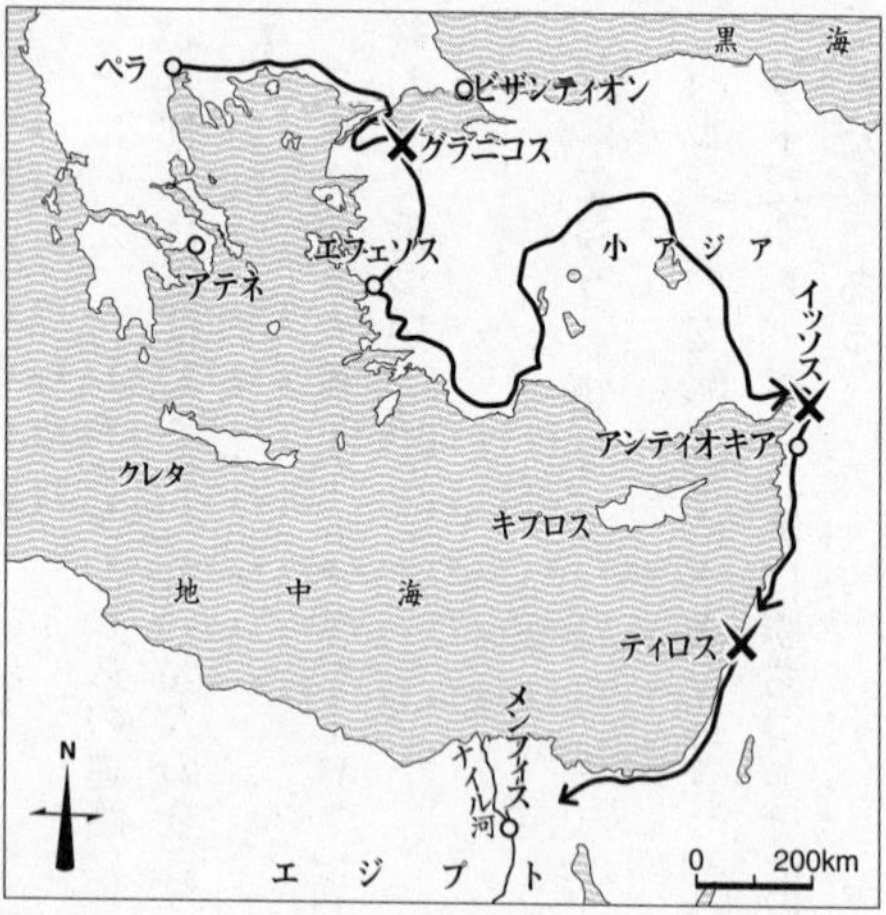

ティロスからエジプトへ

このエジプトに、アレクサンドロスは半年もの間滞在することになる。

その半年は、戦闘なしの半年になった。東方から伝わってくるダリウスの大軍編成の知らせに気を取られることはなかったのかと思ってしまうが、それが心配もしなかったというのだから愉快である。

まずは、ナイル河の河口に広がるデルタ地帯に入ったところで、ゆっくりと冬を過ごす。その冬は、歴史上の人物に感情移入をしてはならないと決まっているらしい学者でも、「当然の休息」と書いたくらいの、久々の休暇であった。

と言っても、王としての任務と個人としての愉《たの》しみが共生した半年になる。なにしろエジプトには、人一倍好奇心の旺盛《おうせい》なアレクサンドロスにとって、訪れたり観《み》たりしたいところは山ほどあったからだった。

ヘレスポントス海峡を渡ることでアジア入りして以来、三年が過ぎていた。年齢ならば、二十一歳から二十四歳までの三年間になる。

紀元前三三四年は、「グラニコスの会戦」の年。

翌・前三三三年は、「イッソスの会戦」の年。

次の前三三二年は、中近東を制覇することでの「シーレーン」確立の年。

その翌年の前三三一年には、エジプト入りを果していた。

この三年間、戦闘ばかりしてきたように見えるアレクサンドロスだが、その一方では、軍事的に制覇した地域の、彼の支配下での再編成も忘れていなかったのである。

この彼に一貫していた政略《ストラテジー》・戦略は、前進をつづける自分の背後には、ペルシアの勢力がもどってくる可能性は絶対に残さない、につきた。

会戦となると圧勝で来たおかげで、彼が求める平和裡での降伏勧告を受け入れた都市や地方は多かった。ペルシアの支配下でつづいてきたこれらの都市に、アレクサンドロスは、現状維持を約束する。

だが、マケドニアの若き王も、昨日まではペルシア側にあったこの人々を信じきるほどは、お人好《よ》しではない。現状維持とはいってもそれは、殺したり追放したりはしないということで、ペルシア時代の制度をそのまま温存することではなかった。

ペルシア王が帝国各地の統治を一任してきたのは「サトラペ」と呼ばれる地方長官だが、彼らは、実際には強大な権力を行使してきた人々だった。行政から軍事から財政までもが、地方長官一人の権限になっていたのだ。だからこそ、「グラニコス」でも「イッソス」でも、それぞれの任地の兵たちを率いた地方長官の参戦が目立っていたのだった。このように、ペルシア帝国内の地方長官と大部族の長に、さしたるちがいはなかったのである。

地方長官——ペルシア王から任命されてその地位に就いたのが始まりだが、以後は世襲化して、領主のように変わっていた人々。

部族長——もともとその地方の有力者であった人を、ペルシア王が臣下に加えたことで、それまで持っていた権限が、公認された形になった人々。

これがペルシア帝国の支配層を形成していたのだが、それをそのままで維持したのでは、いつ寝返られるかわからない。

夢見がちではあったが現実的でもあったアレクサンドロスは、この状態を改革したのである。

地方長官や部族長に集まっていた権限は、これ以後は三分割され、それぞれは別の人が担当することに決めたのであった。

行政事務は、留任を認めたペルシア人に。

防衛を担当する軍事は、マケドニア人に。

税の徴収等の財政事務は、マケドニア人以外のギリシア人に。

この考えに立っての制覇した都市や地方の再編成を、アレクサンドロスは、軍事的にしろ平和裡での制圧にせよ、制覇の直後から始めている。つまり、戦闘と再編成を、同時進行させてきたのである。

ペルシアからの解放者として歓迎されたエジプトでも、この三分割政略は変えていない。

古代からアレクサンドロスが、当代きっての名将とされていた理由は、全戦全勝にだけにはない。会戦での戦死者を少数に押さえたことにもあった。

それでも彼が、マケドニアやギリシア各地からの兵士の補充を常に必要としたのは、制覇した都市や地方ごとに将兵を置いてこなければならなかったからである。エジプトにも、彼の求めに応じた補充兵の一千人が到着していた。

だからこそ、七ヵ月かかっても、ティロスは陥《お》とす必要があったのだ。寄港地を失うことで非戦力化したフェニキア海軍に代わって、エーゲ海と東地中海の制海権は、ギリシア人のものになったのだから。「シーレーン」の確立には、大海軍をもつ以上の意味があるのだった。

しかし、この三分割政略《ストラテジー》が、すべて良い結果をもたらしたわけではない。また、改革が、初めから上手《うま》くいくとはかぎっていない。

行政権だけでは不満で、賄賂《わいろ》を使って他の分野にまで手を出したペルシア人もいた。また、集めた税金を持って逃げたギリシア人もいたのである。

だが、それを知るやいなや、アレクサンドロスはすぐさま手を打つ。不届者を追うよりも何よりも、担当者をただちに替えたのだ。

戦場でも速攻だったが、平時での対応でも速かった。この人を評する一語を選べと言われたら、「スピード」と答えるしかないくらいに。

しかし、この政略によって、アジアの西部はギリシア人の世界に変わっていくのである。

彼の死後に訪れる「ヘレニズム時代」は、アレクサンドロスがまだ生きているうちに、すでに始まっていたのであった。

それで「ヘレニズム時代」に入るや一大強国になるエジプトだが、このエジプトには他とちがった特殊な事情があった。

エジプトを実際に支配しているのは、神に仕えることだけが仕事の、神官たちである。

エジプトの庶民は、遠いメソポタミア地方にいるペルシアの王や、それを破ったとはいえいまだ新参者でしかないマケドニア王の命令だからと言って、簡単には服さない。彼らが真に服すのは、神官たちを通してということになっている、神の声だけなのだ。

ゆえに、エジプトを支配下に入れることは、神官階級を味方につけることであった。

どうやって？

彼らの存在理由を、認めてやることで。

つまり、彼らが仕えている神々を、自分たちも尊重するという態度を明らかにすることによってである。

そうすれば、神官たちは、支配者が外国人であろうと、その支配を受け入れるようになる。神官たちには、自分たちで国全体の統治もするという、政治的な野心まではなかったのだから。

このエジプトの特殊事情を、アレクサンドロスは早くも察知したようである。

そのうえこのマケドニアの若者は、地中海世界におけるエジプトの重要性を、最初に見抜いたヨーロッパ人でもあった。西方《オチデント》と東方《オリエント》をつなぐ、橋になりうると考えたのだろう。

そのエジプトを、どうやれば、軍事力を使わずに支配下に組み入れることができるか。

この政略《ストラテジー》の前には、神官階級の抱きこみなどは、手段の一つにすぎなかった。

「手段の一つ」になれたのは、アレクサンドロスが生きた古代という時代が、さしたる勢力ではなかったユダヤ教を除けば、圧倒的に多神教の世界であったからである。

一神教を代表するキリスト教やイスラム教は、この古代が終焉《しゅうえん》した後に出てくる宗教であることを忘れてはならない。

一神教と多神教のちがいは、神の数にはない。本質的なちがいは、次の一事にしかない。

それは、自分が信ずる神しか認めないのが一神教で、反対に、自分は信じなくても他者は信じているのだからその神も認めるのが、多神教である。それも、いやいやながら認めるのではなく、リスペクトするから認容するのが多神教だ。

日本でならば、お稲荷《いなり》さんを自分は信仰していないが、お稲荷を信仰している人の想いを尊重して、その祠《ほこら》の前に鎮座している石造のキツネを足蹴《あしげ》にするようなまねはしない、という態度である。そのうえ、その稲荷神社が重要文化財になるほど美しい建造物であったりすれば喜んで見学に行く、という心の持ち方なのだ。

アレクサンドロスもエジプトでは、このように振舞うのである。

彼もまた、多神教の民が創《つく》り出したギリシア文明の中で育った、ギリシア人なのであった。

このエジプトにおける特殊事情を、あの時代に生きた人でもあるかのような気持になって理解するには、次の二つの例が参考になるかと思う。

第一は、なぜエジプト人は常に、ペルシア王による支配にアレルギーを起しつづけたのか、の問題。

ユダヤ教や後のキリスト教やイスラム教のように厳格な一神教ではなく、相当に寛容ではあったが、ペルシア人はゾロアスター教を信ずる一神教徒である。ゆえに、エジプト人の信ずる神々の、「子」になるわけにはいかない。これはエジプト人からしてみれば、自分たちを統治する正当な権利を持っていない支配者ということになる。ペルシアによるエジプト支配は、軍事力で押さえつけてきたからできたのであった。

例証の第二は、この三百年後から始まる、ローマによるエジプト支配である。クレオパトラを破ってエジプトの支配者になったアウグストゥスを、なぜエジプト人は、自分たちの国の正当な支配者として受け入れたのか。

このローマ帝国初代の皇帝が、死後に神格化されていたユリウス・カエサルの息子であったからである。つまり、神になった人の息子というわけで、彼も「神の子」になる。

多くのことでギリシア文明を受け継いだローマは、死後の人間の神格化まで受け継いでいた。

ギリシア人が英雄ヘラクレスを死後に神格化したように、ローマ人は、生前に優れた業績をあげた人を死後に神にするのに、抵抗感などはなかったのである。日本の八百万《やおよろず》には及ばないが、敗者が信じている神まで受け入れたローマには、三十万も神がいた。神の数が多ければ、それに新たに加えるのにも抵抗感はなくなる。

実際、広大なローマ帝国の中でエジプトだけが、帝国の正統の主権者であるとされてきた、ローマ元老院とローマ市民の支配下には加えられていない。公式には、代々の皇帝の私有地でつづくのである。

ローマの皇帝たちは、よほどの不祥事でも起さなければ死後は神格化されたから、その後を継いだ皇帝も、「神の子」になるというわけであった。

広大な国の統治は、軍事力や警察力だけでは絶対に長つづきしない。その地域の特殊事情にも配慮しないかぎり、大国の統治はできないのである。

アレクサンドロスは、このこともまた、早くも理解していたのだった。

ナイルの河口で冬の二ヵ月を過ごした二十四歳は、久しぶりの休暇の後に行動を再開したのだが、まずは、という感じで、大河ナイルをさかのぼってヘリオポリスに向う。その後はナイルを渡って対岸にあるメンフィスを訪れた。

この時期まではエジプトの中心部であった一帯への訪問の公式な理由は、エジプト古来の神々への表敬訪問。もちろん、彼個人の好奇心を満足させる観光も兼ねている。

メンフィスからは再びナイルの流れのままに河口のデルタ地帯にもどったのだが、来たときと同じ道をもどったのではない。まだ見ていないエジプトを知るために、広大な三角洲《さんかくす》の西端部に向った。

その地に着いて再び地中海を眼前にしたとき、マケドニアの若者の頭に何かがヒラめいたのだろう。

海に面したこの地に、大規模で本格的で地中海世界にはかつてなかった海港都市を建設する、と決めたのである。

砂浜の上に懐剣で、おおよその形はこんな具合、と彼自身が描いて見せたという。新都市の名も、彼の名をとって、「アレクサンドリア」と名づけた。

なにしろ、スピード大好きという彼のことだ。実際の都市計画や公共の建物の建設を担当する技術者の選考も、すぐに終わる。そして、スピード大好きということは時間の無駄を嫌うということだから、新都市「アレクサンドリア」の建設工事もただちに始まった。

　ところがこのアイデアマンは、自分のアイデアが少しずつ形を現わしてくるのをそばにいて眺めている性質《たち》ではない。工事現場は他の人々にまかせて、地中海を右手に見ながらの西行をつづける。現代の国別ならば、リビアにまで足を延ばしている。だが、そこまで来たところで、地中海と人っ子一人いない土地の連続に飽きたのかもしれない。

　アモンの神殿とやらに行ってみようではないか、ということになった。同行していた学友仲間も、全員が賛成。ここまで従ってきたのは、この友人たちに警護用の小部隊だったが、この少人数で砂漠にわけ入ろうというわけだ。地中海世界では有名なアモンの神殿だが、これまたエジプト人の好みを反映して、砂漠の中にあるのだった。

「思い立ったらそれまでよ」のアレクサンドロスなので、アモンの神殿に向って砂漠に足を踏み入れる。有名な神殿であったから、そこまでの道ぐらいは通っていたにちがいない。

　神殿に到着した一行を、神官たちは驚いたふうもなく迎えた。おそらく彼らも、神官ルートか何かを通して、マケドニアの若き王のことは知っていたのだと思う。

このアモンの神殿で、アレクサンドロスは「神の御告げ」を聴いてしまうのである。


神殿の中で二十四歳は、神に向って問いかけた。

「父を暗殺した主謀者がまだ生きていたら、その人の名を教えてほしい。息子として、その罪にふさわしい処置を与える義務があるのです」

これにアモンの神は、神官の口を通して答えた。

「アレクサンドロスの父は、死ぬべき運命にある人間ではない」

となると、ほんとうの父は、フィリッポスではなくて不死の存在、つまり神、ということになる。

「アッ」と、アレクサンドロスも驚いたにちがいないが、神の子と言われて、驚かないほうが不自然だ。

だが、同時に彼は、これでエジプト支配の正当性を獲得した、と思ったろう。

エジプトでは、正当な支配者の資格は、ギリシアのように能力や力量や器量ではなく、「神の子」でなくてはならないのだから。

神官を買収してこちらの望むとおりの「御告げ」をさせるのは、ギリシア人の世界では珍しいことではなかった。

だが、アレクサンドロスは、この種の裏工作を極度に嫌った人である。買収などは、絶対にやらなかったにちがいない。

だから、アモンの神に仕える神官たちにしてみれば、「神の子」であると告げることで、アレクサンドロスによる支配の受け入れを、エジプト風に表明したのだと思う。ギリシアでは通用しないがエジプトでは立派に通用する、「歓迎の辞」なのであった。

ではアレクサンドロス自身は、神官の口を通して告げられた、神の御告げを信じたのであろうか。

後《のち》のちの言動からしても、全部を全部信じてはいなかったことは確かである。だが、「悪い気はしなかった」程度には信じたのではないか。「オレって、神の子かも」ぐらいは。なにしろ彼も、連戦連勝でここまで来た、いまだ二十四歳の若者であった。

そして、悪い気はしなかった若き王と同世代の友人たちで成る陽気な一行は、アモンの神殿を後にしてから、前に来た道を通って帰れば安全なところを、そこからまっすぐに東に向っての、四百キロもの距離になる砂漠の横断を決行してしまうのである。砂嵐にも出会おうものなら一巻の終りであったのに、無謀というか向う見ずというか、真夏の砂漠の横断行という、これまたヨーロッパ人としては最初になる、冒険行までしてしまったのだ。

幸いにも、それともアモン神の守護があったからか、メンフィスには無事に到着することができた。

そしてただちに、安堵《あんど》の想いをあらわにして迎えたパルメニオンに、出陣の準備を命ずる。いよいよ、ペルシア王ダリウスが待ちうける、東方に向って発《た》つのであった。

ただこれも、「神の子」と告げられてその気になった若き王が、いよいよダリウスだ、という想いになって決めたのではない。

新都市アレクサンドリアの建設を思いつく前に、すでにパルメニオンには、ダリウスとの二度目の決戦に向って出陣する時期を告げ、そのための準備のすべてを命じてあったのである。

ただし、想定外のことであろうと想定内に加えてしまう才能でも、アレクサンドロスはずば抜けていた。

自分が積極的になれば将たちも積極的になり、兵士たちも元気づくのである。大帝国ペルシアがその存亡を賭《か》けてくる会戦に向うのに、消極的では、上手くいくことでも上手くいかないようになってしまうからであった。

メンフィスを後にしたアレクサンドロスを、ナイルのデルタ一帯に集結していた軍勢が迎える。

エジプトを出た後は中近東を北上していくのだが、海沿いを南下した前の年とはちがって、この年は内陸部を通る行軍になる。まずはティロスまで北上した。そしてそこからはダマスカスを通って北東に方向を転じ、大河ユーフラテスを目指す行軍に入る。ダリウスが率いるペルシア帝国の大軍勢は、ユーフラテスのさらに東方を流れるもう一つの大河、ティグリスの近くで待ちかまえているという、情報も入っていた。

紀元前三三一年七月、アレクサンドロスはこのときの行軍中に、二十五歳の誕生日を迎えることになる。

その彼が率いるのは、四万一千の歩兵に七千二百五十の騎兵で、合計四万八千二百五十人の、マケドニア兵を主としたギリシア軍。

一方、四十九歳になるダリウスが率いるペルシア軍は、二十万を越える歩兵に三万五千の騎兵の、すべてを合計すれば二十五万に迫る大軍勢。

そのうえダリウスは、二百もの戦車と十五頭の象まで、参戦させている。ペルシア王ダリウスにしてみれば、これ以上退《ひ》くわけにはいかない戦闘になるからであった。

「ガウガメラ」への道

紀元前三三一年、ダリウスが待ちうけるメソポタミア地方に向ってエジプトを後にしたアレクサンドロスにとって、王が自ら率いるペルシア軍との対戦は、「イッソス」に次いで二度目になる。

だが、紀元前三三三年に闘われた「イッソスの会戦」とその二年後に闘われることになる「ガウガメラの会戦」のちがいは、明らかにあった。

スポーツの優勝決定戦を例にとれば、次のようになる。

優勝チームを決めるのは一回しか闘われない決勝戦だが、それまでの予選では二回闘うことが許されている。それで、一回戦では大量の点差で敗れても、二回戦でそれを上回る点を入れて勝てば、勝者になる。

つまり、「イッソスの会戦」は「一回戦」で、これから闘われる「ガウガメラの会戦」は、「二回戦」になるのだ。

それゆえ、「イッソス」で完敗したダリウスにとっては、絶対に負けられない「二回戦」であったのだ。

しかし、「イッソス」では圧勝したアレクサンドロスも、必ず勝ってみせる、と想っていたにちがいない。「ガウガメラ」こそが、王自ら率いる敵軍を相手に、しかもメソポタミア地方という、敵の本拠地で闘われる決勝戦になるからであった。

紀元前三三一年七月、二十五歳になったばかりのアレクサンドロスは、エジプトを後に、まずティロスへ向う。ティロスからは、中近東と中東を分けている山岳地帯を横切ってダマスカスに入る。ダマスカスが、決勝戦に率いていく全軍の集結地になっていた。

アレクサンドロスは、「速攻」大好きゆえに前へ進むことしか考えていなかった、

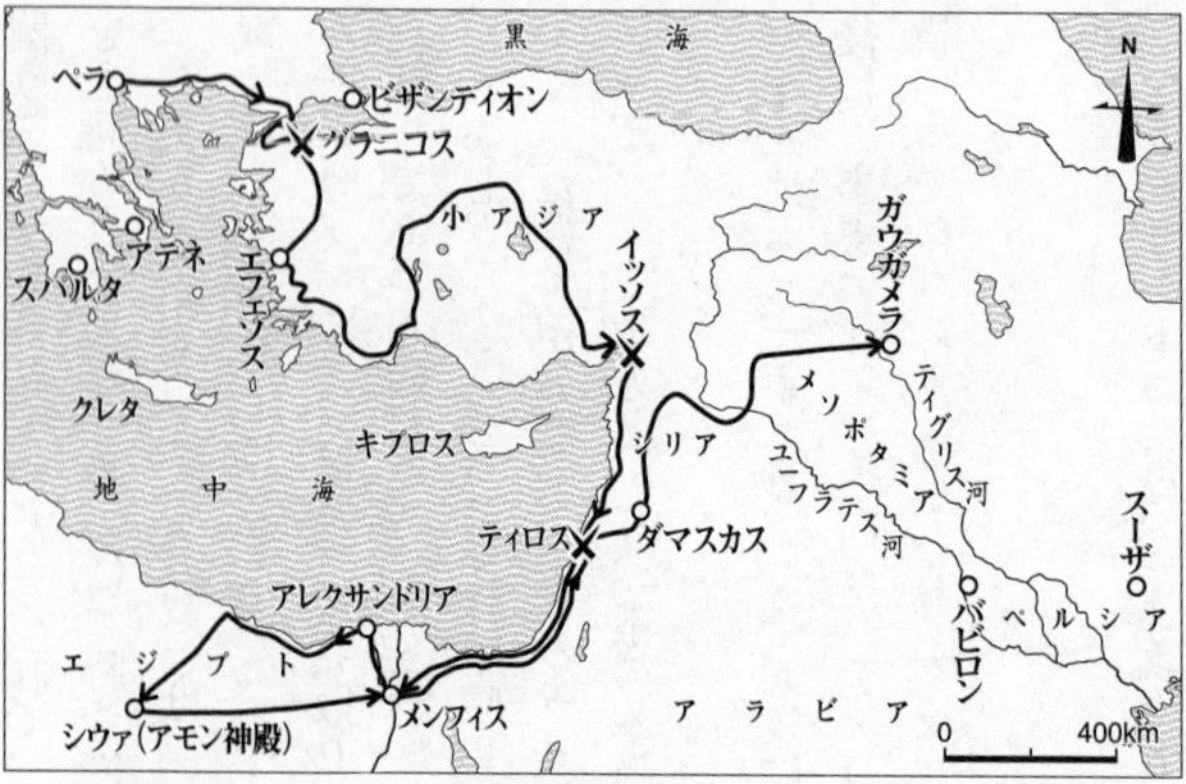

エジプトから中東へ

のではまったくない。

彼の基本戦略《ストラテジー》での「速攻」は、背後の安全を確保したうえで初めて実行に移されること、なのである。

ティロスやダマスカスに立ち寄ったのも、本国マケドニアとの間の「シーレーン」つまり連絡や補給のための交通路が機能しているかどうかを確認するためであったのだ。

ダマスカスを出た後に向うのは、大河ユーフラテス。ユーフラテスを渡ればもはや、ペルシア帝国の中枢部《ちゅうすうぶ》としてよいメソポタミア地方に入った、ということになる。

確認の後は速攻に移るのがアレクサンドロスだから、ダマスカスを後にしてからユーフラテス河を眼の前にするのに、一ヵ月とかかっていない。直線距離ならば五百キロだが、夏季の行軍という、人馬ともに常よりはかかる負担を軽減するために、迂回路《うかいろ》になろうとも緑の多い地帯を選んで行軍したにもかかわらず、である。それも四万八千の人間に、馬と兵糧《ひょうろう》から重い攻城器のすべてを乗せた荷車を率いての行軍であった。

もしも、ユーフラテスに早く達しようとするあまりシリア砂漠の横断という近道を選んでいたとしたら、有名なシリア砂漠の砂嵐に出会ってしまい、アレクサンドロスの東征もそこで一巻の終わり、になっていたのだが。

マケドニアの若き王は、次の三点でも優れていた。

第一に、現地人のガイドの活用に巧みであったこと。

軍勢としては初めて、西方《オチデント》の民が東方《オリエント》に踏み入るのだ。複数のガイドを使うのが常であったのも、多様な情報が入ってくるからこそより正確な情報に達せる確率を、考えてのことにちがいない。敵地に入っていくのだから、当然の配慮ではあった。

第二は、自軍の兵たちを使っての偵察行動を、完璧《かんぺき》に組織化していたことだ。

古代の史家たちの記述を読んでいると、ほとんど三十分置きに斥候がもどってきて報告していたのではないか、とまで思ってしまう。

また、状況に変化なし、という報告がつづいても、それによって送り出す斥候の数を減らしたりはしなかった。「変化なし」でも、情報であることでは変わりはないからである。

第三は、すでに前に書いたことだが、捕えた捕虜の尋問は、それが兵士としては高い地位にある騎兵であればなお、アレクサンドロス自身が行ったことである。

インタビューが成功するか否《いな》かは、問われて答える側よりも聴き出す側の能力にかかっているのと、原理ならば同じであった。

こうして、兵と馬には負担は少なくてもそれを率いる最高司令官の負担はいっこうに変わらなかったにせよ、総勢四万八千になるアレクサンドロス率いるギリシア軍は、無事に大河ユーフラテスを眼前にすることができたのである。

大河ユーフラテス、そしてティグリス

ペルシア王ダリウスにすれば、ここでストップをかけるべきであった。

いかに夏季で水量が減っているとはいえ、ユーフラテスは大河である。それを渡ってくる四万八千が、隊型を整えたままで渡り切れるはずはない。隊型が崩れた状態で

対岸に着いたところを攻撃すべきであったのだ。

ところが、ダリウスの意図は、「ストップ」にはなかったのである。単に、アレクサンドロスの行手を変えさせることにあったのだから。

ダリウスが怖《おそ》れていたのは、ユーフラテスを渡った後のアレクサンドロスが、この大河の流れに沿って下流に向い、つまり進路を南東に転じ、ペルシア帝国の最重要都市であるバビロンやスーザを攻撃してくることであった。

それを避けるためにわざわざ、バビロンからは五百キロも北に位置する、メソポタミア地方を流れるもう一つの大河のティグリスの東岸に近いガウガメラを、アレクサンドロスとの決戦の舞台に選んだのである。

これがダリウスの真意である以上、ユーフラテスの河岸に送った軍勢も、ペルシア人の武将マザイオスに率いさせた数千にすぎなかった。

ダリウスの真の意図は、マザイオスも知っている。ユーフラテスを渡ってくるアレクサンドロスの軍勢が自軍の十倍はあるのを知るや、とてもかなわないと見たこの人は、一戦も交えずに撤退し、そのままガウガメラの王の許《もと》に帰ってしまったのである。

というわけでアレクサンドロスは、大河ユーフラテスの渡河も無事に終えたのだが、その後でも彼は、南東には進路を変えなかった。バビロンやスーザは後まわしにして、メソポタミア地方の横断なしには到達できない、大河ティグリスに向ったのである。

ここまでくると、四十九歳にもなっていながらと、ダリウスの思考力の欠如には絶望すら感じてしまう。

古都バビロンも首都のスーザも、相応の防衛体制は整っていたにちがいない。そのような大都市を攻め落とすには、これまた相応の日数がかかるのは眼に見えている。その間に、今はガウガメラにいるペルシア軍が南下してきて、バビロンやスーザを攻撃中のアレクサンドロスを背後から突く危険も頭に入れておく必要があった。

一方、平原で展開される会戦は、やり方しだいでは一日でケリがつくのだ。ペルシア側が全戦力を投入してくるその戦闘に勝った後ならば、バビロンもスーザも、アレクサンドロスの前に無血開城してくる可能性は高かった。

ユーフラテスの河岸でわざわざ方向転換を図ってくれなくても、二十五歳は、四十九歳が待ちうけるガウガメラに、まっすぐに向っていたと確信する。

ユーフラテスとティグリスの両大河にはさまれた地方という意味でギリシア人が「メソポタミア地方」と名づけたこの一帯は、現代ではイラクの国内になる。首都のバグダッドもイラク第二の都市のモスールも、この一帯にある。これらイスラム起源の都市はいまだ存在していなかった古代でも、この一帯にはバビロンやスーザがあった。古代のガウガメラも、現代のモスールのすぐ近くに開けた平野の中の町だ。

こうして、ユーフラテス渡河後も、アレクサンドロス率いるギリシア軍はメソポタミア地方の横断も支障なく果すことができ、九月にはティグリスの流れを眼にするところにまで到達していた。

ダリウスはこのティグリスでも、ストップをかける動きにはいっさい出ていない。よほど、率いてきた大軍勢に、自信を持っていたのかと思ってしまう。

しかもティグリス渡河は、ユーフラテス渡河のときとはちがって、ちょっとした難事でもあったのだ。アレクサンドロスが渡河地点と決めた箇所は、川幅は狭かったが流れは速く、兵も馬も最初はおじ気づいた。

それをアレクサンドロスが、渡っちゃえ、という感じで真先に馬を乗り入れたので、観念した兵士たちもそれにつづいたから、全軍の渡河も果せたのである。トップだけでなく全員が向う見ずになった結果、大河ティグリスも、ほぼ無傷で渡ることができたのであった。

それにしても、現代ならばシリアの首都のダマスカスからイラク第二の都市のモスールまでの中東の全域を、四万八千の軍勢をさしたる損失もなく行軍させるのに成功したのだから、二十五歳の指導力はやはり相当なものであった、とするしかない。

ティグリスの東岸に渡った頃から、アレクサンドロスの許に届く情報も、多種多様になると同時に正確さも増してくる。

あるときなどはそれが一挙に大量に入ってきて、若き王とその仲間の将たちを喜ばせたくらいであった。

その「とき」とは、ティグリスを渡り終わって一休みしていたアレクサンドロスの許に、送り出していた斥候の一人が駆けもどってきて言った。前方の丘に、ペルシア騎兵の一団がいる、と。

敵の前哨《ぜんしょう》軍かと思った若き王は、ただちに自軍に迎撃の準備を命ずる。前哨軍の後からは敵の主力が攻めてくると思ったのだ。だが、次いで届いた別の斥候の報告では、その怖れはなく、騎馬隊は一千騎ほどで、どうやら様子を見にきただけであるらしいとわかる。

それでもアレクサンドロスには、この一千騎をおとなしく帰す気はなかった。自軍の騎兵と弓兵で成る一隊を送り出したのだ。彼が命じたのは、壊滅ではなく、馬を射ることでの捕虜にすること。一部は逃げ去ったが、多くは捕虜になった。

彼らを一人ずつ別々に尋問することで、アレクサンドロスはこのとき初めて、ダリウス率いるペルシア軍の全容と、ダリウスが戦場に選んだガウガメラの平原の現状の二つを、正確に知ることができたのである。

以後は捕虜たちを連れて行かねばならないという手間はできたにしろ、敵状を正確に知ること以上の収穫はない。通訳チームを連れてきたのも、このような場合にこそ生きてくるのだった。

また、捕虜たちの証言も、裸にしたり拷問《ごうもん》を与えたりした結果ではない。

ギリシアでは、人間の裸体こそが美の極致と考えるから、神々の立像も裸体で表現されるくらいで、恥ずかしい状態ではまったくない。

しかし、オリエントでは、恥辱の最たるものになる。奴隷《どれい》の身分に落とされたことの意味になるからだ。オリエントの男にとって裸体にされるのは、これ以上はないほどの恥をかかされたことになるのである。

アレクサンドロスは、そのような恥辱を、捕虜といえども味わわせるようなことはしなかった。

騎兵は、ペルシア社会のエリートなのだ。その彼らに向っては、若き王は、口調さえもていねいであったという。

それでペルシア人の騎兵たちも、ついつい正直に、知っていることのすべてを答えたのではないかと思う。

いずれにしても、アレクサンドロスは、一時に大量でかつ貴重な情報を得たことになった。

ダリウス率いるペルシア軍は、さすが大帝国の王が国中に総動員をかけたというだけあって、アケメネス朝ペルシア始まって以来という大軍勢になっていた。

二十万を優に越える数の歩兵。

四万に迫る騎兵。

二百を数える鎌《かま》つき戦車。

それに十五頭の象も加えた総勢二十五万が、戦場に投入される数になる。四頭立ての戦車の両輪につけられた一メートルもある鋭い鎌が、走り始めるや左右をなぎ倒していく戦車と、背の上にしつらえられた柵の上から投げ槍や矢を浴びせていく象という、「イッソスの会戦」では見なかった新兵器までそろえた大軍勢だった。この一戦に賭けるダリウスの意気を示していたが、同時に、「ガウガメラ」でのペルシア軍が、帝国の東半分を占める地方の特色が濃く出ていることも示していた。象はインド産の象で、ペルシア帝国の東の境いは、インダス河をはさんでインドと接していたのである。

これに対するアレクサンドロス率いるギリシア軍は、その五分の一。四万を少し越える数の歩兵と七千二百五十の騎兵から成る、総勢四万八千でしかない。

しかも戦場も、アレクサンドロスが選んだのではなく、ダリウスが選んだのだ。といっても、「グラニコス」でも「イッソス」でも、戦場を決めたのは常にペルシア側だった。マケドニアの若者は、敵側が決めた戦場に行って、そこで闘うだけでなく勝ってしまうのだから、敵にとっては、これほどイヤな相手もなかったにちがいない。

しかし、今度こそはあの生意気な侵入者に一泡吹かしてやると、そのためにはダリウスも、用意万端は整えていたのである。


「ガウガメラの会戦」


近くにある小さな村の名から、歴史上では「ガウガメラ」と呼ばれることになる平原だが、ダリウスはそこを戦場にすると決めるや、従えてきた歩兵の全員に平原全体の地ならし作業を命じた。

高くなっている箇所はけずり、低い箇所は埋めて、平坦《へいたん》になるよう地ならしをしたのである。「グラニコス」や「イッソス」とちがって、この「ガウガメラ」には川はなかった。

ゆえに地ならしは、鎌つき戦車と象を徹底的に活用する目的で成されたのである。

すでにユーフラテスで、遠望ながらもアレクサンドロスの軍勢を見ているマザイオスの報告で、ダリウスも、アレクサンドロス率いるギリシア軍の兵力がペルシア軍の五分の一でしかないことは知っている。そのうえ、二百を数える鎌つき戦車と十五頭の象という、アレクサンドロスがまだ経験していない、新兵器まである。

勝てる、とダリウスは思ったのではないか。だが、四十九歳になるこの男の欠点は、思い定めた後でも迷ってしまうところにあった。


一方、敵側が選んだ戦場であることなどは問題にしない二十五歳は、そこで闘うと決めたからには迷わない。ティグリスを渡ってすぐと言ってもよい近距離にある、ガウガメラの平原目指して軍を進めた。

斥候グループによって次々ともたらされる情報によって、軍を進めながらもアレクサンドロスは、敵の陣容を相当な程度に正確に把握していたようである。しかもペルシア軍の布陣が、数日前の捕虜たちの証言とほとんど変わっていないのにも気づく。ダリウスは、地ならしを終えて平坦になった平原に、右翼・中央・左翼と布陣したままで、それを何日も動かさないでいたのだった。

それでいて、斥候による情報収集には熱心でなかったのか、アレクサンドロス率いるギリシア軍が、どこまで接近してきたのかも知らなかった。つまり、ペルシア軍の兵士たちは、臨戦態勢のままで日を重ねてきたということである。

平原からは十キロ余りという距離にまで来たところで、アレクサンドロスは全軍に停止を命じた。そこは低い丘の陰になっているので、たとえ敵側が斥候を送ったとしても、気づかれにくい一帯になっている。

二十五歳はその地に、柵《さく》をめぐらせたちょっとした規模の砦《とりで》を建てさせた。ペルシア騎兵の捕虜たちを収容し、攻城器のような重い荷物は置き、それ以外でも、ただちに必要ではない品々のすべてを置いておくためである。

戦場には、武器一式と口に入れるだけで腹の足しになるもの以外は、持って行かないためであった。

すべてを終えた後、身軽になった兵士たちに行軍再開の命が下った。薄暗くなり始めた中を、四万八千は再び行軍を始める。陽が落ちた頃には、ガウガメラの平原までの距離の半ばは消化していた。

ここで再び行軍停止。兵士たちには休息を与えておいて、司令官と指揮官クラスを召集しての作戦会議が開かれた。

パルメニオンは若き王に夜襲を進言した。だがこのときも、アレクサンドロスの答えはNO。太陽の下で堂々と闘いたいというのがNOの理由だったが、パルメニオンも納得する。その理由で納得したというより、兵士にとっては、敵が見えない状況よりも見える状況で闘うほうが、勇気を持てるからであった。見えない敵ほど、怖ろしいものはないのだ。

それで、開戦前夜というのに、アレクサンドロスの兵士たちは、武器は手許に置いてではあったが、充分な睡眠をとることができたのである。

一方、ペルシア側では、夜襲を怖れたダリウスからの厳命で、全員が一睡もできないままに夜を明かすことになる。

眠りこけたままの兵士たちを置いて、アレクサンドロスと司令官たちは、闇《やみ》の中をガウガメラの平原の端にある丘まで行き、その上から敵軍を眺めた。ペルシア側の陣幕の前で燃えさかるたいまつの火が、平原の全域を埋めているかのようであった。

夜が明ければ、紀元前三三一年の十一月一日がくる。「ガウガメラの会戦」を明日に控えたアレクサンドロスは、それを遠望した後は再び兵士たちのところにもどり、彼らと同じに眠りこんだ。

基本的な戦略・戦術はすでにできていた。そして、司令官や指揮官クラスの全員も、それは頭にたたきこんである。

後は翌朝、朝の光の下で敵陣を明確に見、必要と思ったところを微調整するだけであった。また、その彼の指令を即座に的確に実行に移す能力は、アレクサンドロス下の将軍たちの全員が持っていた。

もともとからしてその能力をそなえていた、と言うよりも、アレクサンドロスの下で闘う機会が重なるにつれて、自然に身につくようになっていた、としたほうが適切かもしれない。

アレクサンドロスの軍では、指揮系統は常に明確であり、それを伝えていく「糸」は、司令官や指揮官を通して一兵卒に至るまで、まるで眼に見えない赤い糸でつながれてでもいるかのような状態ができあがっていたのである。

その結果、全員が、自分は何をすればよいか、どう闘えばよいか、命令がない場合でもどう動けばよいかを、はっきりと自覚していた。

これが、アレクサンドロスが兵士の全員を、自らの手足でもあるかのように駆使できた真の要因である。

「ガウガメラの会戦」は、ただ単に、二十五万対五万の戦闘《バトル》ではない。「手足の如《ごと》く駆使」できたか、それともできなかったか、の対決にもなるのである。

紀元前三三一年十一月一日、二十五歳は朝の光の下で、敵軍を初めてはっきりと見た。

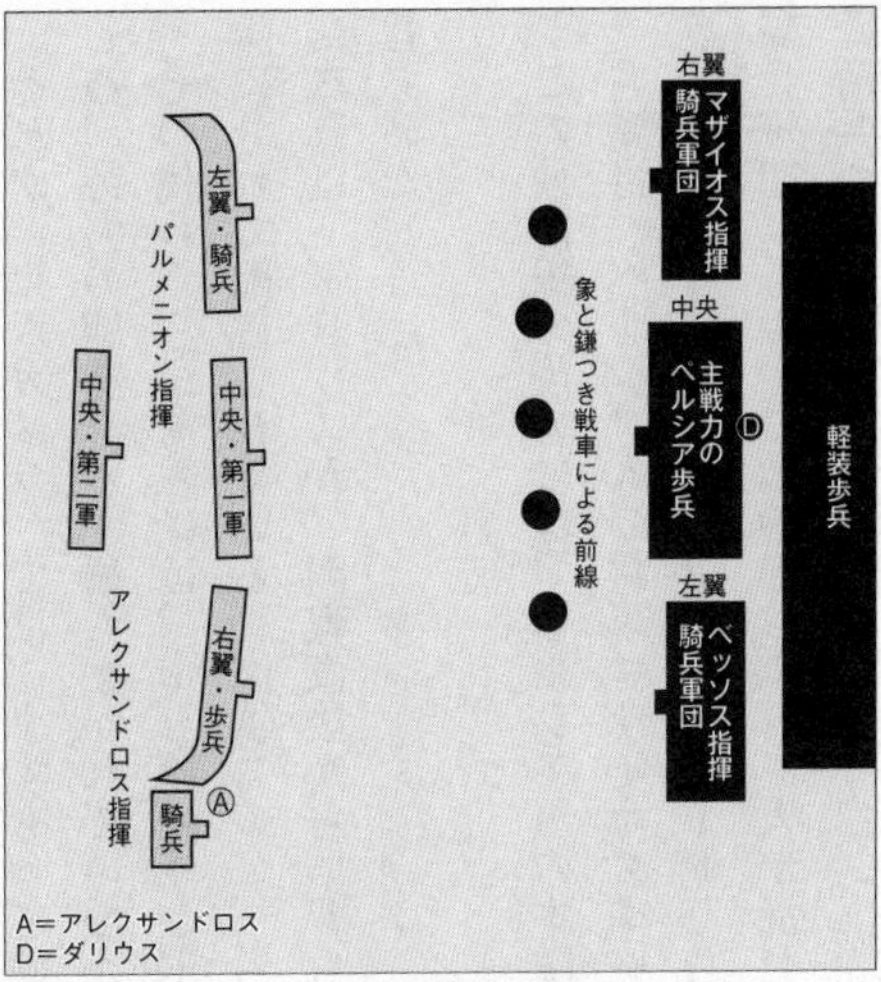

ガウガメラの会戦①

一見しただけで、彼にはわかったろう。

ダリウスが、「イッソス」の二の舞はしないと決めていることが、わかったにちがいない。

「イッソス」でのダリウスは、両軍をへだてる川の岸に柵をめぐらせていたが、あのときのペルシア王は、アレクサンドロスがどう出てくるかを見極めた後で攻勢に出るという、言ってみれば「待ち」の陣を布《し》いていたのである。

それが「ガウガメラ」では、まずもって両軍を分ける川がない。また、開戦直後にしろ、待ちの態勢を示す柵も築かれていなかった。

その代わり、最前線には、十五頭のインド象と二百を数える鎌つき戦車が、五つの隊に分れて配置されている（図①）。

これは、ダリウスが、開戦直後から早くも攻勢に打って出てくる気でいることを示していた。


この最前線の後方には、ペルシア軍の本隊が控える。

右翼は、ペルシア人の将軍マザイオス率いる、ペルシアの騎兵軍団。数は、三万に及ぼうとする、ペルシア帝国のエリートたちである。しかし、このガウガメラでは、騎兵軍団にも相当な数の非ペルシア人が混じっていた。ペルシア帝国の誇りでもあった騎兵たちの半ば以上が、「イッソス」で戦死していたからである。


この右翼の左側からは、ペルシア軍の「中央」が始まる。ギリシア人の傭兵《ようへい》二千を除く全員がペルシア兵で、一万人の「不死身の男たち」もこの「中央」に配されていた。

王たる者は全軍の中央に位置すべきというペルシア帝国の慣例に忠実に、ひときわ豪華な戦車に乗ったダリウスも、この「中央」に陣取っている。つまりダリウスは、ペルシア帝国の歩兵の精鋭集団が守る中にいたのである。

次いでは、「イッソス」の二の舞をしたくないダリウスにしてみれば、最も重要視しなければならない左翼である。アレクサンドロス率いるギリシア軍の右翼と激突すること必至のこの左翼を、誰に託すか、になる。

ダリウスはその左翼を、バクトリアの地方長官《サトラペ》のベッソスに託したのだった。古代のバクトリアは、今ならばアフガニスタンと重なる。ほぼ全員がペルシア人で占められていた「イッソスの会戦」とはちがって、「ガウガメラの会戦」でのペルシア軍の左翼は、現イランの東部から始まってその東に位置するアフガニスタンから北のウズベキスタンという、ペルシア帝国の東半分から来た兵士たちで占められていたのである。

部族社会でつづいてきたこの地方からの兵士たちは、文明度ではペルシア人に、はるかに及ばなかった。だが、部族間での争いが日常茶飯事という日々の中で、獰猛《どうもう》としてもよいくらいに勇猛な戦士に育っていた。

この本軍の背後には、残りを集めたという感じで、軽装歩兵の大軍が配置されている。予備役、と言うほどの任務も与えられていない兵士たちで、これもダリウスが、最前線とそれにつづく主力戦力で、勝利を手にする気でいたことを示していた。

このペルシア側の陣容を見たアレクサンドロスは、いつものことだが戦略・戦術面での微調整をする。

と言っても、攻撃を担当する彼自身が率いる右翼と、開戦の前半では敵の攻勢に耐えきるのが任務の、パルメニオンに託した中央という基本の構成は変えていない。変えたのは、横一線の陣型を保ったままで敵に接近するこれまでのやり方を、「ガウガメラ」では、右翼と左翼ともが少しばかり後方にそれるという、弓型にしたことだった。

それをした理由の第一は、数では圧倒的に優勢な敵が左右からまわりこんでくる事態を防ぐためであり、第二は、矛盾するようだが、ペルシア軍の右翼と左翼の攻撃を誘発することにあったのだ。

「イッソス」では初めから攻めに出たアレクサンドロスだったが、「ガウガメラ」では、誘発に乗った敵が攻めてきた後で初めてこちらは攻勢に出る、という戦術に変えている。

このためにわざわざ、少ない兵力しかないにかかわらず自軍の「中央」を二分し、マケドニアのファランクスで固めた第一軍の背後に、ギリシアの各ポリスからの兵たちで成る、第二軍を配置した。

敵側のこの変化が、ダリウスに迷いを生じさせることになる。どうして出てこないのだ、なぜ動かないのか、と思いあぐねているうちに、布陣したままで何日も待たされていたペルシア軍のほうが待ちきれなくなっていた。

ついにダリウスは、鎌つき戦車と象に出撃を命じた。

ところが、鎌つき戦車と象という「ガウガメラ」での新兵器が、ほとんどすぐに非戦力化されてしまうのである。

体軀《たいく》の巨大さとそれによる突撃力の強さで、敵側の布陣を崩すには最適と思われる象だが、ヨーロッパがその象を戦力として重視しなかったのは、象の産地ではなかった、という理由だけではない。

後になって北アフリカまで加えた大帝国を作り出したローマ人が、容易に手に入ったにちがいないアフリカの象を、なぜ戦力として活用しなかったのかということが示すように、人間にとってこの巨大な動物をコントロールすることが難事中の難事であるからだ。敵に突っこむのを嫌うから暴走するのだが、それゆえ象の暴走はUターンの形になり、後からくる味方の兵士たちの中に突っこんでしまうことになる。

それで象使いは、コントロール不可となるや急所を針で刺して殺してしまう。

これによる非戦力化が、「ガウガメラ」でも起ったのだった。

十五頭の象のすべてが、六メートルもの槍《やり》を突き立てて巨大なハリネズミのようになっている歩兵軍団のファランクスに、突っこむことを拒否したからである。

次いでは、わざわざ彼らのために地ならしをさせたほどダリウスが期待をかけていた、鎌つき戦車の二百台である。

これに似た戦車は映画「ベン・ハー」で見ることはできるが、あれは画面効果を狙《ねら》ったものにすぎなく、実際の戦闘で使われたのはあんなチャチなものではない。目的は、画面効果などではなく、敵兵をなぎ倒すことにあったのだから。

二頭の馬が引く戦車の左右の車輪ともに、一人ではとても振りまわせないくらいに重く長い、研ぎすまされた大鎌をつけた戦車である。

御者と兵士の二人が乗る戦車の幅が一メートル強であれば、その両側にはそれぞれ一メートルの長さの鎌が右からも左からも突き出ており、車輪が回転するたびにそれで敵兵をなぎ倒していくという、怖ろしい兵器である。だが、この恐怖の兵器にも欠陥はあった。

ペルシア軍の鎌つき戦車

密集隊型はとれないという、欠陥だ。

ダリウスはこの鎌つき戦車の二百台を、彼が率いる「中央」の右と左の両側に百台ずつ配置していたが、この百台とも、一団となっての攻撃はできない。

まずもって、馬に引かせているので、それに戦車を加えれば、一台の長さだけでも五メートルは越える。

横も、一メートルの長さで左右に突き出ている鎌と戦車の幅を合わせれば、少なくとも三メートルは越える。

鎌つき戦車とは、一台だけでも、五メートル×三メートルという、広い空間を必要とする兵器なのであった。

一台だけでもこれだけの空間が必要となれば、たがいに鎌がかみ合わないようにするだけでも、横にも縦にも相当な車間距離を置く必要が出てくる。

結果として、総数は二百台でも、その一台一台は、「個」としての攻撃しかできないことになる。

この点に、二十五歳は眼をつけたのだった。

アレクサンドロスが自軍の中央を守る兵士たちに与えた指令は、思わず笑ってしまうくらいに子供じみていた。

鎌つき戦車が向ってきたら、さっと身をかわし、通り過ぎたら閉じ、二台目が向ってきたら身をかわして通り過ぎさせ、その後でまた閉じるをくり返せ、であったのだから。

だが、子供の遊びではない。兵士たちは、これをくり返している間にも、敵の馬に対して、投げ槍や矢を浴びせかけていた。

戦車を引く馬さえ倒せば、乗っている御者や兵士を殺すのは簡単なのだ。

こうして、象と鎌つき戦車という新兵器が早くも非戦力化されたのを見ては、ダリウスも相当に動揺したのではないかと思う。右翼と左翼の騎馬軍団に、総攻撃の命令を発した。

右翼のペルシア騎兵も左翼のバクトリア騎兵も、一団となって攻撃に入る。なにしろギリシア側は、どうぞお出《い》でくださいとでもいうふうに、湾曲陣型になっているのだから。

だが、このときになってもまだ、アレクサンドロスは動かなかった。

ギリシア側の左翼の主力戦力は、アレクサンドロスがマケドニアの騎兵に次いで信頼していた、テッサリアの騎兵たちである。ペルシアの騎馬軍団の猛攻に対しても、彼らはしぶとく守り抜いていた。

だが、バクトリアの騎馬軍団が猛攻をかけてきたギリシア側の右翼では、左翼とはちがう戦闘が展開していたのである。

左翼では騎兵対騎兵の闘いがつづいているのに対して、戦場の反対側では、敵騎兵に対したのは、歩兵であったのだ。

弓兵と言えばクレタ、と返ってくるほどに有名であったのが、クレタ島出身の弓兵である。

アレクサンドロスはこの弓兵たちに、将を射んとせば馬を射よ、を命じていた。

獰猛なバクトリアの騎兵も、馬を倒されてはどうしようもない。彼らを率いるベッソスも、撤退を命ずるしかなかった。

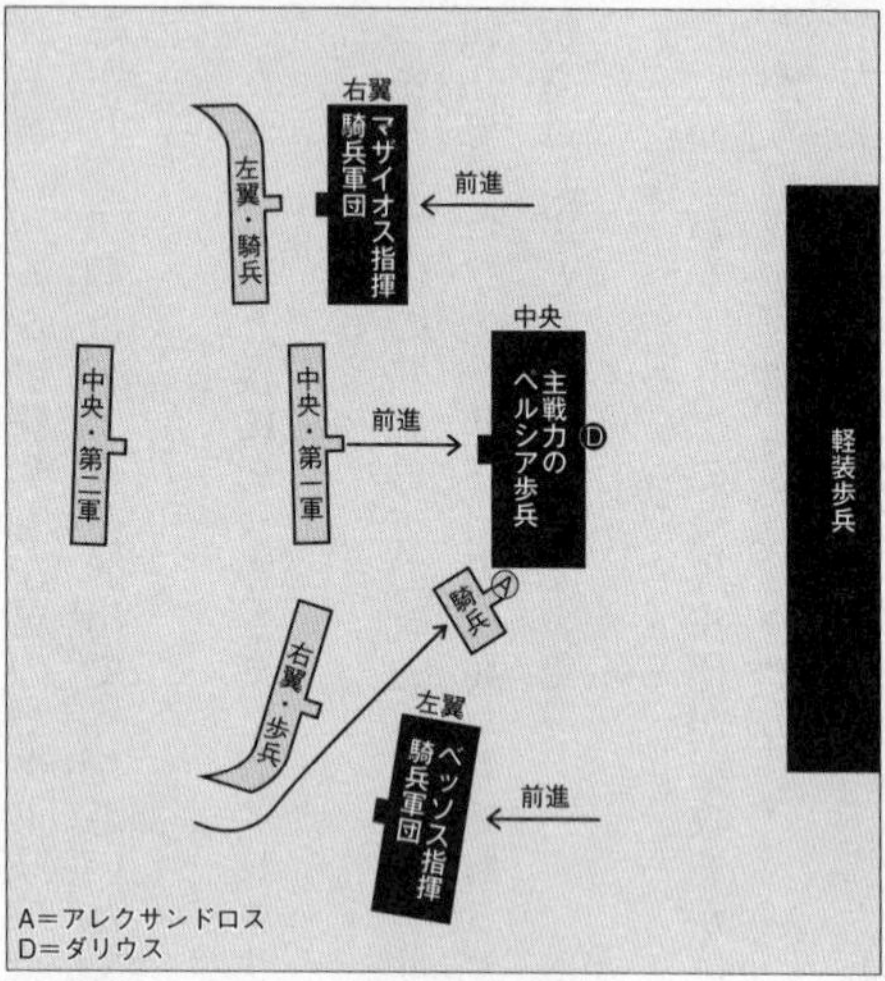

ガウガメラの会戦②

ところが、ペルシア側の左翼で起きたこの動きによって、ベッソス率いる「左翼」と、ダリウスのいる「中央」の間が空いてしまったのである（図②）。

これを、アレクサンドロスは見逃さなかった。

それまでは自軍の右翼の最も右端で我慢していたアレクサンドロスと彼の「コンパニオン」、つまり「お友だち」、に率いられたマケドニアの三千騎が、ここで初めて攻撃に出る。

「進め！」などと号令をかける必要もなかったろう。なにしろアレクサンドロスが先頭を切って突撃に入ったのだから、「お友だち」も、彼らに率いられるマケドニアの騎兵たちも、トップの後につづくしかないのである。

こうして、縦長の菱形《ひしがた》になったマケドニアの三千騎は、愛馬ブケファロスにまたがったアレクサンドロスの兜《かぶと》の上になびく白い羽根飾りだけを目印に、敵側の「中央」と「左翼」の間に生れた谷間目がけて突入して行った。

そして、決めた以上は迷わないのも、アレクサンドロスである。「イッソス」では右側から迂回《うかい》して敵の中央を攻めたが、「ガウガメラ」でも猛攻の的は、敵の中央にいるダリウスに向けられたまま変わらなかった。

同時に、パルメニオン率いる巨大なハリネズミも、攻撃に加わってくる。つまり、アレクサンドロス率いるギリシア軍の全兵士が戦場に投入されたことになる。

同じ頃、戦場の反対側でも、戦況の変化が起きていた。

テッサリアの騎兵が主力のギリシア軍の左翼は、ペルシアの騎兵軍団の猛攻に耐えていたのだが、少しずつ後退し始めていた。

この戦線が打ち破られようものなら、ギリシア軍の「中央」が包囲されてしまうことになる。

アレクサンドロスが、自軍の歩兵の主力であるファランクスの背後に重装歩兵から成る第二軍を配置しておいたのは、このような場合になったときのためであったのだ。

ギリシアの各ポリスから派遣されて来ている彼らに、すでに敵の「中央」眼がけての突撃に入っているアレクサンドロスからの、出撃命令などは必要ではなかった。あらかじめ若き王からは、このようになった場合の対応は命じられていたからである。

現代の戦史研究者たちは、この第二軍の動きが、左翼での戦況を決した、と言う。

実際、第二軍の応援を得て、これまで左翼を守っていたテッサリアの騎兵たちも、戦況を立て直しただけでなく、それどころか攻勢に出るように変わっていた。

なぜなら、敵右翼の騎兵軍団にも異変が起っていたからだ。

ペルシア帝国の誇りとさえ言われていたペルシアの騎兵だが、すでに「イッソス」で、多くの戦死者を出している。ゆえに「ガウガメラ」での騎馬軍団には、少なくない数の帝国の東方からの騎兵も参加していた。

この、現代ならばアフガニスタンやパキスタンから来ている騎兵たちが、ギリシア側の左翼を攻撃するのはやめて、はるか後方に置かれたマケドニアの陣営地の略奪に向ってしまったのである。

つまり、三万はいたからこそ威力のあったペルシア側の右翼は、留まって闘いつづけるペルシア人の騎兵たちと、略奪に向った東方からの騎兵に、二分されてしまったのだった。

結局は略奪グループも、その動きに気づいたギリシア側の第二軍が早くも追撃に向っていたので、略奪品を手にする前に殺されてしまうのだが。

このような状態になってもなお、ペルシア社会のエリートでもあるペルシア人の騎兵たちは、テッサリアの騎兵相手の奮闘をつづけていた。

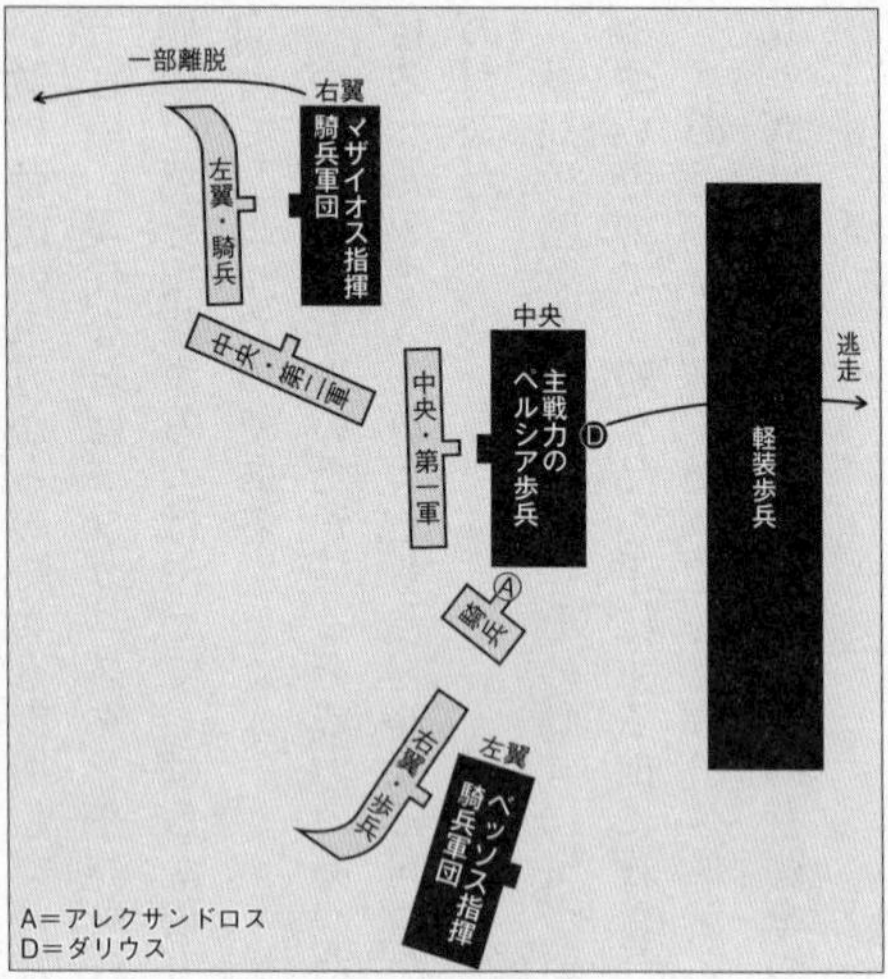

ガウガメラの会戦③

そこに入ってきたのが、王が逃げた、の報である（図③）。「イッソス」のときのように、アレクサンドロスに近くまで迫られたわけではなかった。

ダリウスとアレクサンドロスの間の距離はいまだ充分にあり、そこにはペルシア軍の精鋭の一万と戦争のプロであるギリシア人の傭兵二千が、王を守ろうと立ちふさがっていたのである。

この時期までにダリウスが見たのは、開戦直後の象と鎌つき戦車の惨《みじ》めな最期《さいご》の他は、ベッソスが率いた左翼の撤退と、ついに動いたアレクサンドロス率いるマケドニア騎馬軍団が自分のいる「中央」に向って猛攻をかけてきたことと、これまた動き出したパルメニオン率いる巨大なハリネズミが、迫りつつあることだけであった。

右翼のペルシアの騎馬軍団は、敵の左翼相手に奮戦中。そのうえダリウスのいる「中央」は、このときにはまだ、無視できないほどの打撃はこうむってはいなかったのである。

だが、これだけでもダリウスには、逃げ出す理由になったのかもしれない。何かが彼の中で、壊れてしまったのだろう。

味方の兵たちをかき分けながら、王は逃げ出したのである。

ペルシア王ダリウス三世が、兵士たちを見捨てて戦場を放棄したのは、「イッソス」に次いでこれで二度目になる。逃げぐせがついたのかと思うほど、王の逃げ足は早かった。

もしもダリウスが逃げていなかったならば、「ガウガメラの会戦」はペルシア側が勝っていただろうか。

答えはＮＯ。戦闘は長びいたかもしれないが、結局はアレクサンドロスが勝っていただろう。

兵力は敵の五分の一しかなくても、その五分の一を手足の如く使いこなした二十五

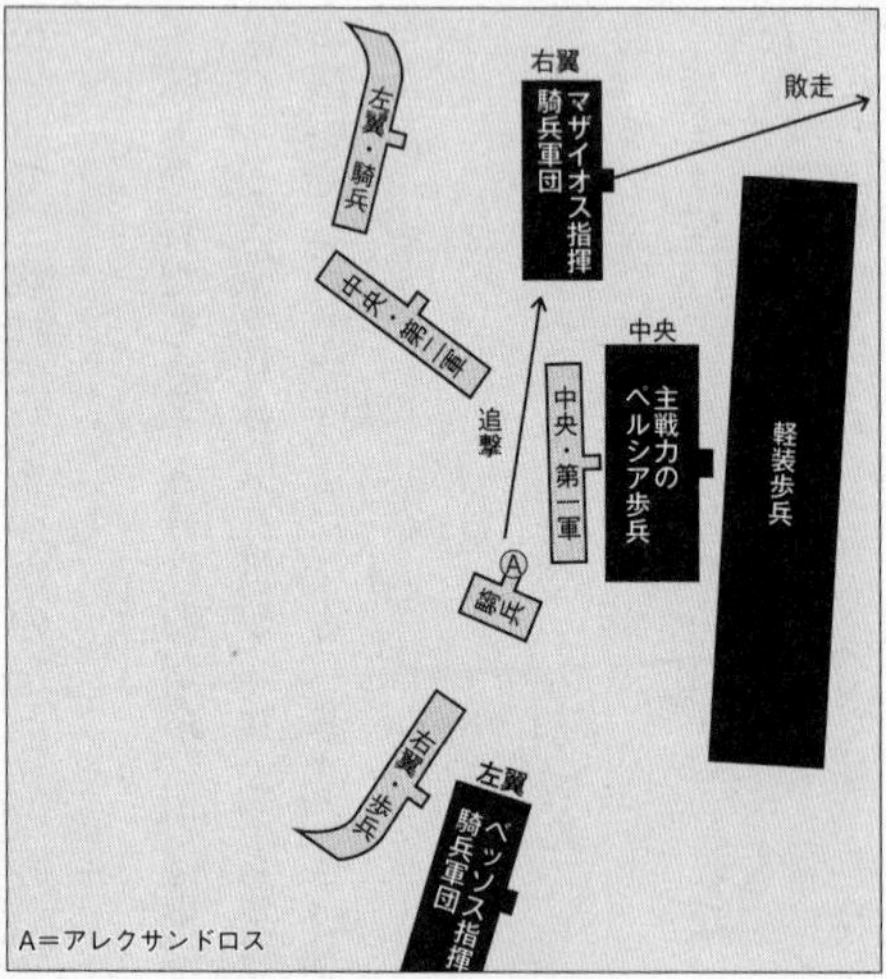

ガウガメラの会戦④

歳が勝利者になっていたにちがいない。

逃げていなかったならば、ダリウスに残っていたのは、敵中に斬《き》りこんで死ぬことぐらいであったろう。だが、アケメネス朝最後の王として死ぬことはできたのである。

ギリシア軍の左翼と交戦中だったペルシアの騎兵たちも、王が逃げたと知るや、これ以上の戦闘の無用を知る。

彼らを率いていたマザイオス以下全員がUターンして戦場から逃げようとしたのだが、敗走となると統率もとれなくなる。

その彼らに、ダリウスの逃亡を知っても今度は追撃さえも試みなかったアレクサンドロスが、まるでその無念さをたたきつけるかのように襲いかかったのである（図

④）。

二十五歳を先頭にしたマケドニアの騎馬軍団の猛攻から逃げきるのは、ペルシアのエリートたちにとっても容易ではなかった。彼らの多くが、この場で討死にした。

それでも、敗走の先頭にいたマザイオス以下の少数は、バビロンまで逃げのびることはできたのである。

その頃にはすでに、ベッソス率いるバクトリアの騎兵たちは姿を消していた。後に彼らは、逃走中のダリウスに追いつく。

無惨《むざん》であったのは、王だけでなく騎兵にも見捨てられた、ペルシア軍の「中央」にいた歩兵たちである。

前方からは、パルメニオン率いる巨大なハリネズミに攻めこまれていた。

後方からは、アレクサンドロス率いる騎馬軍団が迫っていた。

そのうえ右側からは、ペルシア騎兵も逃げ出したことでもはや闘う相手もいなくなった、ギリシア軍の左翼が迫っていたのだ。

数では優勢の敵を壊滅するには、包囲壊滅作戦しかない。包囲したうえでその輪を縮めていくやり方だが、この戦術は敵兵を倒すよりも、真の狙いは、敵兵同士で殺し合う状況にしていくことにある。

王にも騎兵にも置き去りにされたペルシア側の兵士たちは、完全にパニック状態に陥っていた。総崩れになってしまうと、敵に殺されるよりも、味方に踏みつぶされる者が多くなる。

これが、史上有名な「ガウガメラの会戦」の結末であった。

ペルシア王ダリウスは、戦場から逃げた後も、南にあるバビロンにも首都のスーザにも向わず、東へ東へと逃げて行った。

自分を追うのは断念して包囲壊滅のほうを優先したアレクサンドロスが、それが終われば必ず、この二都市の攻略に向うと予想したからである。

ダリウスの予想は、このときだけは当った。


「ダイヤの切っ先」

アレクサンドロスの後に現われた古代の名将は誰かと言われれば、次の三者をあげるしかない。

第二次になるポエニ戦役で、十六年もの間ローマ軍をキリキリ舞いさせた、カルタゴの将ハンニバル。

そのハンニバルを最後の一戦で破った、ローマの将スキピオ・アフリカヌス。

そして、インドに至るまでの「東方《オリエント》」を制したアレクサンドロスに対して「西方《オチデント》」を制し、後にウィンストン・チャーチルから、英国の歴史はカエサルがドーヴァー海峡を渡ったときから始まる、とまで言わせることになる、ローマきっての武将ユリウス・カエサル。

この、戦略・戦術では絶対の自信は持っていたにちがいない三者でさえも、武将としてのナンバーワンはアレクサンドロス、という点では完全に一致していたのである。にもかかわらずこの三人は、戦場でのアレクサンドロスのやり方を踏襲していない。部分的には導入してはいるが、全体としては踏襲していない。

なぜだろう。

イタリア語に、「プンタ・ディ・ディアマンテ」(punta di Diamante) という言い方がある。

ダイヤモンドの先端という意味だが、研磨道具の先端につけられている、ダイヤの切っ先のことだ。最も固い鉱石であるダイヤを先端につけることで、容易には断ち切れない物体でも切り離すことができるからである。

この三人の名将ともが、縦長の菱形の陣型になって突撃していくマケドニアの騎馬軍団の、威力と効力は充分に理解していた。

だがそれは、アレクサンドロスという「プンタ・ディ・ディアマンテ」があってこそ、機能するのだということもわかっていたのである。

彼ら三人に、「ダイヤの切っ先」になる勇気が欠けていたのではない。先頭に立って突っこんでいくのだから、「切っ先」が最も多大なリスクにさらされる。

軍の最高司令官の身にもしものことが起れば、中央や左翼ではいかに優勢に闘いを進めていようと総崩れになり、勝っていたのが一転して敗戦になってしまうのが、会戦方式をとった場合の戦闘の現実であった。

ハンニバルもスキピオもカエサルも、しばしば自軍の最前線にまで出て指揮を執っている。カエサルに至っては、彼だけが風になびく紅《くれない》の大マントをつけるという、味方にもわかるが敵にもわかるというリスクを冒して指揮するのが常だった。

それでもなお、彼ら自らが「ダイヤの切っ先」になったことは一度としてなかったし、この戦術を試みたこともなかったのである。

とは言っても、ときには敗北を経験したことのあるこの三人に比べて、アレクサンドロスだけは最後まで、連戦連勝で行くのだ。

それは、「カイロネア」「グラニコス」「イッソス」、そしてこの「ガウガメラ」と、会戦方式の戦闘では常に、アレクサンドロスが「ダイヤの切っ先」になってきたからであった。

つまり、最大のリスクは、彼自身が負ってきたことになる。その事実に、彼の下で闘う司令官や指揮官たちが無関心でいられたはずはない。

実際、年長者は渋い顔で、同世代は熱をこめて、年下の者は涙まで流しながら、それでも全員で、これ以上は「ダイヤの切っ先」だけはやめてくれ、あなたの安全は、われわれ全員の安全でもあるのだから、と言って懇願したのである。

これにはアレクサンドロスも心を動かされたのか、懇願する部下の一人一人を常以上の親愛の情をこめて抱擁したが、それでも彼の考えははっきりと言った。

「きみたちはわたしにとって、誰よりも忠実で誰よりも献身的な部下であるだけでなく、誰よりも信頼の置ける友人たちである。そのきみたちへのわたしの感謝の想《おも》いは、言葉につくせないほどに大きい。

それも、単に暖かい同情の念だけでなく、この戦争が始まって以来、きみたちはわたしへの愛情を、明確な実績によっても示してくれたのだ。

告白するが、そういうきみたちに囲まれてここまできたわたしは、かつてこれほど自らの人生を愛したことはなかったと思うほどである。

しかし、これほどもわたしを幸せにしてくれるきみたちの熱い想いも、わたしが示してきた勇気があったからこそ、生れた感情であることも事実だろう」

ローマ時代になってアレクサンドロス伝を書いたクルティウス・ルフスは、この言葉が、重だった人々を前にして言われた、としか書いていない。兵士たちに向って言われた、とは書いていない。

しかし、アレクサンドロスほど、将と兵を差別しなかったトップもいなかった。これもあって、彼ほど、兵士たちから愛された最高司令官もいなかったのである。

アレクサンドロス
(アレクサンドロスのものとされる石棺のレリーフより。イスタンブル考古学博物館蔵)

それは彼が、戦場では常に先頭に立ち、他の誰よりも大きなリスクに身をさらしながら闘ったからである。

そして、アレクサンドロスの象徴のようになっていた兜の上で風になびく白い羽根飾りを見ながら、将だけでなく一介の兵士までが、その王につづこう、という一心で闘ったからである。


アレクサンドロスの考えるリーダーとは、部下たちの模範にならねばならない存在であり、率先してリスクを冒している様を見せることで、彼らが自分たちのモデルと納得する存在でなければならなかったのだ。

だからこそ、司令官や指揮官たちに向って、「それほどもきみたちがわたしを愛してくれるのも、わたしがこれまでに示してきた勇気があったからではないか」と言えたのである。

要するに、今後も「ダイヤの切っ先」をやりつづけるのは変えない、という意志は明らかにしたのであった。


第二次ポエニ戦役では敵味方に分れて闘ったカルタゴの将ハンニバルとローマの将

スキピオが、戦役の数年後に出会い、武将の評価をし合ったという記録はある。

彼らよりは活躍時期が百五十年は遅くなるカエサルだから直接に会ったことはないのは当然だが、このローマきっての名将が若い頃からアレクサンドロスを意識していたことは、数多くの史実が示している。

それで、もしもこの三人が会って武将談義に話を咲かせていたら、と想像したくなる。

三人とも、自分たちよりもアレクサンドロスが、武将ナンバーワンであったということでは一致していたのだ。

また、「ダイヤの切っ先」によって敵陣にくさびを打ちこむ戦術が有効であるという考えでも、異論はなかったにちがいない。そして、あれが機能できたのはアレクサンドロスが率いたから、という点でも、三人は同感であったろう。

そして最後は、三人ともが、笑いながら言ったのではないか。

「なにしろ彼は、若かったからね」

アレクサンドロスの才能が全開したのは、彼が二十代の時期だった。

一方、アルプスを越えてローマの領土であるイタリア半島になぐりこみをかけた年から始まり、ザマの会戦でスキピオに敗れるまでのハンニバルは、三十代から始まって四十代の半ばまで。

そのハンニバルに勝って第二次ポエニ戦役を終わらせたスキピオの最盛期は、三十代に入ってからである。

そしてカエサル。後のヨーロッパを形づくることになるガリア戦役を始めるのは、彼が四十歳になった年。

この三者と比べれば、アレクサンドロスは、何と言っても若かった。

「ダイヤの切っ先」戦法も、若かったからこそやれ、そして成功したのだろう。

バビロン、スーザ、そしてペルセポリス

「ガウガメラの会戦」直後のアレクサンドロスは、「イッソスの会戦」後のような、将兵混じり合っての大宴会はしていない。

「イッソス」後の彼には、選択肢は二つあった。このまま敵ペルシアの本拠地メソポタミア地方に進攻するか、それとも「シーレーン」確立のために中近東とエジプトの制覇を優先し、その後でメソポタミア地方に攻めこむか、の二つの選択肢であった。

だが、「ガウガメラ」の後では、選択肢は一つしかない。メソポタミア地方に進攻してそこで勝ったのだから、ペルシア帝国の本拠地であり、その威勢の象徴でもあるバビロンとスーザとペルセポリスを手中に収めるのが次の目標になる。逃げたダリウスを追う追撃行は、これらを終えた後で充分だった。

アレクサンドロスは、一日でケリがつくところがメリットの会戦方式の戦闘で勝った後は、それによって得た成果を固めることを忘れなかった人である。おかげで、生れて初めて見た象や大鎌《おおがま》つき戦車相手に奮闘した兵士たちも、許されたのは一夜の休養だけであった。

若き王のほうは例によって、戦死者の埋葬に立ち合い、これも例によって、医師チームを連れての負傷者の見舞に向う。その日初めての食事を、これまた例によって親友のヘーファイスティオンと二人でとった後は、数時間の眠りをむさぼっただけであった。

行軍は、翌朝に早くも再開される。方角は南。ユーフラテス河の近くにある、古都バビロンを目指す。距離は四百キロほどあるが、いずれもペルシア湾にそそぐティグリスとユーフラテスの両大河の間に開けた平野を行くだけだから、行軍速度も稼げる。そのうえ、バビロンの制覇までが簡単に終わったのは、彼にとっては、予想していた以上の幸いであったろう。

この古都を囲む城壁の前にアレクサンドロスが到着したとき、内側から開いた城門から出てきたペルシア人が、若き王に、攻防戦無しの開門を申し出たのである。

マザイオスという名のこのペルシア人は、アレクサンドロスと面と向って会ったのはこのときが初めてだった。だが、二年も前からアレクサンドロスとは、ある意味では深い関係にあった人である。

小アジアの南東部にあるキリキア地方の地方長官であった年、その地方の防衛を王から託された身でありながらマケドニアの若者の行動の速さの前に遅れをとってしまい、キリキア地方を簡単に、この敵の手に渡してしまったことがあった。

これが王ダリウスの不興を買い、その後で行われた「イッソスの会戦」には参戦さえも許されなかった。

ところがその彼が「ガウガメラ」では呼び出されたのは、一にも二にも、ダリウス

11月のトピックス

2023 NOV.

新潮文庫

ホームページ
https://www.shinchosha.co.jp/bunko/

新潮文庫
TikTok
アカウント
↓

話題の本

沢木耕太郎、日本を旅する。初の国内旅エッセイ！

沢木耕太郎『旅のつばくろ』

今が、時だ——。世界を歩き尽くしてきた著者の、はじめての旅は16歳の時、行き先は東北だった。それから歳も経験も重ねた今、同じ土地を歩き、変わりゆくこの国のかたちを見て何を思ったか。追憶の国内旅エッセイ。

全4巻完結!

塩野七生が執念を燃やして描く、「永遠の青春」アレクサンダー大王

塩野七生『ギリシア人の物語4 新しき力』

新興国マケドニアの若き王アレクサンドロスは、ただ「東征」と呼ばれる旅に出た。世界の何もかもを変えてしまったその偉大な足跡を追いかけ、波乱に満ちた生涯を描き尽

著者最後の歴

全4巻完結

南フラ

らしに詩を

新たな才能。

映画化

11月10日㊎
全国ロードショー

正欲

出演 稲垣吾郎　新垣結衣

監督 岸 善幸

©2023「正欲」製作委員会

読む前の自分には戻れない——

原作 朝井リョウ『正欲』

●935円　126933-7

トピックス

小津夜景『いつかたこぶねになる日』

杜甫、白居易、徐志摩、夏目漱石……南仏・ニース在住の俳人である著者が、古今東西の漢詩を手繰りよせて翻訳し、やさしい言葉でいつもの風景にあざやかな色彩を与える、全31編のエッセイ集。江國香織氏推薦！

が「イッソス」で、配下の将たちの多くを失っていたからである。

それで、いったんは遠ざけていたマザイオスの復帰は許したダリウスだが、この男にだけは別の任務も与えていた。

メソポタミア地方に向ってくるアレクサンドロスの軍勢をユーフラテスの河辺で待ちうけ、ギリシア軍の向う方向を、首都スーザのある南ではなくガウガメラのある北へ向ける任務である。ただしダリウスが、この任務遂行のためにマザイオスに与えた兵力は数千でしかなかった。

その十倍はあるギリシア軍を見たマザイオスは、これは試みるも無駄と思い、一戦も交えないで撤退する。ただし逃げたのではなく、ダリウスの待つガウガメラにもどったのだ。

そのマザイオスを、ダリウスは、自軍の攻撃の主力を担《にな》って右翼で闘う、ペルシアの騎馬軍団の司令官に任命した。

ゆえに「ガウガメラ」では、アレクサンドロス率いるマケドニアの騎馬軍団とは直接に交戦はしていない。だが、テッサリアの騎兵が守るギリシア軍の左翼が後退せざるをえないまでにしたのは、マザイオス率いるペルシアの騎馬軍団の奮闘にあった。

ところがそこに、王逃亡の知らせである。生き残った部下だけを率いて混戦の中でも逃げのびたこのペルシアの武将は、バビロンに帰っていたのだった。

彼も、そして彼に従《つ》いてガウガメラから逃げのびたペルシアの騎兵たちも、二度までも味方を捨てて戦場を放棄した王に、これ以上はついていく気を失っていたのである。

それが、身の安全の保証もないにかかわらず、無条件の降伏になって表われたのであった。

アレクサンドロスは、マザイオスが申し出た、降伏とバビロンの無血開城を受け入れる。受け入れただけでなく、マザイオスを、バビロンとその周辺一帯を管轄《かんかつ》下に置く、地方長官《サトラペ》に任命したのである。

このマザイオスの例は、アレクサンドロスの性格を良く表わしている例の一つであった。

大事業は、一人ではできない。他の人々の協力なしには、絶対にできない。

それには他者を信頼して、明確な目的を与えたうえで任務を一任する必要がある。

信頼に値するかどうかを精密に審査していては何一つ始まらないので、ある意味では直感によって、大胆に一任するしかないのだ。

アレクサンドロスが「裏切り」を最も嫌ったのは、それはこちらが寄せた信頼を裏切ることになるからであった。彼は「裏切り」を、人間にとっては最も卑《いや》しい行為と考えていた。

ペルシアの高官マザイオスは、主君である王を裏切ったのではない。王としての責務を二度までも放棄した、ダリウスを見離したのである。

これは、アレクサンドロスの考えでは、「裏切り」にはならなかった。それよりも、「裏切り」からは最も遠いところに生きている、人間にさえ見えたのではないか。マケドニアの若者は、自分たちギリシア人が「蛮族《バルバロイ》」の名のもとに一括してきたペルシア人の中に、理《ことわり》が通ずる相手を見出した想いであったろう。マザイオスのほうもこれ以降は、息子ともどもアレクサンドロスの忠実な家臣になるのである。

そして、このマザイオスの例による影響は、他のペルシアのエリートたちの間にも、波紋のように広まっていくのだ。

これ以降、敗者側になるペルシア人の登用が目立つようになっていくが、それもアレクサンドロスが募集したからではない。また、ギリシア人による推薦があったからでもなかった。

ほぼすべてのケースは、アレクサンドロスのカンによった。カンだから、はずれる場合もある。そのようなときでも若き王は、決定したときと同じ速さで他の人に替えただけである。

こうして、ペルシア王の高官であった人々の、ギリシア人の王の下での高官への移行が始まったのである。

だが、「地方長官《サトラペ》」という官位名は変わらなくても、内容のちがいはやはりあった。ペルシア帝国の「サトラペ」は、行政・軍事・経済を一手ににぎっていたが、アレクサンドロスの帝国での「サトラペ」は行政だけで、軍事はマケドニア人、財政は他の人と、権力は三分割されていたのだ。

アレクサンドロスは、「ダイヤの切っ先」大好きという男ではあったが、現実的な統治者でもあったのだった。

しかし、この彼のやり方は、師であったアリストテレスの考えとは正反対になる。

ソクラテス、プラトンとつづくギリシア哲学の巨人とされるアリストテレスだが、少年時代のアレクサンドロスには、次のように教えていたのだった。

「ギリシア人には、自分を導いてくれる相手として対し、一方、蛮族に対しては主人として振舞うこと。

前者には、友人であり親族であると思って対してよいが、後者には、奴隷《どれい》であり動植物であると思って対すること」

なにしろギリシア哲学の巨人の口から出た言葉なので、現代の研究者の中には、「蛮族《バルバロイ》」とはただ単にギリシア語を話さない民族ということにすぎなく差別語ではない、としたがる人が少なくない。

とはいえこれは、誰が言おうが差別語である。

そしてこれが、当時のギリシア人の常識的考えであった。ゆえに、それとはちがってくるアレクサンドロスの蛮族への対し方は、東征をつづけていく過程で、彼自らで学び取っていったのではないかと思う。

「バビロンの栄華」という言葉もあるくらいだから、古都バビロンに滞在中のアレクサンドロスも、眼を見張る想いで過ごしたにちがいない。オリエントの贅《ぜい》をつくした建物の間をめぐりながら、ギリシアの新興国マケドニアから来た若者は、ヘーファイスティオンにだけにしても、感嘆の想いを正直にさらけ出したことだろう。世界の七不思議の一つと言われた有名な屋上庭園も、見学したかもしれない。

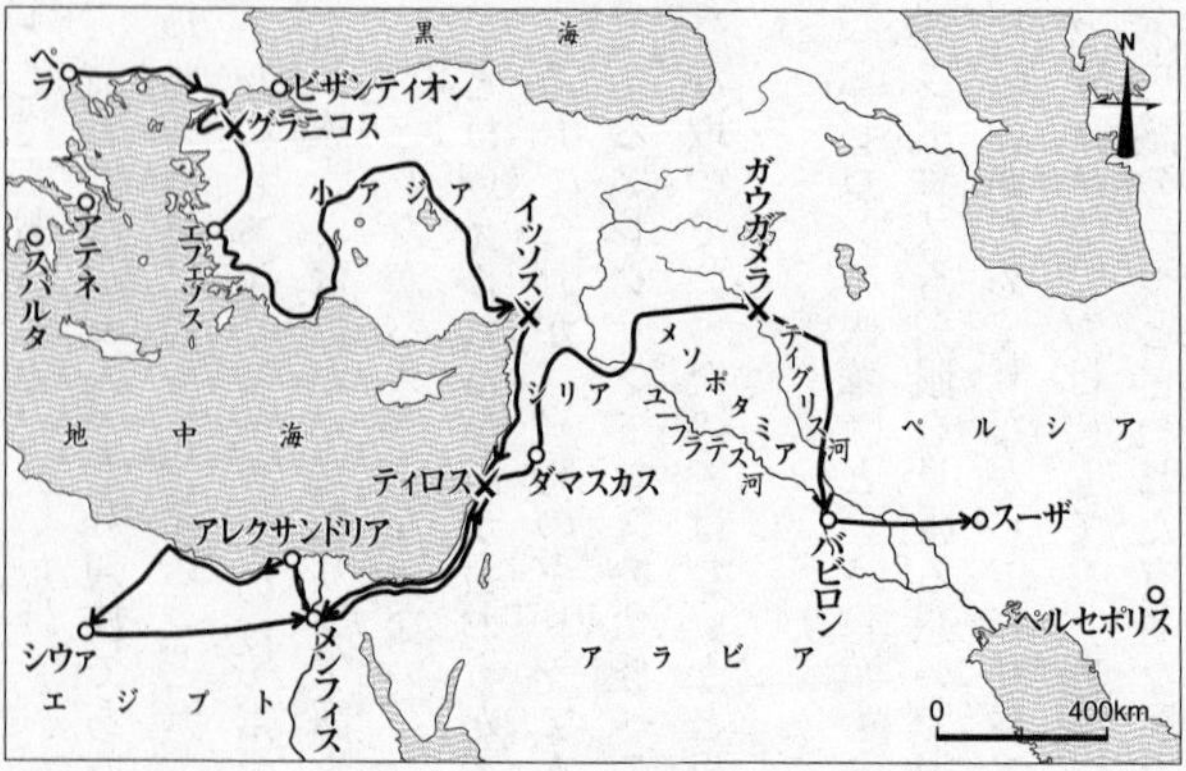

ガウガメラからペルシアの中枢へ

当時のペルシアは、文明度とは言わなくても文化度では、ギリシアのアテネにさえも劣っていなかった。アテネの美が「壮麗」であれば、ペルシアの美は「華麗」というちがいはあったにしても。

だがアレクサンドロスは、究極の目標は絶対に忘れない男でもある。古都の美がもたらす愉楽を満喫して日を過すには、先を急いでいた。ペルシア帝国の首都であるスーザは、なるべく早く手中に収めておく必要があったのだ。

バビロンからスーザまでは、メソポタミア地方を東に横切る四百キロ弱の道程になる。ユーフラテスの河辺に立つバビロンに対して、スーザはティグリス河を渡った先にあった。

おそらく、バビロンに滞在中からすでに、首都の無血開城への裏交渉は始まっていたにちがいない。バビロンの地方長官に就任しているマザイオスとスーザの防衛責任者との間で、そのための根まわしは進んでいたと思うのだ。

スーザは首都だけに、相応の防衛力をそなえている。それを使わせないで平和裡《り》に手中にするのだから、下手に軍事力をちらつかせるのは禁物だ。ペルシアの高官同士にまかせておくのが、賢いやり方であった。そして、これが上手《うま》くいくのである。

アレクサンドロスは、少年の頃からの愛馬であるブケファロスを、最も重要な場合にしか使わなかった。いつでもどこでも、ブケファロスに乗っていたわけではない。この愛馬は、戦場にしか連れていかなかった。戦場で命を託す馬としか、使わなかったのだ。制覇した都市への入城やパレードには、見栄《みば》えの良い白馬のほうが適していると考えていた。

ペルシア帝国の首都であるスーザにも、白馬を駆って入城する。また、このような場合の軍装も、戦場では邪魔なだけの諸々の装飾のついた豪華なものをまとった。勝利者としての入城となれば、見た目効果も無視できないからである。

二十五歳の勝利者を、スーザの住民たちは、花びらを雨と降らせるという、華やかなやり方で迎えた。事前の根まわしが効いたのか、歓迎の式典の間中、事故は一つも起らなかった。

王宮に入り、ダリウスが常に坐《すわ》っていた玉座に就いたマケドニア王の前に、つめかけていたペルシアの高位の人々が、いっせいに平伏して臣従の態度を示す。

これにはアレクサンドロスも驚いたろうが、彼に従ってきていたマケドニアの武将たちも驚いた。

しかし、オリエントでは、ひざを屈すだけでなく頭を床にすりつけなければ、王への臣従の意を示したことにはならないのだ。だがこれが、後に尾を引くことになる。

いずれにしても、ペルシア帝国の首都制圧も無事に終わった。

もちろん、ダリウスが貯《たくわ》えていた一万八千タレントもの大金は、ごっそりいただく。これはそのまま、兵士たちへの給料と褒賞《ほうしょう》にまわったのは言うまでもない。

アレクサンドロスはスーザでも「地方長官《サトラペ》」に、ペルシア人を任命している。無血開城の交渉では、マザイオスの相手になった人かもしれない。

そしてこの人には、次の一事も命じた。

ダマスカスに置いてきたダリウスの母と娘たちをスーザにもどし、以前に彼女たちが住んでいた宮殿の一画にもとどおりに住まわせるよう命じたのである。

ダリウスの妻は、「イッソスの会戦」時にはすでに懐妊の身であったのが、しばらく後に出産する。だがその直後に、母子ともが死んでいたのである。ゆえに逃亡中のダリウスにとっての肉親は、母と娘二人だけになっていたのだった。

こうして、やらねばならないことはすべてやり終えた後で、スーザを後にペルセポリスに向う。もちろん、バビロンのときと同じに、スーザにもマケドニア人で成る兵士の一隊を置いてである。このような事情もあって、会戦では犠牲者を少なく押さえることで知られたアレクサンドロスだが、戦略要地ごとに置いていかねばならない兵士たちも考慮に入れねばならず、兵士の補充は常に必要であったのだ。

それでもペルセポリスも、無血開城する。二度も敵前逃亡したダリウスは、帝国の中枢部《ちゅうすうぶ》にいたペルシア人からは、もはや王とは見なされない存在になっていたと思うしかない。

歴史上ではギリシア語の「ペルセポリス」の名で知られるこの都市は、昔からの重要都市であるバビロンとちがって、キュロスから始まるアケメネス朝ペルシアの歴代の王たちが、まるで古都バビロンの向うを張るかのように、贅をつくして飾り立てた都市である。

ペルセポリスとは、アケメネス朝ペルシアの王たちの都市なのだ。王たちも死ねば、ペルセポリスに葬《ほうむ》られると決まっていた。

このペルセポリスを、アケメネス朝ペルシアの王たちの都市にしようと考えた最初の王は、ダリウス一世である。

この、アケメネス朝中興の祖としてもよい王は、ギリシア本土を征服しようと考えた最初のペルシア王でもあった。

紀元前四九〇年、アテネに近いマラトンに軍勢を上陸させる。第一次になる、ペルシア戦役である。

ただしこのときは、アテネが送った重装歩兵団に完敗を喫するやただちに引きあげたので、第一次ペルシア戦役は、近代オリンピックのマラソン競技に名を遺《のこ》しただけで終わった。

この十年後の前四八〇年、今度はダリウスの息子のクセルクセスが、二十万の大軍を率いてギリシアに攻めこんでくる。

しかし、この第二次ペルシア戦役でも、一敗地にまみれて引きあげざるをえなかったのは、ペルシアのほうであった。

アテネ人のテミストクレスが率いて圧勝した、「サラミスの海戦」。スパルタ人のパウサニアスの指揮よろしく、完勝に終わった「プラタイアの会戦」。

アケメネス朝ペルシアの王たちは、ギリシアに侵攻するたびに、痛打を浴びて敗退するしかなかったのである。

とくに、自ら率いてきた大軍の壊滅を眼《ま》のあたりにしたクセルクセスは、首都スーザにもどった後は王としての公務を投げ出してしまう。

性格破綻《はたん》を起していたクセルクセスが、すべてを忘れようとして専念したのが、ペルセポリスを最美の都市に作り変えることであった。

中でも王宮の美しさはギリシアにも伝えられたほどだったが、それも、絶望と自己嫌悪《けんお》を忘れるために成されたことの成果であったのだ。

この時期以降、ペルシアの王たちはギリシアに手を出さなくなる。手を出そうものなら大火傷《やけど》を負うことを、肝に銘じて知ったからである。

とは言っても、完全に手を引いたわけでもなかった。

完全に手を引いていたのは、テミストクレスの後を継いだペリクレスによってアテネが、「デロス同盟」を使ってエーゲ海をギリシア人の海にしていた三十年間で、ペリクレスの死後は再び触手を伸ばしてくる。

ただし、この時期の対ギリシア戦に用いたのは、軍事力ではなく資金力。スパルタに経済援助を与えることで、ギリシアの二大強国であったアテネとスパルタの同志討ちを謀《はか》ったのだ。

三十年近くもつづいた「ペロポネソス戦役」は、前四〇四年、アテネの敗北で終わった。エーゲ海をギリシア人の海にしていた、「デロス同盟」も崩壊する。

その結果、「デロス同盟」が機能していたからこそギリシア人の海港都市でありえた小アジアの西岸部一帯は、再び第一次ペルシア戦役以前にもどって、ペルシアの支配下に組みこまれてしまう。

そして、アテネが敗北した前四〇四年から、アレクサンドロスがヘレスポントス海峡を越えてアジア側に進攻した前三三四年までの七十年間、ギリシア世界の東半分はペルシア支配下、という状態でつづいてきたのであった。

それが今では、エーゲ海どころかペルセポリスまでも手中にしているのは、ギリシア軍を率いるマケドニアの若き王である。

アレクサンドロスはこのペルセポリスに、バビロンやスーザよりは長く滞在している。

翌春の行動再開を前にして、兵士たちを休ませるためであったのはわかっているが、その滞在中にアケメネス朝歴代の王たちの墓所を参拝してまわった彼の胸中の想いまではわからない。

いつでもどこにも同行し、何でも打ちあける仲であったヘーファイスティオンは、打ちあけ話を記録して残すなどという、礼儀に欠ける行為はしない男であったからだ。

それで、ペルセポリス滞在中の二十五歳の胸中は想像するしかないのだが、アレクサンドロスには、自分は第三次ペルシア戦役を遂行するために来たのだ、という想いがあったのではないか。

第一次ペルシア戦役当時の、アテネ人のミリティアデス。

第二次ペルシア戦役を勝利に導いた、アテネ人テミストクレスにスパルタ人のパウサニアス。

そして自分は、第三次になるペルシア戦役を、勝利で終えようとしている、と。

このペルセポリスでも、「地方長官《サトラペ》」にはペルシア人を任命していた。

また、王宮内に置かれていたアテネ製の二体の彫像を、アテネに向けて送り出している。

この二体の彫像は、第二次ペルシア戦役でアテネに侵攻したクセルクセスが、戦利品として持ち帰っていたものである。この二体のギリシア彫刻の傑作は、百五十年ぶりに故国に帰ったのだった。

しかし、アレクサンドロスは、ペルセポリスの王宮の炎上は命じた。パルメニオンは反対したが、若き王は考えを変えなかった。

第二次ペルシア戦役当時、ペルシア王クセルクセスは、アテネの都市全体を炎上させていたのである。

自分が炎上させるのは、ペルセポリスの町全体ではなく、クセルクセスが飾り立てた王宮だけだ、という想いで決行したのかもしれない。

また、王宮を焼き払うのは、アレクサンドロスにしてみれば、アケメネス朝ペルシアの滅亡を、ギリシア人に、そしてペルシア人にも得心させるには、やらねばならないことであったのだ。

ペルシアは、今後とも存続する。しかし、アケメネス朝ペルシアは、彼らの居城であった王宮とともに消滅する、と。

そのアレクサンドロスは、キュロスを始めとするアケメネス朝ペルシアの王たちの墓所には、いっさい手をふれさせていない。破壊行為などは、絶対にさせなかった。その中には、第一次ペルシア戦役を仕かけてきたダリウス一世や、第二次でアテネを炎上させた、クセルクセスの墓もあったにかかわらず。

生前の行為がどうあろうと、死者への冒瀆《ぼうとく》行為には絶対に手を染めなかったのも、彼の性格なのだ。たとえそれが敵であった人のものでも、墓所とは死者に残された、最後の安住の地でもあるのだから。

アレクサンドロスとは、相当な自己中心主義者だったが、相手の立場に立つことも知っていた男であった。

紀元前三三〇年春、再び軍勢を率いた二十五歳は、今度は北西の方角にあるエクバタナを目指す。ペルシアの王たちが夏の離宮を置いていた町であった。

メソポタミア地方を行くのとはちがって山岳地帯を縫っていく行軍になるが、この一帯でももはや、若き征服者の前に立ちはだかる部族もいなくなっていた。小高い丘の上に建つエクバタナは夏でも涼しく、そのうえ防御の設備も整っており、さらにラガエ（現イランの首都テヘラン）を通って、カスピ海にも近い。

例によって無血開城で手中にしたこのエクバタナをアレクサンドロスは、ペルシア帝国の東半分を制覇するための、前線基地にすると決めていた。

と言っても、前線基地とはしばしば帰ってくる基地のことだが、アレクサンドロスには、出て行ったきり容易にはもどってこないという癖がある。だから、前線基地と言うより、彼の場合は、後方に置いた補給基地の色合いのほうが強い。

このエクバタナに、パルメニオンを残していくと決める。各種の情報によれば山岳地帯の連続になるという東方に同行させるには、七十歳になっていたパルメニオンにはきつすぎた。それで、これ以上は王に従《つ》いての東征には同行しなくても、重要な任務であることでは変わらない、後方基地の責任者の地位を与えたのである。なにしろ軍勢も、半ばはパルメニオンに残していくのだから。

しかし、このこと以上に重要な決定を、二十五歳はエクバタナ滞在中に行い、しかもただちに実行している。

そして、これを実施に移すことができたのも、エクバタナ滞在中に受けた嬉《うれ》しい知らせが影響していた。

スパルタの最終的な退場

ギリシアにおけるマケドニアの覇権に唯一《ゆいいつ》公然と反対してきたスパルタが、ついに最終的に凋落《ちょうらく》したという知らせだ。イッソスの戦場から逃げ出して自国にもどっていた傭兵《ようへい》を中心にしたスパルタ軍が、ペロポネソス半島のメガロポリスの近郊でマケドニア軍と対戦し、五千人以上の死者に王も戦死する大敗を喫したという知らせであった。

スパルタの最終的退場は、これから中央アジアに分け入ろうとしていたアレクサンドロスにとっては、二重にも三重にも喜ばしい知らせであったろう。

第一に、すでに彼の母国と言ってもよいギリシア全域が、これによって完全にマケドニアの覇権の下で安定化したこと。

第二は、これまでペルシアと通じていたギリシア内の勢力が、スパルタの大敗によって消滅したこと。

忘れてならないのは、ペルシア王ダリウスはいまだ逃走中で、まだ死んではいなかったことである。

そして第三だが、それは、傭兵大国であったスパルタの凋落で、ギリシア世界に、他国の傭兵になった者の運命を悟らせる効果をもたらしたことである。

アレクサンドロスは、自国を捨て他国の傭兵になるという当時のギリシア世界に広まっていた傾向を嫌っていた。ギリシア民族の傭兵化こそがギリシア世界に害をもたらした、と信じて疑わなかったのである。

メガロポリスの会戦で戦死したスパルタ兵の大半は、イッソスの会戦ではペルシア側で闘い、敗戦後にスパルタに逃げ帰っていた傭兵たちであったのだ。

実際、これ以降、ペルシア側で闘うギリシアの兵士はいなくなる。

こうして、アレクサンドロスも、考えていた重要な決定を実行に移せる状況を手にしたことになる。

それはマケドニア兵以外のギリシア兵の全員に、帰国を許したことであった。

「グラニコス」「イッソス」「ガウガメラ」と、ペルシア軍相手の会戦にはすべて勝ってきた。また、バビロン、スーザ、ペルセポリス、そしてこのエクバタナと、ペルシア帝国の主要都市のすべても手中に帰している。

アレクサンドロスは、ペルシア帝国はこれで、崩壊したと考えたのだ。

彼は、六年前にギリシアの全ポリスの代表を召集して開かれたコリントでの会議で、ギリシア兵を率いてペルシアに向う遠征軍の最高司令官に選ばれていた。

ゆえにこれまでの四年間に彼が率いてきたのは、たとえ主力はマケドニア兵でも、全ギリシアの軍であった。

コリント会議で決まった目標は達成された以上、アレクサンドロスには、マケドニア以外のギリシア人を率いていく資格はなくなったことになる。

マケドニア兵には王である彼に従う義務はあっても、アテネやコリントやその他の都市国家から参加している兵士たちには、その義務まではない。彼らは、マケドニアと同盟関係にあるポリスから、派遣されて来ていた兵士であったのだから。

その彼らを帰国させるのは、ここまで率いてきたアレクサンドロスにとっては、当然の行為でもあった。

しかし、マケドニアの若き王は、テッサリア地方から来ていた騎兵たちには、志願兵として残ってくれないかと頼む。

この四年間でアレクサンドロスが彼らに抱いた信頼を感じとっていたテッサリア人は、全員が残ることを承知した。彼ら以外の他のポリスからの参加者の中でも、少なくない数の志願兵が出た。所属する都市国家から派遣された兵としてでなく、アレクサンドロス指揮下の兵士として闘うことを承知した男たちである。

アレクサンドロスは、これまでの四年間で兵士たちからの敬愛を一身に受けるようになっていたが、それはマケドニア出身者にかぎらず、ギリシア全域の出身者にまで広がっていたのだった。

こうして、アレクサンドロスが率いる軍には傭兵が増えていく。

と言っても、コリント会議で禁止されたような、ギリシア軍に敵対する他国の側で闘うスパルタ人のような傭兵ではない。アレクサンドロスの横顔が彫られた金貨や銀貨で給料は支払われるにしても、ギリシア人の敵と闘う傭兵たちであった。給料はマケドニア兵にも支給されていたのだから、ちがいはただ一つ、オレたちの王、と言えないことだけであったろう。

久しぶりにゆっくりと冬休みを過ごしたことの反動か、それともスパルタの凋落でギリシアでの心配が一掃されたためか、エクバタナを後に行軍を再開したアレクサンドロスは、古代の史家にかぎらず現代の研究者たちまでが、「驚異的」と言うほどのスピードと化す。

エクバタナのパルメニオンに残してきた兵士は年長世代で、二十五歳に率いられて山岳地帯に踏みこむのは若い兵士が多かった、にしてもである。

当然である。眼の前にある目標は、逃げるダリウスを追いつめていくこと、ひとつであったのだから。

十一月一日に闘われた「ガウガメラの会戦」が終わってから、十一月、十二月、そして翌年の一月、二月、三月と、会戦の場から逃げ出していたダリウスには、いずれは追ってくること必至のアレクサンドロスとの間の距離を稼ぐには充分な、五ヵ月もの時間があったのである。

それなのに、ペルシア帝国の中枢部をすべて手中に収めたアレクサンドロスが、追撃行を再開した前三三〇年の春、斥候グループが持ち帰った情報では、何とまだ、ダリウスはエクバタナからはさして遠くない、カスピ海の近辺にいるというのだ。

なぜ？　なぜそんなところでグズグズしていたのか。

ダリウスは、「イッソス」「ガウガメラ」と敗北を喫し、しかも自分で逃げ出していながら、彼自身は捲土重来《けんどちょうらい》を期していたからであると思う。帝国中の「地方長官」に総動員をかけて大軍を編成し、アレクサンドロスに雪辱戦を挑む想《おも》いを捨てていなかったのだろう。

それには、今の彼に従いてきているベッソス以下、東方の「地方長官《サトラペ》」だけではなく、帝国中枢部の「サトラペ」まで動員する必要があった。

そのダリウスにとって、帝国の中枢が集まっているメソポタミア地方から離れるのは、決心がつかなかったのではないか。

ダリウスは、五十歳になっていながら、また情報を得ようと思えばそれはまだ可能であった状況にありながら、バビロン、スーザ、ペルセポリス、エクバタナという帝国中枢部の大都市が、そろいもそろってアレクサンドロスの前に無血開城した意味を、冷徹に認識していなかった。

自分の家臣たちのこの変化の原因を、会戦で敗れたがゆえ、と思いこんでいたのである。旧家臣たちが自分を見離したとは、認める気にはなれなかったのだろう。と言って、現に自分に従いてきている帝国東方の「地方長官」たちも信頼していなかった。

「サトラペ」という官職名では同じでも、彼らの本質は、王の下にいる高級官僚ではなく、一応は王の権威に服しているだけの地方豪族の長なのである。ペルシア帝国の文明度は高かったが、それは帝国中枢部の上層の人々だけで、東方の部族のボスたちはそうではなかった。彼自身は文明人であるダリウスにとって、ベッソスとその仲間は信用しきれなかったのではないか。

この王と、王の内心がわかり始めていたベッソス以下の東方のサトラペたちの間が、逃走をつづけていくうちに悪化していったのも当然である。

そしてダリウスには、兵力は持っていても文明度ならば遅れている彼らを、統率していく力まではなかった。

こうした事情もあって、アレクサンドロスは、追撃行に発《た》つ前にすでに、ダリウスとその一行の居場所を、相当な程度に正確に把握していた。追撃に移って以後の行動が速かったのも、当然であったのだ。

ダリウスのほうもさすがに、アレクサンドロスがエクバタナにまで来ているのは知ったようである。

ことここに至ってはもはや、メソポタミア地方から離れたくない想いなどは、捨て去るしかなかった。

ベッソスが「地方長官」をしている、要するにベッソスの領地だが、そのバクトリア地方に向って東への逃避行を再開した。

中央アジアへ

古代のバクトリア地方とは、現代ではイランの東部から始まる地方になる。

古代だけでなく現代でも、イランの東部と西部では同じ考え方をしない。

首都テヘランがあったりすることからイランの西部にあたる地方と、メソポタミア地方がそっくり重なるイラクに住む古代のペルシア人が、「ガウガメラ」が決定戦であったことを正しく認識していたのに反し、現代では中央アジアと総称されるバクトリアから東への帝国東方では、戦闘に負けただけではないか、ぐらいにしか考えていなかったのである。

そのベッソスと、いまだにメソポタミア地方に後ろ髪を引かれる想いのダリウスの間が、悪化する一方になる。ベッソスが何か言うたびに、ダリウスの表情は傍目にもわかるほどで、これがさらに、彼らに従う将や兵たちに伝染していく。逃避行すらも、スムーズにいかなくなっていたのであった。

そこに、スピードそのものという感じのアレクサンドロスが、同世代の若者たちを率いて追ってきたのだ。

追撃行に従えていった兵力だが、まず、「王のコンパニオン」の名で定着している五百の騎兵。これ以外は、投げ槍《やり》兵や弓兵が一千近く。騎兵の一人一人につく従者を加えても二千前後にしかならない、少数精鋭部隊である。

一方、追われているダリウスには、ベッソス以下の部族長たちが率いる万を確実に越える兵力があったはずだが、ダリウスもベッソスも、迎え撃つことなどはもはや頭にない。逃げに逃げ、になる。季節はすでに、夏に入っていた。

ここから、古代から現代までの史家たちがそろって「驚異的なスピード」と評することになる追撃行が始まるのだが、一日の踏破距離が六十キロから八十キロになったというのだから、これはもう「驚異的」とするしかない速さだった。それも、睡眠や食事やしばしの休憩の時間まで加えての踏破距離である。

まずは、今ならばテヘランになるラガエに向う。そこで、ダリウスはすでに、「カスピの門」と呼ばれていたこの地方の「嶮《けん》」を越えて逃げたと知る。

その夜はラガエに泊まったが、翌朝早くに追撃行を再開した。「カスピの門」までの八十キロを、休息も何もとらずに、一気に踏破しようというのである。

しかし、「カスピの門」も間近という距離にまで来たところで、バビロンの「地方長官」に任命していたマザイオスの息子が息せききって追いついてきた。そして、父からと言って、手紙を差し出した。

それには、さすが一年前まではペルシアの高官であったことを示して、貴重な情報が記されてあった。

ベッソスとその仲間である「地方長官《サトラペ》」の三人がダリウスを捕え、捕囚の身に変わった王を連れて、さらに東に向って逃走中、というのだ。しかも、廃位にしたダリウスに代わって、ベッソスがペルシア王を称している、というのだった。

アレクサンドロスは迷わなかった。ただちに「カスピの門」を越え、それまで以上の速さでの追撃行に移る。

マザイオスが伝えてきた、王が捕われたという地までは数日の距離があったが、これも二日、実際には三十六時間、で踏破した。

だが、着いたときはすでに、捕われの王も加えたベッソスの一行は発った後だった。

アレクサンドロスは、さらに十六時間もの強行軍で追う。

しかしここでも、着いたときは、ベッソスは一日前に発ったということを知っただけだった。

さすがにアレクサンドロスも、二日遅れについでまたも一日遅れという追撃行を、これ以上くり返す気はなかった。

それで、距離を稼ぐためにと、騎兵の全員に、予備として連れてきていた馬を、歩兵たちに貸し与えるよう命じた。こうして、全員が騎兵になる。

アレクサンドロス自身は、この追撃行を戦闘と考えていたのか、愛馬ブケファロス

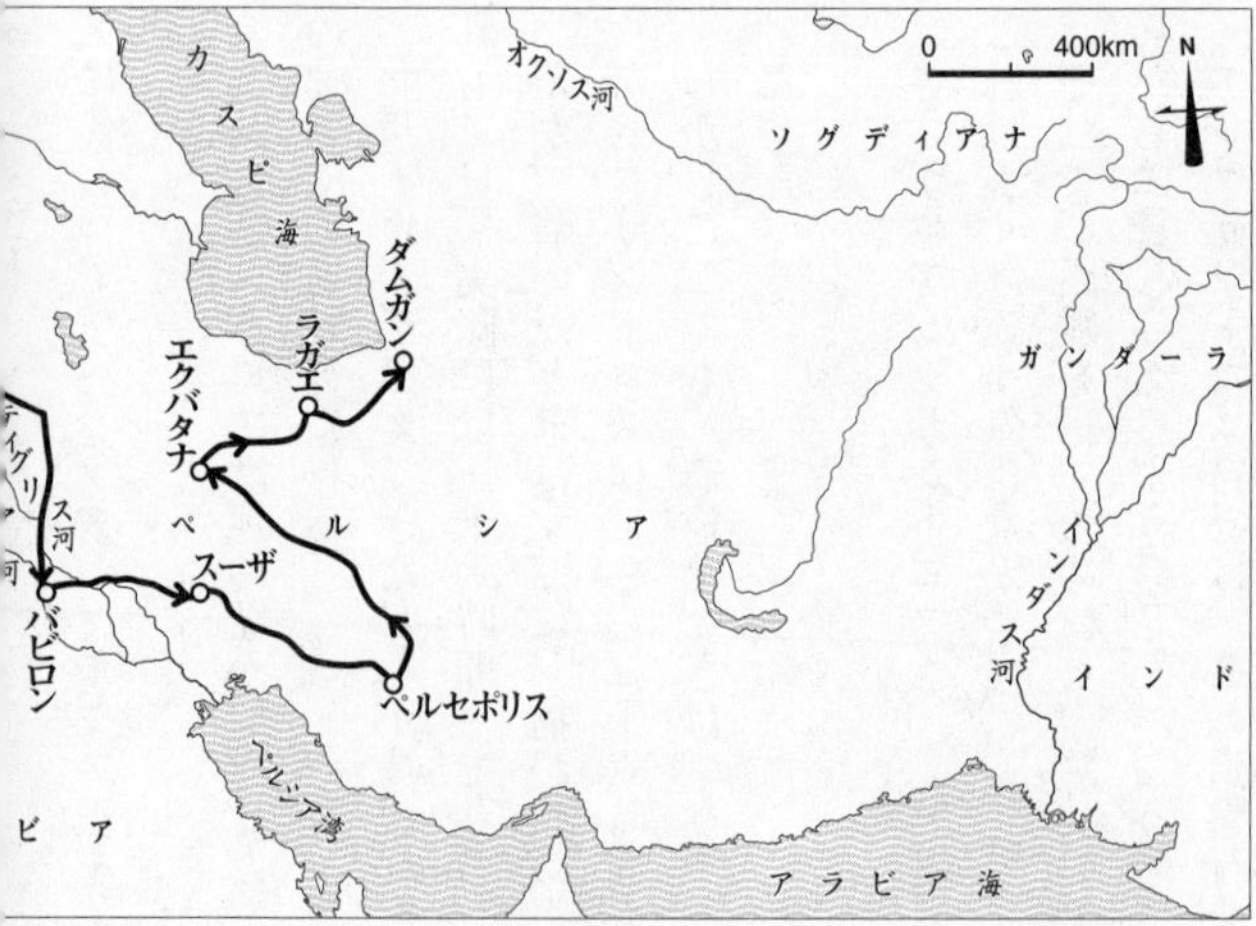

中央アジアへ

に乗っていたが、彼もまた予備用の馬を歩兵に貸し与えたのである。

　さらに、逃げるベッソスの一行が立ち寄らざるをえないこの地方唯一の町ダムガンまで、近道をとることも決めた。

　近道とは、道などは通っていない砂漠を行くことになる。エジプトで砂漠地帯の踏破も経験済みの彼には、砂漠だからと言って躊躇《ちゅうちょ》する理由はなかったのだろう。

　ところが、このときはどうやら、飲料水の準備までは忘れていたようで、砂漠を行く間、アレクサンドロスをふくめた全員が渇《かわ》きに苦しむことになる。

それでも一夜で、八十キロは踏破した。

この速さには、追われる側も驚いた。彼らも、アレクサンドロスの手に落ちないために、逃避行の邪魔になるものはすべて捨てて逃げることにする。捨てて行ったものには、ダリウスもふくまれていた。地方長官の三人は、剣で突き刺したダリウスを、道端の草むらの中に捨てて逃げたのである。

それで、全速力で敵を追っていたアレクサンドロスは気づかずに通り過ぎてしまったのだが、後から来た兵士の一人がそれに気づく。その兵士は、先を行くアレクサンドロスに知らせるために同僚を走らせた後で、豪華な衣服のままで倒れているダリウスに近づいた。

兵士は、まだ息がある王に水をふくませることはできたが、急報を受けたアレクサンドロスが急遽《きゅうきょ》もどってきたときには、もはやダリウスの息はなかった。

マケドニア王はそのダリウスを、しばらくの間、黙って見降ろしていた。

そして、身につけていたマントを脱いで遺体をおおった後で、集まっていた部下たちに命じた。

王の遺体は、生前の彼が占めていた地位にふさわしいやり方で、スーザにいる母后のもとに送り返すこと。

また、葬儀も、ペルシア王ダリウス三世として、挙行されねばならないこと。

しかし、ダリウスを追ってきたのだからダリウスさえ渡してしまえば追撃行は中止になるだろうという、「地方長官」三人の期待は裏切られることになる。すぐにつづけて、ではなかったが、アレクサンドロスは、追撃行自体はやめなかったからである。

重傷を負わせた王を捨てて逃げた「地方長官《サトラペ》」三人への追撃行は、一年後に再開される。「驚異的」な速度は、さらに増していた。

日一日と、追われる側と追う側の距離は縮まるばかり。この状況下で、ベッソスと他の二人の「地方長官《サトラペ》」の仲が割れた。

今度は、逃避行に邪魔だから捨てていくものは、捕われてぐるぐる巻きにされたベッソスになる。

置き去りにされたベッソスに、アレクサンドロスは会おうともしなかった。

だが、オリエントの男にとっては死よりも恥辱になる、裸体にして縛りあげよ、とは命じた。

アレクサンドロスがベッソスを見たのは、道の端に引きすえられたその状態の彼に、一瞥《いちべつ》をくれたときだけである。

その後で、ベッソスをエクバタナに護送するよう命ずる。アレクサンドロスが任命したとはいえ今ではその町の地方長官《サトラペ》になっている人に、ペルシアの法に基づいた裁判に処すよう命じたのである。ペルシア帝国の法では、王を裏切った者は死罪と決まっていた。

バクトリアの地方長官で「ガウガメラの会戦」では左翼を率いたベッソスの生涯は、こうして終わった。

彼を捨て置くことでアレクサンドロスの追撃をかわそうと考えた二人の「サトラペ」は、その後半年間は、逃れるのに成功する。

だが彼らも、アレクサンドロスが、いったん始めたことを中途で投げ出す男ではないことを知らなかった。結局は捕えられ、ベッソスと同じ「裏切り」の罪で死刑に処された。

しかし、帝国東方の「地方長官《サトラペ》」三人の始末の中でも重要なのは、バクトリア地方の地方長官のベッソスの始末である。

それが、ダリウスの死からベッソスの始末まで、ほぼ一年が空いている。いったん始めれば最後まで行くアレクサンドロスにしては、珍しい空白期間であった。

なぜ、この一年は空いてしまったのか。

ペルシア王ダリウスの死の後のアレクサンドロスに、一度として遭遇したことがなかった悲劇が襲っていたからである。

これまでのアレクサンドロスならば、彼の決定を願って持ってこられる一千の問題でも、右に左にという感じであざやかに処理していた。

だが、この問題だけは、二十六歳の心を傷つけ、深く考えこませる。

初めて、まったく初めて、反アレクサンドロスの動きが起きていたのだ。

しかもそれが、「王のコンパニオン」という、少年の頃からの学友仲間の間に起きていたのである。

戦場からは逃げても生きているかぎり、ペルシア王ダリウスには、軍を再編成してアレクサンドロスに対して起《た》つ資格があった。

それがわかっていたアレクサンドロスの「友人」で成るマケドニアの高官たちにも、不安はあったのである。その不安から彼らは、アレクサンドロスの下で一丸となってきたのだ。

その不安が、王の死で解消する。解消したことで安心した彼らの心中に、わずかにしろゆるみが生れたのではないか。

いずれにしても、二十六歳にして初めて直面した難問題であった。

人より先に進む者の悲劇

マケドニア軍の上層部に芽生えていた王に対する不満は、次の五つのことに起因していた。
一、敗者であるペルシア人を、「地方長官《サトラペ》」に任命したりして厚遇していること。

二、王の前では平伏して恭順を誓うペルシア人の慣習を、勝者であるマケドニア人にも強いたこと。

三、豪華な絹織りのペルシア風の衣服を身にまとったり、金銀や宝石で飾りたてた玉座に坐《すわ》ったりして、質実剛健であるマケドニア人であることを忘れ、ペルシアの軟弱な生活様式のほうに魅了されたようであること。

四、エジプトで「神の子」という神託を受けたことを、アレクサンドロスは信じきっているのではないか。これまでの連戦連勝も、神の子だからできたのだと思って。戦闘には、われわれも敢闘したから勝てたので、彼一人の力によったのではないことを、忘れているのではないか。

五、ダリウスの死によって、アケメネス朝ペルシアは滅亡したのだ。ペルシア帝国を壊滅するのが、ギリシアの各ポリスが集まったコリントでの会議の決議であった以上、その総指揮をアレクサンドロスに託した東征の目標は、もはや達成されたことになる。

実際、アレクサンドロスも、ギリシアのポリスからの参加兵たちは、それぞれの国に帰している。

ところがアレクサンドロスは、自下のマケドニア兵と志願して残ったギリシア兵を

率いて、王を殺した人を殺すと言って、さらなる東征に向おうとしている。これでは
われわれが、マケドニアに帰国できるのはいつのことになるのか。
もしも私がアレクサンドロスの弁護人であったならば、最終弁論では次のように言
ったろう。
一、アレクサンドロスは、東征が成功裡《り》に進むにつれて、マケドニア人やそれ以外
のギリシア人だけでは、とうていこの大帝国は統治していけないことがわかったのだ。
敗者になったペルシア人までも巻きこまないかぎり、いかに会戦では連戦連勝して
も、その後にくる統治となると不可能であることがわかったのである。
ただしそれは、ペルシア帝国時代の諸制度を、そのまま受け継ぐことではなかった。
ペルシア帝国下での官職名である「地方長官《サトラペ》」の名称は残したが、その権限は、行
政・軍事・財政と三分割し、ペルシア人の「サトラペ」の管轄《かんかつ》は、行政だけに縮小し
ている。ペルシア時代のように、「地方長官」が軍勢を率いて闘うことは許していな
い。軍事の分野は、彼の部下であったマケドニア人たちにまかされていたのだ。
小アジアですでに始めていたこの統治方式が、中近東ではフェニキア人やパレステ
イーナ人、エジプトではエジプト人になっていたのを、ペルシアではペルシア人にな

ったにすぎなかった。なぜなら、その地方の住民と接するのが仕事の「地方長官《サトラペ》」には、その地方の言語を解しその地方の生活習慣も知る人を起用するほうが、理に適《かな》っていたからである。

敗者を支配するには、敗者にも存在理由を与えてやるのが、最も合理的でそれゆえに持続性も望める統治法なのであった。これもまた、後のローマ人が、完璧《かんぺき》なまでに受け継いでいくことになる。

二、平伏低頭の挨拶《あいさつ》方式を厳しく批判したのは、ローマ時代の史家たちである。ローマ人の帝国とは、東征したアレクサンドロスとちがって、西征した成果であったとしてもよい。

しかも、ローマが支配下に入れたユーフラテス以西のオリエントに住む人もエジプトに住む人も、アレクサンドロスによってすでに相当にギリシア化していた世界の住人である。ヨーロッパにはもとよりなく、また相当にギリシア化していたオリエント人にももはや見られなくなって久しい平伏低頭に、ローマの有力者たちは直面する必要すらなかったのだった。

しかし、アレクサンドロスは直面していたのだ。神の子でなければ服従する気になれないエジプト人や、ひれ伏さなければ恭順の意を表した気になれないペルシア人を、彼は統治していかねばならなかったのである。

それで若き王も、敗者だからというのではなく単に現地式だからそれを受け入れたのだが、初めのうちは深くも考えずに、自下の将たちも同じようにするのが当然と思っていたらしい。

これが、自分たちは勝者でペルシア人は敗者、と思っている彼らの反撥《はんぱつ》を呼んでしまったのである。

と言って、マケドニア人に対しても、ペルシア式の平伏低頭が以後も、くり返し強いられたわけではなかった。

自然に消えていったのだが、私の想像では、それには次のような場面も効があったのではないかと思う。

ある日、王の接見に出るためと完全礼装に身を固めたヘーファイスティオンが、一人で考えごとでもしていたアレクサンドロスの部屋に入ってきた。

そして、その格好でペルシア式に、ひれ伏して床に頭をすりつける挨拶をしようとする。

ギリシア式の軍装だから、ひざまずいただけでも、ガチャガチャとうるさい金属音がする。平伏するや、ガチャガチャは一段と高まり、うるさいくらいではすまないほどの騒音になる。そして、床に頭をすりつけたのはいいものの、そのまま起きあがれなくなってしまった。

この友の姿を、初めのうちは唖然《あぜん》と見ていたアレクサンドロスだったが、手を貸して起きあがるのを助けてやりながら、ゲラゲラと笑い出してしまう。それでようやく起きあがれたヘーファイスティオンだが、彼も笑い出す。まるで少年の頃にもどったかのように、二人は、誰はばかることなく愉快に笑い合ったのだった。

ヘーファイスティオンはアレクサンドロスに、ギリシア人にペルシア人のまねをさせると、いかに見苦しくこっけいな様《さま》になるかを、自分でやって見せることで気づかせたのである。

と言って、平伏低頭しないと恭順の意を表した気になれないという、ペルシア人の問題は残る。

これもおそらくヘーファイスティオンが動いた結果と思うが、王との接見は、ペルシア人だけのときとマケドニア人だけのときに、分けるようになったのだった。

ただし、このような政治的には微妙な決定を公《おおやけ》にするわけにはいかない。ゆえに、自分たちにもいつかは平伏低頭が再開されるかもしれない、というマケドニアの上層部の不安は残ってしまったのである。

彼らの王への不満の第三になる、アレクサンドロスのペルシア様式嗜好《しこう》だが、これはもう、アレクサンドロスという人間を理解していたか、それとも、自分の立場に立ってしか考えられず、他者の立場に身を置く想像力には欠けていたか、のちがいに帰すしかない問題になる。

コスチューム・プレイの嗜好はない私でも、中国に行ったときは中国服を着てみたいと思ったし、インドを訪れたときは、サリーを一式買ってきたくらいである。イタリア人の女友達は私に、本式のキモノを一度でいいから着てみたいと言いつづけている。アレクサンドロスはしばしば、実際の彼の年齢以上の成熟さを示したが、一方では、二十代の若者らしい好奇心は持ちつづけていた。コスプレのたぐいであった、とまでは言わない。だが、自分でも着てみたい、という気持ならばあったのではないか。

それに、豪華ではあっても重くてゆったりとしたペルシア風の衣服は、何をやってもスピード大好きの彼には都合が悪すぎた。足首までおおうあの長さでは、まずもって馬に乗れない。「ダイヤの切っ先」など、やれるものではなかった。ダリウスがしたように、戦場にさえも、戦車に乗っていくしかないのだ。

そのようなことをアレクサンドロスが好むはずはないので、ペルシア式の衣服に袖《そで》を通すのは、宮殿内での休息時ぐらいではなかったか。行軍中の陣幕の中では、素っ気ないくらいに実用的なマケドニア式で通したであろうと思う。いや、そうでなければ、征服者などはやっていられないのであった。

次いでは、彼ら上級将校たちの間に芽生えていたアレクサンドロスへの不満の第四だが、これは「神の子」がどうのこうのという問題よりも、アレクサンドロスがどのような宗教観の持主であったかが問題になる。

古代では、ギリシアでもローマでも、軍勢の行くところ必ず占い師が同行していた。これから始まる戦闘が、吉兆の下《もと》に行われるか、それとも凶兆の怖《おそ》れがあるかを、戦闘の始まる前に占うのである。総司令官が兵士に向けて行う激励演説は、この占いセレモニーが終わった後だ。

あるときも、アレクサンドロスの軍に同行している占い師がそのためのセレモニーをしていたのだが、アレクサンドロスもそれは、終わるまで黙って聴いていた。

ところが、これが終わって兵士たちへの激励演説を始めていた彼を、占い師が、王の演説にしては敬神の想いがこめられていない、と言って批判した。それに若き王は、ただちに言い返した。

「わたしは、ヘラクレス神に扮装《ふんそう》したおまえが儀式を行っている間、邪魔をしなかった。だから、わたしの演説も邪魔しないでもらいたい」

このように、今日から見れば政教分離としか思えないことを言う人が、「神の子」と言われて、それを頭から信じていたであろうか。

われわれだって、全力を投入した仕事が成功したときなどに、オレって天才かも、と思うことだってあるではないか。それが古代人のアレクサンドロスでは、あざやかに勝利したときなどに、オレは神の子かも、と思っただけなのである。

なにも、いつも神の子だと思っていたのではない。だからそれを非難するのは、オレは神の子かも、などは一度も思ったことのない人の過剰反応にすぎない。

それに、人間が関与するならばすべて、それが戦闘であっても、他者の協力があったからこそ成功したことを誰よりも知っているのは、当の最高司令官その人、である。

アレクサンドロスは、二十歳の年から「最高司令官」だけできた男なのであった。

次いでは、彼らの不満の最後になる、ダリウス死後もなぜ東方への制覇行をつづけるのかだが、この問題ほど、アレクサンドロスとその配下の将たちの、戦略に対する考え方のちがいを示していることもない。

たしかに、ペルシア帝国の中枢部《ちゅうすうぶ》であるメソポタミア地方の制覇は成り、ダリウスの死によってペルシア帝国も崩壊した。

しかし、メソポタミア地方で覇を唱えたこれまでのすべての王朝は、大河ティグリスの東から始まる、現代ならばイランの東部、アフガニスタン、パキスタン、北に行ってトルクメニスタン、ウズベキスタンという山岳地帯の人々の襲来によって滅びたのである。二千年以上が過ぎている現在でもなお、中東の安定は、その東側に位置する各国の動向に左右される事実が示しているように。

古代ではペルシア帝国の東半分が、この問題多き「中央アジア」なのであった。

そして、ダリウスを殺したのは、この地方が勢力基盤のベッソス以下の三人の「地方長官」、つまり三人の有力者である。

この三人は、アレクサンドロスの追撃をかわせたにしてもその後にはいずれ、メソポタミア地方を脅《おび》やかしてくるに決まっていた。アレクサンドロスにとっては、この問題を放置するのは許されることではなかったのである。

この地方に攻め入るのは、マケドニア主導下においてのギリシアとペルシアを融合した大帝国を夢見るようになっていたアレクサンドロスにとっては、単なる征服欲によるのではなく、冷徹な戦略に立っての必要からであったのだった。

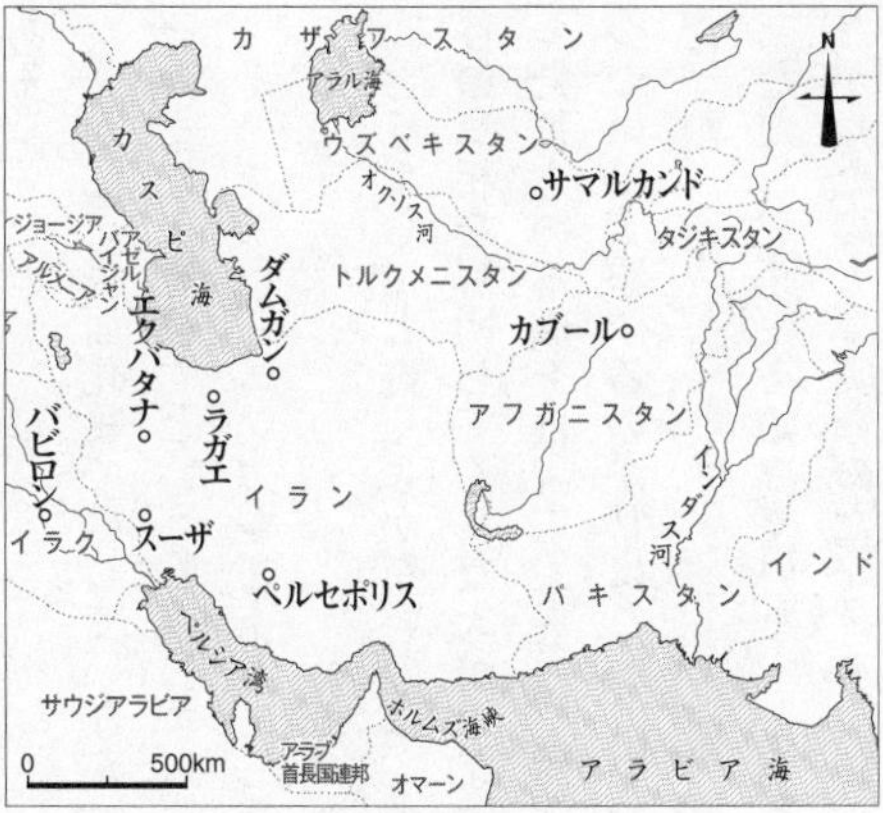

中央アジア

しかし、不満を抱き始めていた同僚たちを前に、王の立場を弁護した者はいなかった。

もしもこの不満が表面化していたら、必ず誰かが弁護に起《た》っていただろう。まずもってアレクサンドロス自身が、説得に起っていたにちがいない。マケドニア王の宮廷は、上下の差が歴然とあったペルシア王の宮廷とちがって、行軍中はとくに、「宮廷」というよりは大学の運動部あたりの「合宿」、と言ったほうが似合っていたからである。

しかし、表面化まではしていなかった。このような場合、胸中にあるだけの不満は、そのまま王を殺すという陰謀にエスカレートしていきやすい。

そして実際、エスカレートしてしまうのである。

どうやら、と書くしかないのは、古代の史家から現代の研究者に至るまで、この事件の真相を解明してくれた人がいないからだ。王の暗殺にまでエスカレートしてしまった彼らの不満とは、「ダイヤの切っ先」になって突っこむアレクサンドロスの後につづいて突撃するのが常になっていた、マケドニアの騎馬軍団の中に芽生えていたのだった。

ただし、芽生え始めていた、というだけで、いまだ具体的な計画までにはなっていなかったのも事実なのだが。

とはいえ、問題は深刻だった。もはや「王のコンパニオン」の名で定着していた、アレクサンドロスが最も信頼してきた友人たちが関与していたからである。

そして、未然に発覚したこの陰謀の糸をたぐり始めたら、フィロータスに行きついてしまったのだ。

アレクサンドロスよりは四歳年長だったフィロータスは、パルメニオンの長男になる。

これまでアレクサンドロスはこのフィロータスに、騎馬軍団の総指揮という大任を与えつづけてきたが、先王フィリッポスの頃からの重臣で、アレクサンドロスの時代になっても次席を務めつづけてきたパルメニオンの息子だから、というわけではまったくない。

フィロータス自身が、実に優秀な武将であったからである。

また、フィロータスのほうも、これまでの四年間、若き王の信頼に充分に応《こた》えてきた。

「グラニコス」「イッソス」「ガウガメラ」の会戦ではいずれも、先頭を切って突っこんでいくのはアレクサンドロスでも、その後にぴたりとついて突撃することでマケドニア軍の攻撃面を背負っていた騎馬軍団の総指揮は、常にフィロータスにゆだねられていたのである。

平原を舞台にしての会戦では三千騎、ダリウスの追撃行では五百騎と、フィロータスが統率する騎兵の数は増減したが、騎馬軍団という、マケドニア軍の主戦力の統率をまかされていたことでは変わりはなかった。

アレクサンドロスの陣幕に断わりもなく出入りできる、少数の人の中の一人でもあったのだ。

では、三十歳になっていたフィロータスが、アレクサンドロスの暗殺を仕組んだのか。

答えは、完全にNO。

彼は、そのような行為には手を染めていなかった。

ただし、漏れ伝わるようにして耳には入るようになっていた不穏な空気を、アレクサンドロスには伝えなかったのである。

ではなぜ不満組は、フィロータスには告げていながら、ヘーファイスティオンには告げなかったのか。

ヘーファイスティオンと王が特別な仲にあるのは誰でも知っていたからだが、フィロータスと王の間は、少しにしても距離があったからである。また、パルメニオンの息子であることからも、ペルシア人登用が面白くない守旧派につながる一人、とも見られていた。

実は、未然にしろこの陰謀が発覚したのは、ダリウスが殺された後の諸々の処置をすませたアレクサンドロスが、ベッソス以下の王殺害の犯人追撃を再開していた行軍中のことなのである。しかも、ベッソスが「地方長官」をしていたバクトリア地方、今ならばアフガニスタンに深く攻めこんでいた時期のことであったのだ。

次々と現われる山並を越えていく行軍中に、このような問題の解決を迫られたアレクサンドロスは、どんな想いであったろう。自分の信頼を裏切ったとすれば、その彼らはすぐそばで並んで馬を駆る男たちなのである。

それでも若き王は、完璧に自己を制御する。高位の人を裁くのは、その同僚である軍の高官たちを集めた場で成されねばならないという、マケドニア王国の法を忠実に実行したのである。

こうして、フィロータスの運命は彼の同僚たちに預けられたことになる。裁定が下されるまでの間、アレクサンドロスは一人、陣幕の中に留まっていた。

裁かれるフィロータスも、裁く側になったヘーファイスティオンもクラテロスらの高官たちも、スパルタ人のレオニダスから、アレクサンドロスとともにスパルタ教育を受けた少年の頃からの学友仲間である。

この、かつての学友たちを前にして、以前から気位の高いことで知られていたフィロータスは、無実を主張しながらも終始、昂然《こうぜん》とした態度は崩さなかった。もしも王を殺す意図があったならば、少なくとも日に二度は王の陣幕に武装したまま出入りしていたのだから、いつでもやれた、と言ったのである。

しかし、「王のコンパニオン」と呼ばれていた騎馬軍団の中に不穏な空気が漂い始めているのは知っていた、とは認めた。

そのフィロータスに、裁く側の一人が問う。王とそれほども近い関係にあったのに、なぜそれを王に告げなかったのか、と。

フィロータスは言った。告げ口をするのは自分のやり方ではない。それに、王への報告に値するほどの具体的な計画ではないと思ったから告げなかったのだ、と答えたのだった。

ここに、フィロータスが犯した誤りがあったのだ。

情報とは、すべてでなければ情報にはならない。下にいる者がふるい分けたものを上にあげるのでは、真の意味の情報にはならない。

ふるい分けは、トップがするのである。

以前にパルメニオンが告げてきた、医師のフィリッポスがペルシア王に買収され、その彼が調合した飲み薬には毒薬が入っているかもしれないという情報を、と言うよりは噂《うわさ》を、アレクサンドロスは問題にしなかった。子供の頃からの家庭医への信頼を、優先したからである。医師にはパルメニオンからの手紙を読ませる一方で、彼のほうは、その医師が調合した薬を飲んでいったのだ。

噂よりは子供の頃からのホームドクターを信ずると、アレクサンドロスが判断したからであった。

下にある者は、判断、つまり情報のふるい分け、などはしてはならないのである。

フィロータスは、それをしてしまったのだ。知っていながら報告を怠っていたという罪を、犯してしまったのである。

しかも戦闘続行中という、味方の内部では完璧に統率が取れていなければならない時期に。

フィロータスは、旧友の誰一人も反対票を投じなかったという全員一致の裁決で、反逆の罪によって死刑に処された。陰謀には無実を主張しつづけた彼だったが、まったくの無実で処刑されるとまでは、思っていなかったかもしれない。

もしもアレクサンドロスが殺されでもしたら、後を継ぐのに順当な人は、次席であるパルメニオンになる。だが、この老将はすでに七十歳。このパルメニオンにいずれ訪れる死の後にその地位に就くのは、マケドニアの貴族という生れからも今占めている地位からもその能力からも、フィロータスになるのが最も順当な成行きになる。

その想《おも》いが、フィロータスの頭の片すみにでもあったのではないか。それで、知っていながら王には告げなかったのではないだろうか。少なくとも日に二度は会っていたのだから、告げる機会には不足していなかった、にかかわらず。

しかし、アレクサンドロスが直面した難題は、フィロータスの死で解決したわけではなかった。ほかにも数人の関係者は死刑になったが、パルメニオンをどうするかがまだ残っていたのである。

これまでに彼があげてきた業績と、今なおこの老将が占めている、マケドニア軍内での重要な地位があった。とはいえマケドニアには、息子の罪は父親にも責任がある、という不文律があったのだ。

このパルメニオンを、高級将校たちが裁く軍事法廷に引き出すことはできなかった。

まずもって、兵士たちに与える影響が大きすぎた。

ここはもう、王であるアレクサンドロスが、一人で決断しなければならない問題になる。

古代の史家たちは、アレクサンドロスは、エクバタナに残っていたパルメニオンの許《もと》に急遽、三人の刺客《しかく》を送った、と書いている。

だが、この三人とはアレクサンドロスの下にいる三人の武将で、彼らが王から命じられていたのは、会ったらその場で殺せ、ではなく、持参したフィロータスの裁判記録をまず読ませ、その後で自死を勧め、それでもパルメニオンが自死を拒否するようだったら刺せ、と命じられたのではなかったかと思う。だが、このとき初めて、パルメニオンは息子の身に起ったすべてを知ったのである。

七十歳になっていた老将の胸中は、想像するだけでも哀《かな》しい。

彼には三人の息子がいたが、次男は「グラニコスの会戦」で戦死し、三男はエジプトに行くまでの戦闘中に死に、一人残った長男、それも三人の中では抜きんでて才能に恵まれていたフィロータスまでが、今や亡《な》き人になった。

そして、今までは、何であろうと王に報告してきたのがパルメニオンである。知っていながら、重要と思わなかったから報告しなかったという息子が、立場をわきまえていなかったことは認めるしかなかったろう。

しかし、父親のほうは何も知らなかったのだ。パルメニオンの罪はただ単に、フィロータスの父親であったということにつきる。

そのことは、パルメニオンに自死を勧めたアレクサンドロスが、誰よりもわかっていたにちがいない。

とはいえ、もしも老将が王の勧めを拒絶したとしたら、マケドニア軍はどうなるだろう。

パルメニオンは、今や騎馬軍団と並んでマケドニア軍の主戦力であることはペルシア人でも知っている、巨大なハリネズミのような「ファランクス」を、先王フィリッポスとともに生み育ててきた人である。

そのパルメニオンが反アレクサンドロスで起《た》ったとしたら、少なくない数のハリネズミたちも従《つ》いていくかもしれない。

そうなっては、ペルシア帝国は滅亡させたというのに、マケドニア王国のほうも分裂してしまうことになる。

それはパルメニオンにとって、彼の一生が無駄であったことを示す以外の何ものでもなかった。しかも彼は、盟友と言ってもよい仲であった先王の後を継いだアレクサンドロスの才能を完全に認めていたし、自分の息子でもあるかのように愛してきたのである。


このパルメニオンがどのような死を迎えたかを伝えてくれる、確実な史料はない。史料がないから、想像するしかない。それで想像するならば、次のようになる。

父の代からの老将は、刺客たちが手を下す必要もなく、自らの死を従容《しょうよう》として受け入れたろう。まるで、若き王への最上の贈物でもあるかのように。そしてアレクサンドロスは他の誰よりも深く、この贈物の真の意味を理解して、受け取ったにちがいない。


しかし、パルメニオンがこのときに払った犠牲が、無駄には終わらなかったことは確か。彼の死に激昂して反乱に起《た》ったファランクスは一人もいなかったのだから。

マケドニア軍の兵士たちは、パルメニオンが、処刑された息子の責任まで取って自死を選んだ、と信じたのである。マケドニア軍の統一は、この一件の後でもゆるがなかった。

英国人の学者も言う「この時期から始まるアレクサンドロスの悲劇」とは、学友仲間の間から反逆者が出たことではない。

アレクサンドロスは成長しつつあったのに、友人たちは彼ほどには成長しなかったことにある。

父フィリッポスから怒声を浴びるや、仲間たちとともに陽気に家出していた年頃では、もはやないのだった。学者でさえも「家出仲間」と名づけるくらいに、冗談を言い合い愉快に笑い合う若者の時代は、過ぎていたのである。

ヘーファイスティオンだけに、精神的にも先を行くアレクサンドロスに従《つ》いていく才能があったのではない。彼だけが他の誰よりも、何もかも一人で判断し決定し実行に移すよう命じなければならないアレクサンドロスを、理解してあげたいという感情を強く持っていたからである。

そして、他の人よりは成長するということは、ますます孤独になっていく、ということでもあるのだった。

生前のパルメニオンが占めていた地位、つまりはマケドニア全軍ではアレクサンドロスに次ぐ地位には、パルメニオンの副将を務めて長いクラテロスを昇格させた。

クラテロスも「スパルタ教育」をともに受けた学友仲間だが、同じ年のフィロータスがあの頃の四歳の年齢差を忘れられなかったのに対し、クラテロスは忘れられた人なのだ。

あの頃は年長の彼らにフウフウ言いながらも従いてきていたアレクサンドロスが、今では彼らを率いる立場になっているのを、素直に認めて受け入れてきた男であった。

このクラテロスが、以後のアレクサンドロスの「次席」になる。ただし、後方基地のエクバタナにいるのではなく、アレクサンドロスの東征をすべて共にする、全軍の次席司令官として。

フィロータスの死で空席になった騎馬軍団の統率者の地位には、一人ではなく、へーファイスティオンとクレイトスの二人に、全体では二千騎になる軍団を二分して、その一つずつを託すことにした。

これを研究者の何人かは、フィロータスの一件でアレクサンドロスが人を信用しなくなったからだとするが、私にはそうとは言いきれないように思うのだ。

ヘーファイスティオンの忠誠心には、疑いの余地はなかった。だが、この心優しき友は、戦闘よりも、橋をかけたりすることのほうが得意で、会戦となれば三千騎に増える騎馬軍団を一任することまではできなかったのである。

もう一人のクレイトスは、司令官というよりも、一匹狼《おおかみ》的な武人に近い。「ダイヤの切っ先」になって突撃するアレクサンドロスのすぐ後から、二百から二百五十騎を率いてつづくのが、長年にわたって彼に課されてきた、唯一《ゆいいつ》の任務であったからだ。

このクレイトスとアレクサンドロスの仲は、先王フィリッポスが、「カイロネアの会戦」で先頭を切って敵に突っこんでいく息子の性癖は矯正しようがないから、おまえが彼を孤立させないよう後について行け、と命じられたときから始まっている。

それ以来、「グラニコス」「イッソス」「ガウガメラ」とすべての会戦を通して、縦長の菱形《ひしがた》になった騎馬軍団の先頭を切るアレクサンドロスのすぐ後につづくのが、彼にとっての最も重要な任務になった。騎馬軍団全体を率いる能力は充分にありながら、その中の一隊の隊長に留まっていたのも、アレクサンドロスの守り役に徹していたからである。だがそれをつづけていたことで、クレイトスは、司令官を務めるまでに、その才能をのばすことができなかったのだった。

それでも、フィロータス亡き後は、これまでのように二百騎ではなく、少なくとも一千騎は率いていかねばならなくなったのだ。

フィロータス事件に関与していたとされ、死刑になったことでできた空席も、早くも埋められた。このときに昇進した者の中には、アレクサンドロスの死後にエジプトの王になるプトレマイオスもいた。

要するに、知っていながら報告しなかったフィロータスのおかげで、マケドニア軍は相当な規模の改造を強いられたのである。

それでもアレクサンドロスは、過去を振り返ることはほとんどしなかった男でもあった。

東征再開

紀元前三二九年、春の訪れを待って、二十七歳にはまだ四ヵ月足りないアレクサンドロスは、東方への制覇行を再開する。

今回はもう、ダリウスを殺した三人の「地方長官《サトラペ》」の単なる追撃行ではなかった。

放置は許されないこの三人の追撃を再開することを通して、ペルシア帝国の東方全域を制覇するのが真の目標であった。

ゆえに、少数精鋭だった前回の追撃行とはちがって、今回率いていくのは全軍勢になる。攻城器まで運んでいくのだから、行軍もより困難で時間もかかるものになるのはしかたがなかった。


役割の分担も、すでに決めていた。

全軍の最高司令官は、アレクサンドロス自身。

その彼を、必要のない場合は脇《わき》からささえ、必要とあれば、第一軍を率いるアレクサンドロスに対して第二軍を率い、しばしば敵をはさみ討ちにする任務の遂行役は、次席に昇格したクラテロスにゆだねられた。

戦闘に勝って獲得した地のうちでも戦略上重要と見た土地ごとに、アレクサンドロスは「アレクサンドリア」と名づけた新しい町を建てていくのだが、町というより基地の建設から道を通したり橋をかけたりする、言ってみればインフラ全般を担当するのはヘーファイスティオン。

なにしろ、これからアレクサンドロスが向うペルシア帝国東方とは、現代ならば、イランの東部から始まって、アフガニスタン、パキスタン、北に向ってトルクメニスタン、ウズベキスタン、タジキスタンに至る、広大な地方の全域にわたっていたからである。

古都バビロンや首都のスーザがあるメソポタミア地方までは知っていたギリシア人も、複雑な地勢で数多くの部族が割拠するこの地方には、これまでは誰一人、軍を率いて踏み込んだ人はいなかった。

瀕死《ひんし》のダリウスを置き去りにしたのだから、それで満足するだろうと思われたアレクサンドロスが、なおも追撃を止《や》めないのを見たベッソスは、もはや逃げるのをあきらめる。マケドニア軍の進路の周辺一帯を焼き払って敵の補給を断った後で、八千人のバクトリア兵を率いて迎撃に起《た》ったのだ。

しかし、アレクサンドロスのスピードのほうが、ベッソスの想定を上まわった。自軍の食がつきる前に、カタをつけてしまったのだから。

彼率いる第一軍とクラテロス率いる第二軍のはさみ討ちに合ったバクトリア軍は、壊滅されない前に降参した。

ベッソスだけは、またも逃げた。だが、彼の下にいた兵士は、「ガウガメラの会戦」

にも参戦していた男たちではなかったかと思う。あの会戦でのアレクサンドロスを思い出しただけで、これ以上の抵抗の無駄を悟ったのではないか。

彼らは降伏してきただけでなく、以後はアレクサンドロスの下で闘うと申し出た。もちろん若き王は、それを受け入れる。バクトリア地方の「地方長官《サトラペ》」にも、ペルシア人を任命した。

現代ならばアフガニスタンと重なるバクトリア地方だが、この一帯の部族長の全員が、反アレクサンドロスに起《た》ったわけではなかったのである。実際、迎撃に起つと決めたベッソスに、彼らの多くは同調していない。ベッソスさえ排除すればこのバクトリア地方の制覇は成る、とアレクサンドロスが考えたのも当然だった。

一方、今度もアレクサンドロスから逃げるのには成功したベッソスだが、ダリウス殺害の仲間であった二人のうちの一人の許《もと》まで逃げたのはよいが、そこで自分が「厄《やく》病神《びょうがみ》」と見なされているのを知った。

その一人とは、現代ならばウズベキスタンになる一帯で、古代ではソグディアナと呼ばれていた地方の「サトラペ」だったスピタメネスで、ベッソスに言われてダリウスを殺したものの、それでアレクサンドロスが追撃をあきらめてくれなかったので、次は自分かと不安に駆られていたのである。

「地方長官《サトラペ》」とは言っても実際は部族の長にすぎないので、文明度は低い。ここはもうベッソスを捕えて差し出すことしか、アレクサンドロスの追撃を止める策はないと思ってしまったのだ。

そして実際、これを実行した。ぐるぐる巻きにして置き去りにされたベッソスの、以後の運命はすでに述べたとおりである。

アレクサンドロスはそのベッソスに、犯罪人としての運命を与えただけだった。

こうして、ベッソス問題は、本格的な追撃行を再開してから、半年も過ぎないうちに解決した。

にもかかわらずアレクサンドロスは、追撃をやめなかった。なぜなら、ダリウスの殺害犯を追うことは、彼にとっては、ペルシア帝国の東の端までの制覇行になっていたからである。

ゲリラ戦の苦労

殺害犯の始末が終わるまでに一年、東方全域の制覇が終わるまでにさらに二年がかかる。

本格的な東征を再開してからならば、三年は完全にかかってしまうのだ。

現代の国別ならば、イランの北東部、トルクメニスタン、ウズベキスタン、アフガニスタン、そしてパキスタンの北部までも合わせた広大な地域だから当然と思うかもしれないが、この地方特有の事情もあった。

まず、地勢が複雑。

ということは、地域ごとに割拠している部族の数からして多い、ということになる。

そして、これらを統合する力をもつ大国もなかった。ペルシア王が統合していたのは、一応は、でしかなかったのだから。

こうなると、平原に両軍があい対して闘う形の戦闘である会戦はありえなくなる。

あるのは、ゲリラ戦だけになる。

戦略・戦術の才を充分に発揮できる会戦だからこそこれまで連戦連勝してきたアレ

クサンドロス率いるマケドニア軍は、山岳地帯にひそんでいて予想もしていないときに予想もしていない方角から襲[illegible]、ゲリラ相手に闘っていたのである。「ガウガメラ」以来、アレクサンドロスは三年の間、会戦方式の戦闘をやらせてもらえなかったのであった。

このような場合、目標を達成できるか否《いな》かは、次の三条件によって決まる。

第一は、全軍を率いる人の意志が、終始、一貫して変わらないこと。

第二は、将兵の全員が、身も心も一つになってその人に従《つ》いていくこと。

第三だが、補給線が確立していたかどうかも、重要な条件になる。

まず第一。アレクサンドロスぐらい、指導者の条件の一つである「持続する意志」の見本のような人もいなかった。

次いで第二。「スピード」そのものという感じのアレクサンドロスだったが、それが不可能な状況下では、彼のもう一つの特質である我慢強いまでの忍耐が、それにとって代わるのだ。

常に彼は、「速攻」一本であったわけではない。史実を追っていてわかるのは、彼がしばしば兵士たちを休ませていることである。数日も経ないで攻勢は再開されるにしても、アレクサンドロスは、部下たちには休息が必要であることを知っていたリーダーでもあった。

と言って一方では、山羊《やぎ》が通る道しかない、と言われても、山羊が通れるならば人も通れるはず、と答えて、彼自身が先に立って踏破してしまう。

食事も兵士と同じものを食べ、眠るのも、多くの陣幕を張る場所がないとなれば、将たちとの雑魚寝《ざこね》もOK。

彼と配下の将たちを分けるのは、待遇でも身なりでもなく、常に兜《かぶと》の上にひるがえる白い羽根飾りのみ。他の将たちも色とりどりの羽根飾りをつけていたが、白色はアレクサンドロス一人と決まっていた。

雪の中の行軍でも、山の頂上に築かれた敵の砦《とりで》を攻めるときでも、アレクサンドロスとなると、単に命令しただけでは終わらない。

兵士たちは、常に自分たちの先を行くその白い羽根飾りを見ながら、その後につづくのである。

また、アレクサンドロスは、自分の後につづく部下たちを、顔のない集団とは見ていなかった。

行軍路の選択を誤ったり、戦闘時の戦術を誤ったりしたときは、正直に自分の誤りを認めている。

ただし、自分がまちがったとは認めても、それにすぐつづいて、だから次はこうすることにした、と言うのだ。いかにも彼らしかったが、それを聴く兵士たちは、自分たちも一人の人間としてあつかわれていることを感じとるのであった。

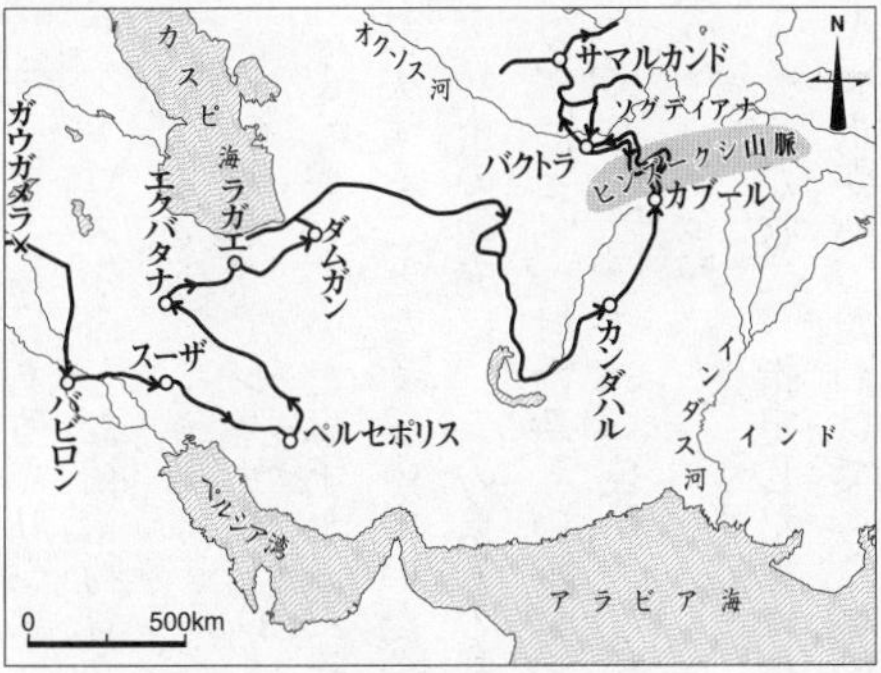

中央アジアの征服

そのアレクサンドロスの評伝を書いた古代の史家は、この若き王の特質として、「速攻」と「忍耐」につづいて、「人間性《フマニタス》」をあげている。フマニタス（humanitas）とは、「ヒューマニティ」の語源になるラテン語であった。

そして最後には、兵士たちにその気持を持ちつづけさせるうえでも欠くことは許されない補給線の確立だが、感心してしまうくらいに機能していたのである。

ヨーロッパにあるギリシアから中央アジアのヒンズークシ山脈の山中まで、アレクサンドロスが命じた補給物資から補充兵から、一品も一兵も欠けることなく届いていたのである。

そのうえ、アレクサンドロスは頻繁に手紙を書く人でもあったので、とくに母親にはよく書いていた息子だが、それらの私的な通信から公的な指示を記した文書までが、紛失することなく届いていたのには驚嘆するしかない。

兵士の補充は、この東方の制覇中に二十五を越える数の「〇〇地方のアレクサンドリア」と名づけた新しい町、と言うよりも基地、を建設していったので、そのすべてに兵士を置いていく必要からも、アレクサンドロスにとっては欠くことは許されなかったのだった。

それが常に、指定した地に指定した数だけ届くのである。フェデックスやクロネコヤマトがあったわけでもないのに、と感心してしまう。

ちなみに、「〇〇地方のアレクサンドリア」と名づけられた新設の町だが、そのうちのいくつかは現代でも健在で、その一つには、カブールと並んで現アフガニスタンの重要都市になっているカンダハルがある。

ローマ時代に入ってからは「メガス」(大王)が通称になるアレクサンドロスについては、連戦連勝で終始したためか、会戦を分析した研究ならば、昔から数かぎりなく存在した。

しかし、その他の面での彼の能力、組織面や兵站《へいたん》面での能力に照明を当てたものはほとんど見ない。

戦闘の巧者でありすぎたゆえかと思うが、戦闘も、またその積み重ねである戦争も、兵站(ロジスティクス)を重要視しないで勝つことはできない。後にローマ人は、「ローマ軍団は兵站で勝つ」と言い切ったほどだ。

また、この一事は、なぜアレクサンドロスが、ゲリラ相手の戦闘でさえも勝ちつづけることができたのか、を解く鍵《かぎ》にもなるのである。

いずれにしても、ロジスティクスが充分に機能していたことは、トップにとっては意志の持続を、兵士にとってはそのトップに従いていく想いの持続を、助けたのではないかと思っている。腹が減っては戦《いくさ》はできない、とは、古今東西変わらない真実でもあるのだから。

しかし、こうして、地勢から社会形態から困難多き中央アジアの制覇を成し遂げたヨーロッパ人は、先にも後にもこのアレクサンドロス一人になるのだ。ローマは西方に拡大することで大帝国になった国なので、東方では大河ユーフラテスを境界と決め、その東までは拡大しなかった。現代ならば、トルコ、シリア、ヨルダン、アラビア、エジプトまでに留め、イラク以東には、領土拡大の目的では入っていない。

これが近現代になると、イギリス、ロシア、アメリカと、試みはしたのだが結局は撤退している。これに成功したアレクサンドロスの苦労を真に理解し、評価できるのは、あの地方に足を踏み入れたこともない歴史学者よりも、アフガニスタンやパキスタンで闘った経験のある、イギリスやロシアやアメリカの前線部隊長ではないか、と思ったりする。

中央アジアの制覇以外にもう一つ、アレクサンドロスが最初のヨーロッパ人になったことがある。

それは、石油を初めて見たヨーロッパ人、であったことだ。

制覇中の地方は、山岳も多いが砂漠も多い。マケドニア軍も砂漠の横断をしばしば強いられていたのだが、その行軍中に、悪臭漂うねばり気の強い何かが砂漠の一箇所を黒く変え、そこから炎が噴きあがっているのに出会したのである。

ギリシア人が見たこともないこの光景に、兵士たちは騒然となる。凶兆だ凶兆だと言いながら泣き叫ぶ兵士たちは、収拾できないまでになった。

このときはアレクサンドロスも、占い師に助けを求めた。何でもよいから占いの儀式を行って兵たちを鎮《しず》めよ、というわけだった。

兵士はギリシアの田舎から来た男たちだから、このような場合には理《ことわり》を説いても無駄なのである。もしかしたら、いやほぼ確実に、アレクサンドロス自身からして、凶兆とまでは思わなくても、石油なる物体については知らなかったのではないか。

いずれにしても、兵士たちの鎮静化は成った。炎を噴きあげる黒い一画は避けながらも、砂漠の行軍はつづけられたのだから。

一方、ベッソスを捕えて差し出すことで、アレクサンドロスの追及から逃れようと考えたのがソグディアナ地方の「サトラペ」のスピタメネスだったが、その彼の命も一年とつづかなかった。

アレクサンドロスの執拗《しつよう》な追撃に音をあげた配下の将たちの手で殺され、彼らはその首を持って、アレクサンドロスに降伏したからである。

バクトリア地方の有力者ベッソスと、ソグディアナ地方の有力者スピタメネスの退場で、事実上、ペルシア帝国東方の制覇は成ったことになる。

この成功は、アレクサンドロスが彼ら三人に、追撃に次ぐ追撃という形での、プレッシャーをかけつづけたからであった。

それに耐えきれなくなった三人がまず仲間割れし、ついには彼らの下にいた将兵までが、アレクサンドロスによる追いに追いつめるプレッシャー作戦に、翻弄《ほんろう》されてしまったのである。

東征中のアレクサンドロスに残されたのは、現代ならばパキスタンの北部にあたる、インドまでの山岳地帯だけになった。

紀元前三二八年も、冬に入っていた。次の春を待つまでの冬を、ソグディアナ地方の首都でもあったサマルカンドで越すと決める。

二十一歳で東征を始めたアレクサンドロスも、二十八歳になっていた。

だが、なぜか不幸は、状況が好転したときを見計らったかのように襲ってくるものだ。これ以後は好調に向うのが明らかになって、気がゆるんでしまうのかもしれなかった。

すべては、酒の神ディオニッソスの仕業《しわざ》であった、と古代の史家たちは書いている。同じく葡萄酒《ぶどうしゅ》を飲んでいながらギリシア人は簡単に酔払うのに、ローマ人にはそれがあまり見られないのは、ギリシア人はストレートで飲むが、ローマ人は水で割って飲んでいたからだ。

ストレートを好む人はローマ人にもいて、常人以上の酒飲みと言われていた。その好例は、二代目の皇帝ティベリウスと五賢帝時代の皇帝のトライアヌス。あの二人の体軀《たいく》ならば、ストレートであおっても酔いつぶれることはなかったのだろう。

サマルカンドで冬越し中のアレクサンドロスと将たちの全員は、翌・前三二七年からは、ペルシア帝国東方制覇の最終段階に入ることを知っていた。

行軍途中のアレクサンドロスの宮廷は、宮廷と言うよりも大学の運動部あたりの合宿。中央アジアの厳しい冬を、集まっては酒を飲み冗談を言っては笑い合うことで過ごしていたのである。その夜も、「地方長官《サトラペ》」の家の一室が、アレクサンドロスとその配下の将たちの宴会の場になっていた。

アレクサンドロスよりは二十歳ほど年長のクレイトスは、王の学友仲間でもある他の将たちとはちがって、マケドニア王国の上層部には生れていない。この人の姉は、アレクサンドロスの乳母であった人である。

このような親密な関係もあって、クレイトスは父王フィリッポスから、戦場に出るようになったアレクサンドロスの守り役を命ぜられていた。先頭を切って敵に突っこむ息子の性向は矯正しようがないから、その彼を敵中に孤立させないように、というのが、王から与えられたクレイトスの任務になっていたのである。

クレイトスも、この任に徹した。「グラニコスの会戦」で敵中に孤立してしまったアレクサンドロスの上に、剣を降りおろそうとしていた敵兵を打ち倒すことで、救い出したのはクレイトスである。

そのクレイトスも、フィロータス亡き後は騎馬軍団の指揮をヘーファイスティオンと二分して担当するようになっていたが、彼自身の、マケドニアの武人であることを何よりも誇りにする心情のほうは変わっていなかった。

また、年齢的にもクレイトスは、アレクサンドロスが代表する新世代に対して、先王フィリッポスやその右腕であったパルメニオンの世代に属していたのである。当然、アレクサンドロスが遂行中のペルシア人との融和政策を快く思ってはいなかった。

行軍に発《た》つ日が明日に迫っているわけでもないその夜、王臨席とは言っても仲間同士の宴会だけに、無礼講の度も増してくる。まして、全員が酔払っている。

ふとしたことから、話題がパルメニオンに向った。

パルメニオンの死は、アレクサンドロスにとっては心の傷になっている。だが、傷口にふれられた想いで王の顔から笑いが消えたのに、クレイトスは気がつかなかった。

四十七歳の武人の口は、止まらなくなった。

パルメニオンがどれほどマケドニアのためにつくしたかを語った後で、当然話は先王フィリッポスに移る。彼ら二人が生み育てたファランクスが、アレクサンドロスに連戦連勝を恵んだと言ったのだ。

アレクサンドロスの勝因は、巨大なハリネズミのようでも動きは遅いこの歩兵と、反対に機動性では優れている騎兵を組み合わせた戦術にあったのだが、旧世代の武人であるクレイトスにはそこまでは理解できない。クレイトスには、今では自分が率いるようになった騎馬軍団なのに、騎兵が歩兵よりも重く見られている現状に我慢がならなかったのだ。

酔払ったクレイトスのアレクサンドロスへの非難は、その後も止まらなかった。エジプトの神官あたりから神の子と言われたのが何だ、フィリッポスの息子であることが恥ずかしいのか、と叫ぶ。マケドニア人で何が悪いのか、ペルシア人に平身低頭されたくらいで彼らを重用するとは、マケドニアの王たる者のやることではない。アレクサンドロスは、マケドニア人を軽蔑《けいべつ》しているとしか見えない。そしてつづけた。このオレのおかげで神の子も、「グラニコスの会戦」以後も生きてきたってわけだ、と。

表情が完全に変わったアレクサンドロスは、起《た》ちあがっていた。

将たちの数人は、そのアレクサンドロスの次の行動を阻止するかのように王に近寄る。他の数人は、クレイトスを部屋の外に連れ出し、それでも叫びつづける彼を別室まで連れて行こうとした。

だが、アレクサンドロスのほうも、完全に酔払っていたのだ。もはや怒りを押さえきれなくなった彼は、クレイトスはどこに行った、と大声で叫び始めていた。

その王の声を聴いたクレイトスが、同僚たちの手を振りきってもどってきた。もどってきたクレイトスは、エウリピデスの悲劇の一節を朗唱しながら、アレクサンドロスの前に立ったのである。

それは、勝利は兵士たちの功績なのに、将はしばしばそのことを忘れる、という一節であった。

衛兵から槍《やり》を奪い取ったアレクサンドロスは、それをクレイトス目がけて投げつけた。

槍は、胸を直撃する。クレイトスは、声もあげずに倒れた。即死だった。

酔いも醒《さ》めて茫然《ぼうぜん》と立ちつくすアレクサンドロスを、友人たちは引きずるようにして寝室まで連れていった。

その夜から、二十八歳は、誰の入室も許さずに部屋に閉じこもった。事件の夜は別の地方で仕事をしていたヘーファイスティオンも駆けつけてきたのだが、彼さえも入室を拒否された。食事も、飲みものすらも取らなかった。

その間、部屋の中からは、クレイトスと、彼の姉で自分の乳母だったラニケの名を呼ぶアレクサンドロスの声が聴こえた。

このとき初めて、アレクサンドロスは自己嫌悪《けんお》に陥っていたのだと思う。たしかに、挑発したのはクレイトスのほうであった。しかし、それに乗ったのはアレクサンドロスだ。

常日頃から、将兵たちの手本にならねばならないという一念で、これまで生きてきたアレクサンドロスである。自己制御以上に、上に立つ者にとって、欠くことは許されない責務もない。アレクサンドロスは、それを忘れてしまったのであった。

将から兵に至るまでの全員が、このアレクサンドロスを心配した。狂ってしまったのかと、心配したのである。

ヘーファイスティオンでさえも入室できないこの状況では、占い師までが動員された。

だが、神の使いだと部屋の外から叫んでも、部屋の扉は閉じられたまま。占い師も、日頃から敬神の念に薄い王に与えた神々の罰である、と捨て台詞《ぜりふ》を吐きながらも退散するしかなかった。

しかし、四日目の朝になって、アレクサンドロスは、心配して広場につめかけていた兵士たちの前に姿を現わしたのである。

兵士たちは初め、憔悴《しょうすい》しきった王を心配そうに眺めていたが、それでも生きているのでほっと安堵《あんど》の胸をなでおろしたのか、いっせいに歓呼の声を浴びせた。

その兵士たちを前にするアレクサンドロスの頬に、涙が流れ落ちた。

兵士たちが自分たちの王の涙を見るのは、このときが最初になる。

二十八歳の王は、彼らに対する責任感によって立ち直ったのである。その日から、以前のアレクサンドロスにもどった。

その彼にとっての次の目標は、現代ならばパキスタンの東部一帯の制覇になる。インダス河に至るこの地方は、インドの王を称していたポロスの支配下にあった。

だが、アレクサンドロスは、例によって、と言いたくなるくらいに、次の目標に向う前に、すでに制覇した地方を固めることのほうを優先してきた人である。背後に敵を持たないためだが、いかに軍事力で大ボスたちを始末しても、そのままで放置しては、すぐさま中小のボスたちが頭をもたげてくるという、人間世界の現実も考慮しての戦略であった。その彼らに頭をもたげる時間を与えては、苦労してやり遂げた制覇も無に帰してしまうからである。

バクトリアの「地方長官《サトラペ》」だったベッソスと、ソグディアナの「サトラペ」のスピタメネスの二人を倒した以上、現代ならばアフガニスタン、トルクメニスタン、ウズベキスタン、タジキスタンになる中央アジアには、中小の部族長しか残っていなかった。

この中小のボスたちも、アレクサンドロスが示した力《パワー》の前には闘わずして降参してきたが、その彼らとていつ裏切るかわからない。いったん約束したらそれは守るという、日本で言う「武士に二言はない」は通用しない人々なのである。

現状がこれでは、軍事力を用いて一人一人倒していくよりも、その人々でさえも耳を傾けるという、敬意を払われている誰かを味方につけるのが早道だった。

バクトリア地方の中規模の部族の長の一人に、オクサルテス（Oxyartes）がいた。人格円満であるとともに現実主義者でもあったらしいこの人物は、若き征服者による支配を受け入れただけでなく、連れて来ていた娘も差し出したのだ。

古代の史家たちによると、ロクサーネ（Roxane）という名のその娘は絶世の美女であったという。

二十八歳になるこの年まで女の気配さえもなかったアレクサンドロスが、側室にするどころか結婚までしたのだから、絶世の美女であったにちがいないと、これより三百年も後に書くことになる史家たちは考えたのだろう。

だが、アレクサンドロスは、愛人とか側室をもつこと自体が嫌いな男なのである。古代の史家たちも、政略結婚は認めていた。だがそれも、征服者にふさわしい力を持った人の娘ならば認めたので、中程度の部族長の娘では困ってしまう。困ったあげく、古代にかぎらず現代の映画でも、ロクサーネは絶世の美女になったということだろう。

それほどの美女であったかどうかは別にしても、結婚した以上はアレクサンドロスも、式を挙げただけでなくその後も夫の義務は果したのかというと、どうもそうではなかったようなのだ。二十八歳ではすぐに子が生れてもよいのに、彼女から子が生れるのは、五年も過ぎてからになる。このことも、アレクサンドロスが女には関心を持たなかったということの例証にされたのである。

それでも、父親を味方にしたことのほうは、ただちに実を結んだ。

バクトリア人のオクサルテスは同胞たちに、アレクサンドロスの支配下に入るのは悪くない選択であると説いてくれたし、それでもＯＫを取れない場合は、アレクサンドロスの副将になっているクラテロスと協力して、軍事的な制圧までしてくれたからである。アレクサンドロスが、次の目標であるインド王ポロスとの対決の準備に、「〇〇地方のアレクサンドリア」と名づけて新設した一つである、バクトラの町にもどれたくらいであった。

ところがこの町で、アレクサンドロスはまたも、マケドニアの守旧派による陰謀に直面してしまうのである。

アレクサンドロス率いるマケドニア軍の中にも、若き王の進める現地人との融和政策に同意しない者は常にいた。

その人々にとって、彼らの王が、マケドニアの女やギリシアの女ならばともかく、今では敗者となった中央アジアの女と結婚したことが許せなかったのだ。非ギリシア人の血を引く息子が生れれば、その子はいずれマケドニアの王になる。彼らは耐えられなかったのだった。王の命令に服すことを考えるだけで、彼らは耐えられなかったのだった。

それで起った王暗殺の陰謀の、主謀者というよりは思想上のリーダーであった人は、カリステネス。哲学者アリストテレスの甥《おい》にあたる男で、彼も哲学者。アレクサンドロスの東征に同行していた、数多い非軍人の一人である。

アレクサンドロスは、少年時代の恩師であるアリストテレスのこの甥に、自分もふくめた高官たちの身のまわりの世話をするのが仕事の少年グループの監督を一任していた。

身のまわりの世話をすると言っても、この少年たちも社会的に地位の高い人の子弟なので、高官たちの身近に仕えることで、高官とは何をすべきかを実地に学ぶのが、彼らにとっての真の目的だ。現代ならば「カデット」、つまり幹部候補生、というところ。カリステネスは、この少年たちを扇動したのである。

未然に発覚した王の暗殺計画を知ったアレクサンドロスは、恩師の甥であろうと容赦しなかった。カリステネスは捕えられて後方に送られ、牢《ろう》の中で死ぬ。

ところがこの一件で、ギリシアにいる哲学者、つまり当時の知識人たちの大反撥《はんぱつ》を買ってしまうことになる。

これによって、アレクサンドロスは、彼らから、思想の弾圧さえも辞さない「暴君」として断罪されるようになったのだ。

だが、このわずか五年後、これまで彼らが謳歌《おうか》してきた、言論の完全な自由と民主政は崩壊することになる。それを認めてきた「暴君」が死んだからであった。

暴君とは思わない私でも、アレクサンドロスは、独裁者ではあったと思う。

「独裁」を辞書は、次のように説明している。

一、重要な要件となればとくに、自分一人だけで考えて決断すること。

二、特定の個人・組織・階級などが、全権力を掌握して支配すること。

アレクサンドロスは、㈠の意味の独裁者であった。それも、軍事面となるとくに、「独裁」で終始している。

今ではアフガニスタンの国内になるバクトラにもどったアレクサンドロスは、インド王ポロスとの対決にそなえての自軍の再編成に着手していた。それはまた、クレイトス亡《な》き後の穴をどう埋めるかということだったが、アレクサンドロスが手がけるとなると、ただ単に埋めるに留まらず、これを機に、有効性をより高めるのを目的にした、再編成になる。個々人の希望を聴いたうえで任務を与えていくたぐいのリーダーでは、彼はなかった。

アレクサンドロスによって騎馬軍団は、マケドニア軍の攻撃面での主力を担《にな》ってきた。騎馬軍団が敵側の左翼と中央との間に空いたわずかなスキ間に切りこむことによって敵の左翼と中央を切り離し、それを合図に巨大なハリネズミに似た歩兵軍団のファランクスが攻勢に転ずる。それによる包囲戦法が、これまでのマケドニア軍の連戦連勝の勝因であったのだ。

こうも重要な役割を負った騎馬軍団、別名「王のコンパニオン」の騎馬軍団三千騎の総指揮は、初めはフィロータスが、フィロータス亡き後は、クレイトスとヘーファイスティオンの二人が担当してきたのだった。

もちろん、この間もずっと、縦長の菱形《ひしがた》になった騎兵たちの先頭に立って、つまり「ダイヤの切っ先」になって突撃していくのが、王自身であることは変わっていない。

この騎馬軍団をアレクサンドロスは、インド王との対決に向うに際して五分割したのである。そして、最大構成数は六百騎になる各大隊ごとに指揮官を任命した。各隊が、指揮官の判断によって、これまで以上に柔軟に自由に活動できるようにしたのである。

第一大隊の指揮は、アレクサンドロス自身。この隊に与えられた名称を意訳すれば、

「王の親衛隊」になる。

そして、三十歳になりつつあったアレクサンドロスは、自ら指揮するこの六百騎の中に、少なくない数のペルシア人の騎兵を混入させていた。

若き王は東方制覇を遂行中でも、「地方長官《サトラペ》」に任命したりして自分の配下になっていたペルシア人の子弟の教育を忘れていなかったのだ。「王の親衛隊」に配属されたこれらペルシアの若者たちは、従来のペルシア式の軍装ではなく、ギリシア式の軍装に身を固めていた。

第二から第五までの各騎兵大隊の指揮は、それぞれ、ヘーファイスティオン、クラテロス、ペルディッカス、デメトリオスの四人に託した。この指揮官の顔ぶれを見るだけでも、アレクサンドロスがいかに、騎馬軍団の攻撃力を重要視していたかがわかる。全員が、軍団全体の総指揮をまかされてもやりとげるだけの、能力の持主であった。

だが、ここで注目に値するのは、アレクサンドロスが率い、しかも彼自身が「ダイヤの切っ先」になって敵に突っこむ第一大隊のすぐ後につづいて攻撃するのが任務の四個大隊は、それを構成する騎兵のほとんどがマケドニア出身者で占められており、ペルシア人を始めとするオリエント人は少なかったことである。

蛮族《バルバロイ》と呼んできた彼らと馬を並べての攻撃にアレルギーを起す者がいるのは予想されたので、それへの配慮であった。

とは言っても、配慮するのがアレクサンドロスとなると、普通の人がする配慮にはならない。言い換えれば、「強引」になる。騎兵の中にさえ、つい一年前は敵であった、バクトリア生れの騎兵までが入っていたのだから。

アレクサンドロス率いる軍そのものが、当初はマケドニア・ギリシア軍であったのが、多民族軍に変容しつつあったのだ。

これもまた、彼による敗者同化戦略の一つであった。

この騎馬軍団に比べれば、もはや「ファランクス」の名で他国でも通用するようになっていた巨大なハリネズミ集団のほうは、マケドニア色が濃く残っていた。

三年前まではこのファランクスの総指揮も、パルメニオンに一任されていたのである。この忠臣が退場して以後は次席だったクラテロスが昇格していたが、「海兵《マリーンズ》」と言ってもよい攻撃専門の歩兵を入れれば三万になる。

アレクサンドロスはこの三万を、十個の大隊別に分割し、そのそれぞれの指揮を、セレウコス以下の若手たちに託した。

これもまた、小規模の部隊にし、その指揮官も明確にすることで、戦場での臨機応変な動きを促すためである。臨機応変はこれまでアレクサンドロスがほとんど一人で請負ってきたことだが、それをこれからは、彼よりは若い世代にも経験させるためであった。勝負カンとは、常に勝負の場にありつづけるからこそ、会得《えとく》できる感覚《センス》なのだから。

ヘレスポントス海峡を渡って東征に入った紀元前三三四年、アレクサンドロスが率いていたのは、騎兵五千に歩兵三万から成る軍勢だった。

それが七年後の前三二七年、兵士の数ならば、ほとんど変わっていない。三度にわたった大会戦とそれ以外の戦闘で失った数と、東征の途上で建設していった多くの基地に防衛要員として残してきた数をマイナスし、一方でマケドニアから送られてくる補充兵をプラスしても、三万五千から四万という兵力は維持してきたのだ。この一事だけでも、リーダーとしての彼の力量は認めるしかなかった。

しかし、アレクサンドロス自身が、大軍勢を率いることに関心がなかったからでもある。

大軍勢だと、動きが鈍くなる。また、兵站の問題も増える。

だから、彼がオリエントの兵士たちを自軍に編入したのは、兵力を強化するためではなく、敗者同化の策であったのだ。

そして、戦場でも戦場外でも、「主導権を手中にした側が勝つ」と言ってきた彼のことだ。主導権は、数が多ければ手にできるというものではなかった。

ペルシア王のように数さえ多ければ勝てるとは思っていなかったアレクサンドロスは、大帝国のペルシアを滅ぼした後も、量よりも質で勝つ、と信じていた点においてもギリシア人であった。

軍団を分割し、そのそれぞれを率いる責任者も明確にしたのも、数では劣る軍でも勝つための戦略である。この基本戦略では、アレクサンドロスはまったく変わっていない。

インドへの道

この時期、つまり前三二七年当時のギリシア人は、インドについてはまったく知らなかった。

ユーフラテスとティグリスの両大河にはさまれた一帯を「メソポタミア」と名づけたくらいだから、バビロンもスーザもペルセポリスも知っていたが、その東に広がる、現代ならばイランの東部からアフガニスタンとその北方一帯、そしてパキスタンに至る地方までは、ほとんどと言ってよいくらいに知らなかったのである。ましてや、インダス河の東には、これまた広大なインドがあることも。

しかし、二十九歳になっていたアレクサンドロスには、そのようなことは問題ではなかった。彼にとっては、次のことだけで、さらに東への制覇行をつづける理由は充分であったのだ。

第一に、ダリウス三世の死で滅亡したアケメネス朝ペルシアの中興の祖と言われていたダリウス一世が、インダス河にまで遠征した結果、この大河の西方すべてもペルシア帝国領になっていたこと。このダリウス一世は、ギリシアにも侵攻して、第一次のペルシア戦役を始めたペルシア王でもある。

理由の第二は、パキスタン北部を支配下に置き、インドの王と称しているポロスには、「ガウガメラの会戦」に際してダリウス三世が帝国全域の有力者たちに参戦を要請した時、十五頭の象を送ったという前歴があったことだ。事実上は独立国の王であったポロスだが、ペルシア帝国とは同盟関係にあったのだ。アレクサンドロスの論理では、このポロスも配下に加えないかぎり、旧ペルシア帝国の全域を征服したことにはならないのである。

だが、まずは外交での解決を試みるのがアレクサンドロス方式なので、インド王ポロスに対してもそれで行く。バクトリア地方制覇中に知り合い、以後は友人になっていたインド人を、使節として派遣したのだった。


西洋の歴史ではインドの王として記録されてきたポロスだが、成人した息子がいたことから推定して、アレクサンドロスよりは十歳は年長ではなかったかと思う。となれば四十歳前後ということになるが、すでに王位に就いて十三年が過ぎていた。

もちろん、十五頭の象を送った「ガウガメラの会戦」が、どのような結果で終わったかは知っている。そして、その後のダリウス三世の最期《さいご》も知っていた。

それでもなお剛毅《ごうき》な心は変わらなかったようで、ギリシアの若者からの求めにはこう答えた。

「来るならば、歓迎しよう。ただし、武器は別にして、だが」

これは、歓迎しない、ということだ。とはいえアレクサンドロスにしてみれば、あ

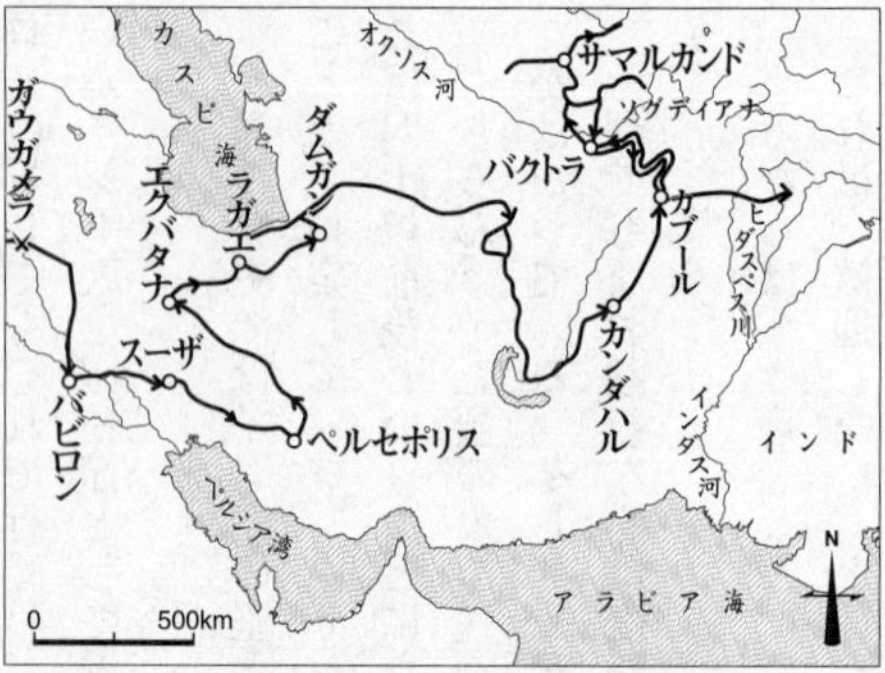

中央アジアからヒダスペスへ

あそうですか、では済まない問題であった。

こうして、「グラニコス」「イッソス」「ガウガメラ」につづいて、若き王にとっては最後の大会戦になる、「ヒダスペス（Hydaspes）」への道が開かれたことになる。


バクトラを後にしたのは前三二七年の夏。出没するゲリラを退治しながら進み、その年の冬はアフガニスタンのカブールで越す。ポロスの待つパキスタン北部に向うのは、翌年の春とした。

その冬は、兵士たちは休息できたが、アレクサンドロスと配下の将たちにとっては、休息どころではない状態で過ぎる。

第一に、マケドニアに頼んでおいた補充兵の到着を待っていたこと。

第二は、到着した兵士たちをその特技別に編成し、アレクサンドロスの下で闘うに必要な機動性と柔軟な動きを身体で覚えさせるための訓練をほどこすこと。

第三は、新旧合わせての全兵士をさらに小隊に分け、これら小隊がいくつか合わさって中隊に、そして大隊に、さらに軍団にと、指揮系統の明確化をさらに強めること。最高司令官であるアレクサンドロスから出る指令のすべてが、末端の兵士にまで、より早くより正確に伝わるようにしたかったのだろう。「スピード」は、「ダイヤの切っ先」になって突撃する、アレクサンドロス一人のものではないのだ。このようなことをすべて行うのだから、冬などはまたたく間に過ぎた。

紀元前三二六年の春、東征は再開される。

これまでのすべての会戦でも戦場を選ぶのはアレクサンドロスではなく、彼は敵が選んだ戦場で闘ってきたのだが、思えばそれも当然だ。攻めて来たのはアレクサンドロスだから、その彼を迎え撃つ側が、自分にとって有利と判断した戦場を選び、そこで待ちうけるのは当然なのである。

というわけで、波状攻撃でもあるかのように送り出す斥候たちが持ち帰る報告から、インド王ポロスは、インダス河に流れこむ支流の一つであるヒダスペス川の東岸で待ちうけていることがわかった。直線距離ならば、東に六百キロ。現代ならば、パキスタンの北部になる。

そして、アフガニスタンからパキスタンに入る行軍をつづける途上で、ポロスの軍勢の規模も明らかになっていった。

歩兵、五万。騎兵、六千。両輪に鋭い鎌《かま》をつけた戦車、五百台。象、二百頭。

一方、アレクサンドロス側の兵力は、歩兵、四万。騎兵、四千。戦車や象はゼロ。

これを知ったアレクサンドロスは、上機嫌になったという。兵の数ならば、「ガウガメラ」のときの五倍の差に比べればほぼ互角だから嬉《うれ》しくなったのではない。互角の兵力でも戦闘を挑んできた人を相手に闘うのが、彼を晴れやかな気分にしたのである。

何よりも、ゲリラ相手の戦闘で過ごしてきた後に訪れた、久しぶりの会戦である。どこから襲ってくるかわからない敵よりも、平原を舞台に戦略・戦術を駆使できる会戦は「ガウガメラ」以来五年ぶりなのだから、上機嫌も当然だった。

しかし、アレクサンドロスも、誤算を冒していたのである。だが、「ガウガメラ」で象が参戦するのは、相手がインド人だけに予想していた。

は十五頭だった象が、この「ヒダスペス」では二百頭に増えていたのを、単なる数のちがいと思ってしまったのである。インドは象の産地だから、数多く連れてくることができたのだ、と。

だが、ちがいは、数ではなかったのだ。

ペルシア王の要請に応じて象を送った「ガウガメラ」とはちがって、自分で率いて闘う「ヒダスペス」でのポロスは、戦闘用の象としてはベテランを、二百頭もそろえてきていたのだった。

まず、体軀そのものからして巨大だった。そのうえ、戦場にも慣れているようで、槍で突かれようが弓を射られようが、容易には自制心を失わない象であったのだ。つまり、簡単には怒って暴走しないということである。

それに加えて、象使いの技能も格段に優れていた。「ガウガメラ」のときのような、荒れ始めた象にあわてた象使いが短刀で急所を刺すことでの非戦力化は、「ヒダスペス」では望めなかったのである。

いずれも戦闘のベテランということでは同じの象と象使いで成る二百頭。この威力をアレクサンドロスが悟るのは、実際に自分の眼で見、自分で闘ってからになる。

最後の大会戦「ヒダスペス」

紀元前三二六年五月、両軍は、ヒダスペス川を中にして向い合った。大河インダスの支流だけに、支流と言っても川幅は一キロもある。この季節ではまだ、水量も多く流れも早い。

そのうえポロスは、川に、つまり敵に面して、二百頭の象による厚い壁まで作っていた。

ギリシア側が渡ろうものなら対岸で待っていて、一気に踏みつぶすつもりでいたのである。

それを見て、三十歳にはまだ二ヵ月あるアレクサンドロスは考えた。

まず、一キロの川をはさんで象群を見る岸辺にベースキャンプを設営する。キャンプと言っても陣幕の集合にすぎないのだが、敵側から見えることのほうが重要。自軍が敵にわからないように行動するときでも、陣幕はその位置から動かさなかった。

これが、彼が実行した陽動作戦の第一（図①）。

「陽動作戦」を辞書は、次のように説明している。「作戦の真の意図を誤認させる目的で、それと無関係な行動を目立つように行うことで敵側の注意をそらす作戦」

　この作戦の第二は、川を渡って会戦を行うのは、夏季で水量が減った秋まで延期するという情報を、敵側に広めさせたことだった。ここまでの行軍中に捕えたインド人たちにそれを伝えた後で、彼らを釈放したのだ。彼らが対岸にいるインド軍に向うのは眼に見えており、敵側の捕虜になっていた者が釈放され同胞のところにもどったときは、必ず敵側の情報を伝えたくなるものなのだ。その彼らを使って、偽《にせ》情報を広めたのである。

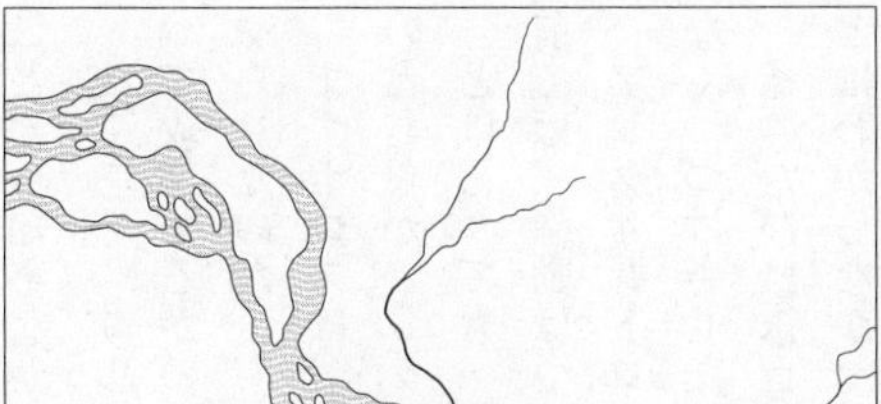

ヒダスペスの会戦①

　どうやら、情報収集という

ことすら知らなかったらしいポロスは、これを信じてしまう。

ところが、アレクサンドロスの芸はさらに細かく、一方では自軍の兵士に、川を渡って攻撃するかのように行動させる。しかも日中に、騒々しい喚声をあげさせながらやらせたのだ。

まずポロスは、秋までの渡河延期という情報と、眼の前でくり広げられるこの騒動のどちらがアレクサンドロスの真の意図か、わからなくなってしまった。

とは言っても、いったん陣を引き払って後方で休むわけにもいかない。なにしろ眼前では、騒動はつづいているのである。

アレクサンドロスは、この偽渡河作戦を、日によって場所を変えて、しかも何日となくつづけさせたのである。

そのたびにポロスは、自軍の兵士たちを迎撃に送らねばならなかった。「偽」作戦とはわからなかったのだから、迎撃もつづけるしかなかったのだ。

これが十日ほどつづいた結果、ポロスは、狼《おおかみ》が来た、をくり返しているうちに誰も信じなくなる、という心理状態に陥る。渡河騒ぎが起っても、その箇所に兵士たちを送らなくなってしまったのだ。つまり、ポロス側の迎撃態勢に、ゆるみが出たということであった。

一方、渡河騒ぎをやらせている間に、アレクサンドロスのほうは、どの地点を渡れば渡河も容易に実現できるか、を探っていたのである。そして見つけた。

その地点とは、ベースキャンプ地からは上流に二十キロ以上もさかのぼった地点で、川幅も五百メートル足らずと狭い。しかも川は東に大きく蛇行しているので、ポロスの本陣からは五十キロは離れている。渡河は、渡りきるまでは敵に気づかれたくなかった。

ここから渡る、と決めたところで、アレクサンドロスは、作戦会議を召集した。

司令官から小部隊の隊長までの指揮官全員を前にしたアレクサンドロスは、いつものこととは言えその一人一人に、明快で具体的な命令を与えた。

まず、全軍は二分し、第一軍はアレクサンドロスが率いて渡河を決行する。第二軍の指揮は、次席のクラテロス。

クラテロスには、ベースキャンプに留まり、対岸でこちらに頭を向けている象の二百頭が頭の向きを九十度変えて動き出したのを見るや、眼の前の川を渡り始める。そして、渡河を終えるや敵軍の背後から攻めよ、との指令が与えられた。

つまり、第一軍を率いるアレクサンドロスは、二十キロ上流から渡河し、そこから敵の待つ下流に向けて攻め下ることで、「餌《えさ》」になろうとしていたのだ。第一軍と第二軍による、はさみ討ちを実現するための策であった。

はさみ討ちだから、第一軍の任務は、餌になるのは当初だけで、その後はただちに攻撃の主力に転じなければならない。

アレクサンドロスはこの第一軍に、騎馬軍団四千騎のうちの三千騎を配する。各大隊の指揮官も、少年時代の学友仲間と言ってよい、ヘーファイスティオンやペルディッカスを始めとする若い世代で固めた。

戦闘は、主導権を手中にしつづけた側が勝つ、という言葉を残した彼のことだ。三十歳に近づきつつあったアレクサンドロス以下、騎兵と攻撃専門の歩兵という精鋭のみのこの第一軍では、指揮官から兵士に至るまでが若者たちで占められていた。主導権を手中にしつづける場が戦場ならば、すべてを決めるのは「スピード」であったのだから。

夕闇《ゆうやみ》が立ちこめてくるのを合図に、第一軍は、渡河地点に向っての北上を始めた。天幕はそのまま、天幕の前で燃えるたき火もそのままにしての、闇の中の行軍である。渡河地点に着いたときは、まだ夜は明けていなかった。その中で、あらかじめヘーファイスティオンが造らせてあった多量の小舟が川岸に運ばれる。それらを並べ、上に板を渡し、舟橋を造るためである。

このための小舟の製造を、アレクサンドロスは、二年も前からヘーファイスティオンに命じていたのだ。つまり、クレイトスを殺してしまった前三二八年からすでに、アレクサンドロスの頭には、インダス河があったということになる。しかもそれを、アレクサンドロスから命じられたヘーファイスティオンも、若き王が考えもしなかったやり方で果していた。

小舟はすべて、組み立て式であったのだ。その舟に乗って、川下りをするわけではない。上に渡す板を、ささえてくれるだけでよいのだ。組み立て式だと、必要になれば組み立て、運搬するときには解体するだけであった。

組み立てた舟を適度な間隔を置いて互いに結びつけ、その上に、これまた準備完了の板を渡す舟橋は、工兵に一変した兵士たちによって完成した。

そのうちに、朝の白い光があたりに漂い始める。渡河作戦の開始だった。

五百メートル幅の川を渡るのは、支障なく終えることはできた。音を出すな、というアレクサンドロスの厳命に、兵士たちが服したのは当然にしても、馬までが服したのには笑ってしまうが、問題はその直後に起る。

ヒダスペス川の対岸に渡ったと思っていたのが、川の中央にある中州に渡っただけであるのがわかったのだ。ほんとうの対岸が、こちら側から見ていたアレクサンドロスには見えなかったのだった。

中州に渡っただけかと、誰もが無言になる。とはいえ、後もどりしようと思う者は一人もいなかった。と言って、ほんとうの対岸までは、距離は同程度でも、どうやら川底は深いらしい。ゆっくりした流れを見るだけで、見当はついた。

その川を前に黙ってしまった兵士たちの上に、アレクサンドロスの大声が降ってきた。

ヘレスポントスの海峡まで渡ってきたオレたちが、これしきの川のおかげで前進をはばまれるわけがない、と言った若き王は、愛馬ブケファロスとともに川を渡り始めたのだ。

　そのアレクサンドロスを放っておくなど、誰の頭にもなかった。騎兵は、乗る馬の頭だけが水の上に出る状態で、歩兵たちは、両手で武器を高くかかげながら、全員が王の後につづいた。誰もかれもが、エイ、ヤッ、とでもいう、ヤケッパチの想《おも》いで。

　渡河に要した時間は、予定していたよりもかかった。夜も、完全に明けていた。それでも、一兵も失わずに渡河に成功したのは、上出来であったとするしかない。

　しかし、この第一軍だけでも、兵の数は二万に迫る。この数では、敵側の見張りも気づく。アレクサンドロス軍渡河の報は、すぐさまポロスに伝えられた。

　今度ばかりは偽の渡河作戦ではないとわかったポロスだが、一キロへだてた対岸には、あいかわらずギリシア軍の天幕が張られたままで、兵士たちの往来も見える。

　ポロスには、自下の全軍を、渡河してきたアレクサンドロスにぶつける決断がつかなかった。

　それでまず、息子に率いさせた騎兵二千をアレクサンドロスの迎撃に送る。

　その一方で全軍を二分し、半数には以前と同じように対岸の敵の動きを見張らせ、

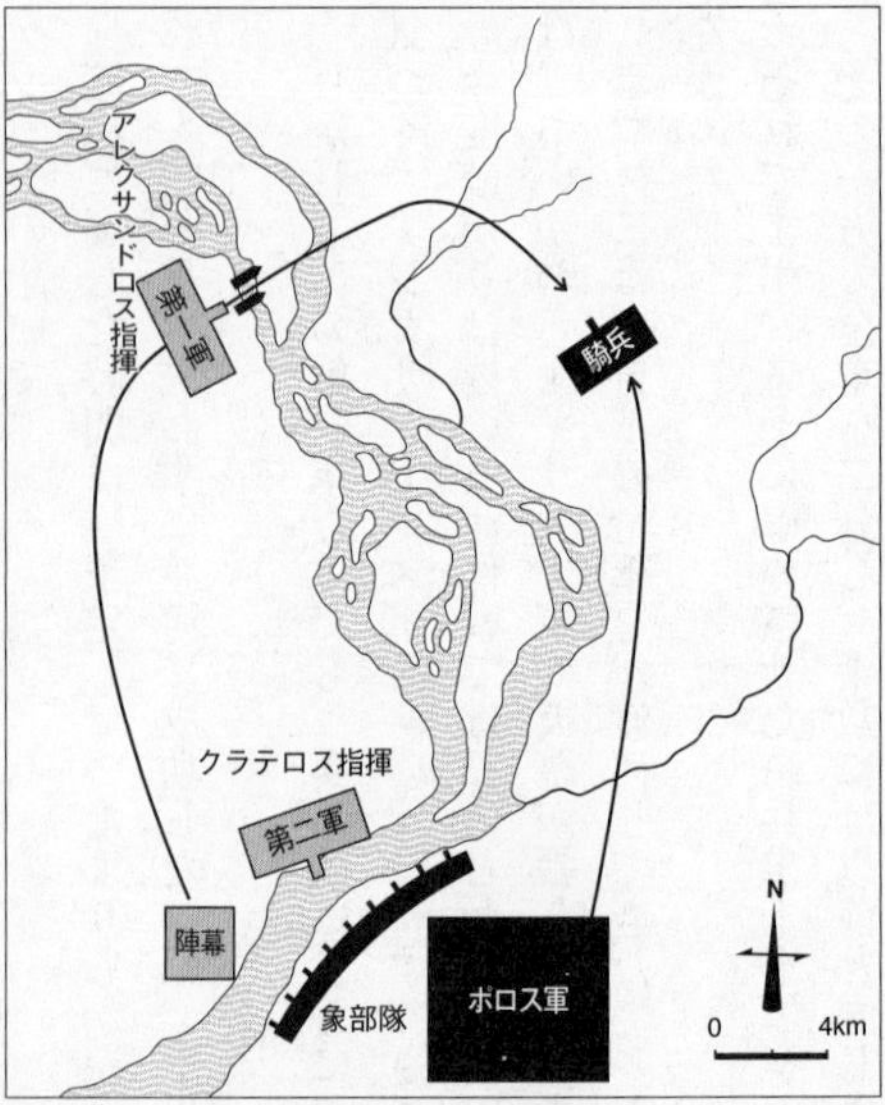

ヒダスペスの会戦②

残りの半数は九十度方向転換させて、アレクサンドロス率いる軍との会戦に向け始めたのだ（図②）。

二百頭の象も二分されたわけだから、クラテロス率いる第二軍の渡河は遅れた。だが、ポロスも、全軍あげての迎撃態勢を整えるのが遅れたのである。

王の息子が率いた二千騎は、渡河直後に早くも陣型を整えていたアレクサンドロスによって壊滅した。王子も、このときに戦死した。

ポロスにはもはや、自分が率いての迎撃しか、選択肢はなくなったことになる。

だが、このときも、アレクサンドロスのほうが先行した。王子の率いた二千騎を壊滅した直後、彼のほうは早くも、自軍の中から騎兵と、私が海兵《マリーンズ》と呼んでいる攻撃用歩兵との混成部隊を編成し、指揮は若手のケノスにまかせて、北上してくるポロス軍の左側にまわらせていたのだった。

前方からは自分が、後方からはクラテロスが、そして脇《わき》からは騎兵と海兵たちが攻める。残った右脇は川に面しており、しかも川岸一帯は沼地。そこに敵側の鎌つき戦車を追いこむのに成功すれば、現代の農業でも使う大型稲刈機に似た、鎌つき戦車の非戦力化も、可能になるはずであった。

この「ヒダスペスの会戦」も、戦略・戦術面での機動性の向上という一点にしぼるだけでも、アレクサンドロスがこれまでに闘った、すべての会戦の延長線上にあったのだ。

アレクサンドロスが勝者でありつづけたのは、会戦ごとに彼が進歩してきたからである。

ペルシア人までがその「ブランド」に憧《あこが》れていた、スパルタの重装歩兵団。

それを進化させて、巨大なハリネズミに似た「ファランクス」を創《つく》り出した、父王フィリッポス。

そして、アレクサンドロス。

アレクサンドロスが軍事面で起した改革は、騎兵と歩兵を有機的に活用したことだけではなかった。

騎兵・歩兵ともの分隊化にもあったのだ。機動性の向上が、目的であったのはもちろん。だが、機動性を向上しようと思えば、当然、装備の軽減につながる。

アレクサンドロスの軍では、重装歩兵の証《あか》しである盾《たて》も、スパルタのような大型ではなく小型に変わる。

槍も、ファランクスで勇名を馳《は》せた、サリサと呼ばれた七メートル近いものから、普通の長さに変わっていた。

そして、大型の長方形の固まりになって、ゆっくりした速度でも前進していくのが威力になっていた歩兵の大集団だったファランクスも、アレクサンドロスによって数多くの分隊に分けられる。

軍装はより軽く、武器はよりあつかいやすく、小隊ゆえにより小まわりが効くようにしたのが、アレクサンドロスが実行した改革であった。そしてこれは、部分的な改良を加えただけで、ほとんどそのまま後のローマ軍団に受け継がれていく。

では、「ヒダスペスの会戦」は、実際にはどう終始したのか。

実際の戦況も、象たちの健闘という誤算以外は、アレクサンドロスの考えたように展開するのである。

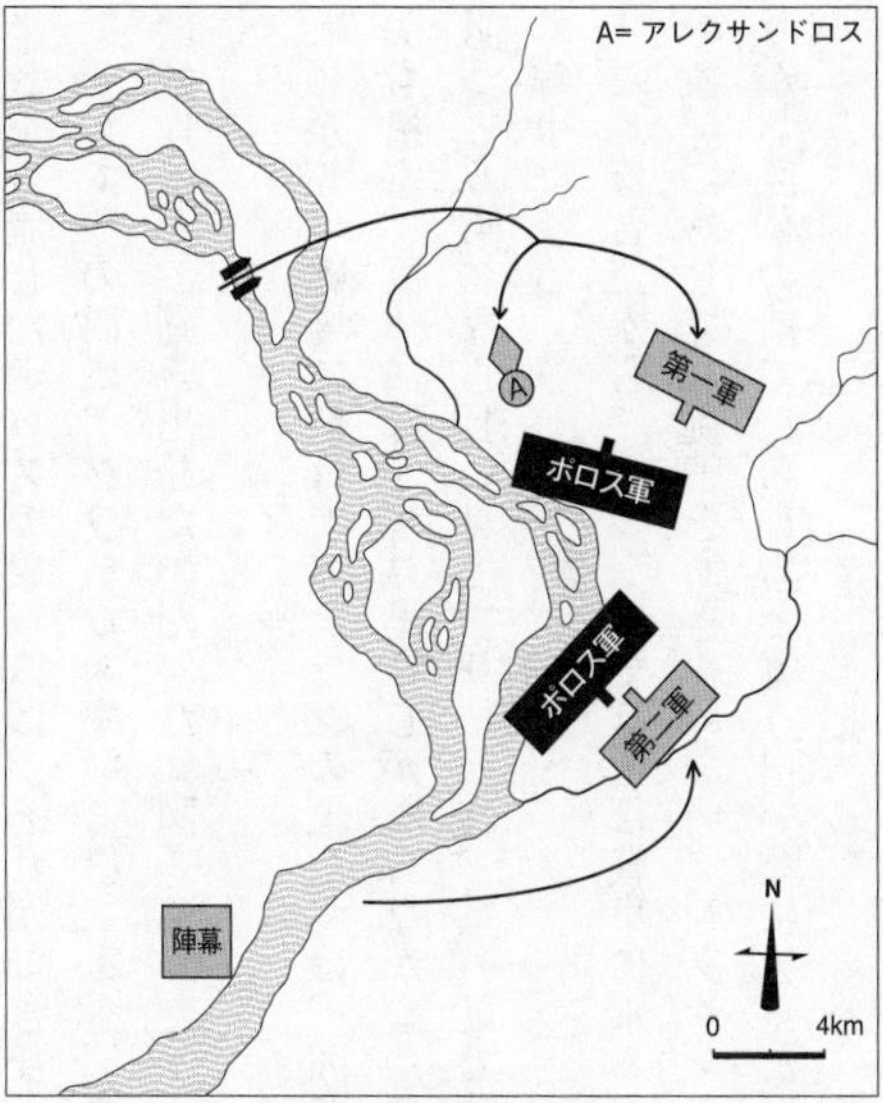

ヒダスペスの会戦③

次々と泥沼に車輪をとられて非戦力化していく鎌つき戦車を見たポロスは、もはや、川辺に残してきた軍勢の半ばまで加えての、全軍による迎撃に入るしかなかった。

しかし、戦場での象の威力も、象たちが一団となって前進していくところにある。初めは半数で、その後で残りの半数を合流したポロスの象軍には、それができなかった。

そしてその間に、クラテロス率いる第二軍も、渡河に成功していたのである。包囲壊滅作戦が、動き出したのだった（図③）。

しかし、戦場に慣れたベテランの象たちは、囲まれたくらいではひるまなかった。矢も槍も、巨体にはかすり傷にしかならなかったのだろう。一頭ずつ孤立させても、近づこうものなら長い鼻で振り払われ、重い足で踏みつぶされて、接近することさえも難事になる。

これほどだから、ペルシアでは王は戦車に乗るが、インドの王は象に乗るのだ。この象群に対しても挑戦をあきらめないアレクサンドロスの兜《かぶと》にひるがえる白い羽根飾りが、巨体の前でひらひらと舞う白い蝶《ちょう》に見えた。

アレクサンドロスも数箇所に手傷を負っていたが、象の上からとはいえ自ら指揮していたことでは同じのポロスのほうは、マケドニアの兵士たちによる投げ槍と矢の集中攻撃を受けて、出血多量のために気を失いかけていた。それでも、ポロスは逃げなかった。

ただ、血まみれになっている主人に、なぜか、象使いよりも象のほうが気づいたのである。

それまで王を乗せていたこの象は、他の象よりは一段と巨体だったが、傷ついた主人を下に降ろそうとしてか、前足を曲げて地についた形で停止した。

これが、合図になる。インドでは、王を乗せた象が前足を曲げて止まれば、他の象もそれに従うように訓練されているのである。

こうして、開戦当初は二百頭いたのが戦闘中に殺されて八十五頭に減ってはいたが、その八十五頭の象がすべて前足を曲げて停止の状態になったことで、「ヒダスペスの会戦」は終了したのだった。

後には、マケドニア軍の矢と槍で倒れたインド兵たちの死体と、数ならばその二十分の一とはいえ、象に踏みつぶされたマケドニアの兵たちの死体が散乱していた。

アレクサンドロスも初めは、ポロスが死んだと思ったのだ。それで、王の遺体の収容に兵士たちを送った。

その兵士たちが王に近づいてきたのを見た象が、突如立ち上り、長い鼻を使って王の身体《からだ》を巻きあげ、背の上にしつらえられてあった王の座所に再びもどしたのだ。まるで、敵兵には王の身体には一指もふれさせない、とでもいうかのようであった。

これを見たアレクサンドロスは、感激してしまった。

それでも会戦は、圧倒的なアレクサンドロスの勝利で終わっていた。出血多量で気を失いかけていたポロスも、捕虜になる。

象使いに命じて再びその王を地上に降ろさせた後で、アレクサンドロスは王に、マケドニア軍の医師チームによる応急処置をほどこさせた。

そして、応急の治療が終わった後で、アレクサンドロスは初めて、ポロスと対面する。

若き王は、ポロスに向って言った。「どのような処遇を望まれるか」

横たわったままで、ポロスは答えた。「死であろうが生であろうが、王としての処遇を求める」

アレクサンドロスは敗者に、王としての処遇を与えることにする。

第一は、王自身の、身代金《みのしろきん》なしの釈放。そして、生き残っていた王の兵士全員にも自由を与えた。ゆえに「ヒダスペスの会戦」では、捕虜はいない。

第二は、これまでポロスが領有していた地域のすべては、以後もポロスの領国と認めたこと。

最後は、インド王ポロスはこれ以降、マケドニアとペルシアの王であるアレクサンドロスの同盟者になること、である。

このポロスとアレクサンドロスの間には、顔を合わせたそのときから、信頼関係が生れていたのではないか、とさえ思う。戦場から逃げ出さなかった、という一事だけでも、アレクサンドロスの考えでは、ダリウスよりもポロスのほうが「王」にふさわしかった。ポロスのほうも、敗者になっても王として対してくれたアレクサンドロスに、ただちに報いる。

どうやら若き王の夢であるらしいガンジス河までのインド横断を助けるためにと、次の三つを提供すると言ったのだ。

第一に、信頼は保証つきの、複数のインド人の道案内人。

第二は、会戦で敢闘しながらも生き残った八十五頭の象に、さらに五十頭を加えた百三十五頭の象と、それに必要な象使いから世話役までの全員。

第三は、ポロス軍の中から選抜した、五千人のインド兵。

王同士にふさわしいこの思い遣《や》りが、若き勝利者の心を明るくしたのではないかと想像する。

「ヒダスペスの会戦」でのアレクサンドロスは、今度もまた勝利者になった。

なにしろ、ポロスは二万三千人を失っていたのに、アレクサンドロス側の損失は一千人足らず。

しかし、これまでの会戦に比べるならば多かった。戦死者の遺族には、生存者と同じ税免除の特典は与えていたが、それで気が済む問題ではなかった。これまでの会戦での犠牲者は、常に百人単位に押さえてきたのだから。

そのうえ「ヒダスペス」では、愛馬ブケファロスまで失っていた。

「牛の頭」という意味の「ブケファロス」と名づけたこの馬とアレクサンドロスの関係は、少年時代にまでさかのぼる。

頑丈な馬格でありながら、走るとなるとどの馬も追いつけない速度で走る。この馬を、アレクサンドロスは、ヨーロッパでは今でも言う「戦場に連れていく馬」にしていた。アレクサンドロスにとってのブケファロスは、「命を託した馬」であったのだ。

十八歳で初陣《ういじん》したときの「カイロネア」、二十一歳のときの「グラニコス」、二十三歳で迎えた「イッソス」、二十五歳の年の「ガウガメラ」、そして二十九歳で迎えたこの「ヒダスペス」と、すべての会戦を通して彼が命を託してきた馬が、ブケファロスであった。

出会いから始まってこれまでの十七年間、彼と馬は、それこそ人馬一体の仲でありつづけたのである。

この「ヒダスペスの会戦」でも、ブケファロスは、命を託された者に課された責務はまっとうする。

戦い終わってキャンプにもどってきた主人を陣幕の前で降ろした直後に、崩れ落ちたまま動かなくなったのだ。兵士の声でアレクサンドロスが振り向いたときには、すでに息はなかった。

馬としては、老齢に達していたのだろう。それでも、自らの責任は果たし終わった後で死んだのである。

敵の象がポロスに示した忠誠心に感激したアレクサンドロスだから、ブケファロスの死は感激では終わらなかった。会戦が闘われた地に、新しい町を建設すると決める。その町は、これまでのように、「○○地方のアレクサンドリア」とは名づけられず、「ブケファリア」（ブケファロスの町）と名づけられた。

しかし、若き王は、愛馬の死を哀《かな》しんでばかりもいられなかったのである。彼にとっては考えてもいなかった、事件に直面することになってしまったからだった。それは、ポロスがインド横断行への援助を申し出たと知った兵士たちが、怖《おそ》れをなしたことから始まった。アレクサンドロス下の兵士たちが初めて、ストライキに突入したのである。

従軍を拒否されて

ストに突入した兵士たちを代表して、アレクサンドロスに迫ったのはケノス(Kenos)。

アレクサンドロスは、このケノスを、「ヒダスペスの会戦」では、騎兵と攻撃用歩兵、つまり現代の海兵、の混成部隊の指揮官に抜擢《ばってき》し、左側にまわってポロスの本隊を攻める任務を与えていた。

これが、勝利をもたらした一因になる。それでケノスは、アレクサンドロスの信頼を獲得しただけでなく、兵士の間での評判も上げていたのである。

このケノスが、アレクサンドロスに向って言った。

「われわれは、あなたの後に従《つ》いて行きますよ。でも、ヘレスポントスの海峡を渡ってからでも八年が過ぎている。この八年の間は、闘いつづけるだけで過ぎたのです。もう、疲れたのです。これ以上東方に向うのには、疲れたのです」

これは、従軍拒否以外の何ものでもなかった。これまで連戦連勝できたアレクサンドロスが、戦友とさえ呼んできた兵士たちから、NOを突きつけられたのだ。

だが、若き王には、イヤだ？　じゃあペルシア人の兵に代える、とは言えなかった。やはり彼が頼りにできるのは、マケドニアの兵士であったのだ。

しかし、兵士たちも若かったが、アレクサンドロスも若い。若い者同士だから、簡単には歩み寄らない。両者とも一歩も退《ひ》かないままに、状況は深刻化する怖れが高まっていた。

アレクサンドロス

ケノスによる事情説明に対してアレクサンドロスは、「フン」と言っただけで、陣幕に引き揚げてしまったからである。

しかし、「フン」と鼻で笑いはしたが、アレクサンドロスは一計を案じていた。

少年の頃からの憧れの人であった、英雄アキレウスをまねすることにしたのだ。

ホメロス作の長編叙事詩『イーリアス』の英雄アキレウスは、トロイアを攻めるギリシア軍の総大将のアガメムノンの専横ぶりに怒って、自分の陣幕にこもったきり戦場には出てこなくなる。『イーリアス』の冒頭も、彼の心情を理解しない同僚たちへのアキレウスの怒りと嘆きから始まるのだ。

アレクサンドロスも、このアキレウスをまねて陣幕に引きこもってみたのだが、結果は「イーリアス」のようにはならなかった。三日の間閉じこもっても、兵士たちは反省するどころか、彼らの強硬な態度はいっこうに変わらなかったのである。

四日目の朝、集めた兵士たちを前にして、アレクサンドロスは言った。

「おまえたちは、どの戦闘もどの敵将も果せなかった一事を、わたしにやらせることに成功した。

よろしい。帰りたいというおまえたちの要望は受け入れよう」

兵士たちからは、歓呼が巻き起った。満額回答でも獲得した、想いであったのかもしれない。だが、彼らの読みのほうが浅かったのだ。

なぜなら、彼らの王は、もどることにはOKしたが、その後にはこうつづけていたからである。

「ただし、もどるとは言っても、どこをどうもどるかは、わたしが決める」

兵士たちは、忘れていたのである。

アレクサンドロスという男が、並みはずれた好奇心の持主であることを。また、すでにやったことをなぞるのが、何よりも嫌いな男であることを。そして、それをやるのにいかなる苦労を強いられようとも、やりつづける根強さ、一徹さ、頑固さの持主であることを、忘れていたのであった。

インダス河

さすが、論理学の創始者であるアリストテレスに学んだだけのことはあった。

兵士たちの従軍拒否の理由は、インダス河を渡ってさらに東方に向うのはイヤだ、ということにあったので、インダス河の流れに沿って下流へ向うのまでイヤだ、と言ったわけではない。下流に向うのならば、従軍拒否の理由は成り立たなくなるのである。

それにアレクサンドロス個人としても、インダス河が、当時のギリシア人が想像していたように湖に流れこんでいるのか、それとも海に流れこんでいるのかも知りたかったのだった。

自分たちの王がこうも悪賢い考えを暖めているとは夢にも思わない兵士たちは、アレクサンドロスが彼らに与えた一ヵ月の休暇を満喫していた。

とは言っても、戦闘も行軍もしない一ヵ月というだけで、記念碑の建設には駆り出されていたのだ。

マケドニアの若者は、自分の足で踏んだ最も東方の地に、ゼウスを始めとするオリンポスの神々に捧《ささ》げた壮麗な石碑の建設を命じていたのである。

この工事に、兵士たちは喜んで参加していた。帰途につく前にわれらが王も、ここまでは来た、という証拠を残していきたいのだろうと思っていたからだ。

この彼らがアレクサンドロスの真の意図を知ったのは、記念碑が完成し、その前で犠牲の牛を焼いたりしての神々への感謝の儀式も終わった後になってからである。次の行軍は、インダス河に沿って南に向う、と告げられたときであった。

来た道をもどるだけならば、西に向う二ヵ月程度の行軍で済んだろう。それが南に下ることで大きく迂回《うかい》するようになったために、帰るだけというのに一年以上もかかってしまうことになる。だが、帰るだけ、と思っていたのは兵士たちで、アレクサンドロスのほうは、帰るだけとは少しも考えてはいなかったのだった。

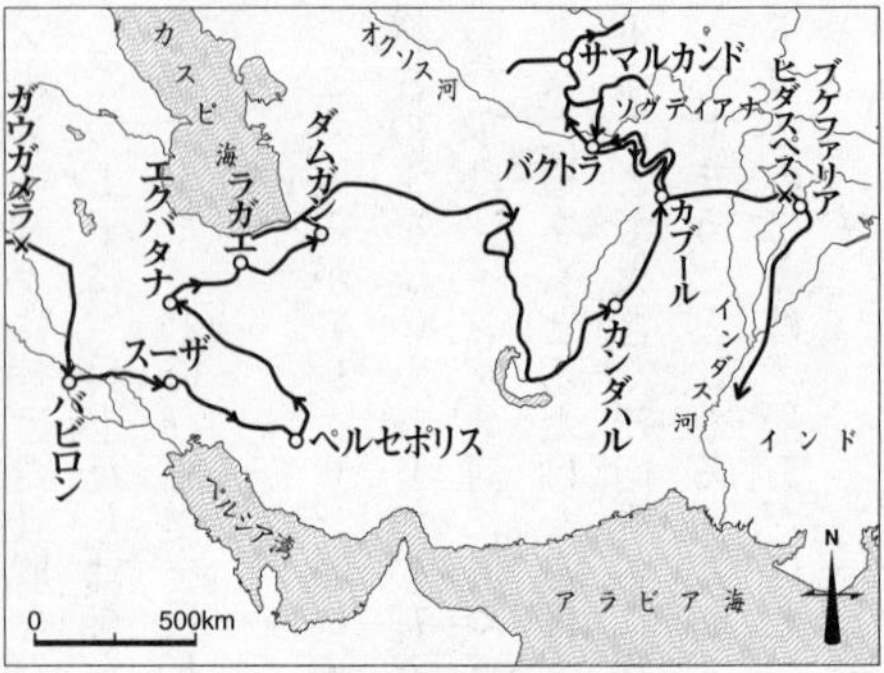

インダス河の河口へ

こうしてインダス河に沿って下流に向って行軍することになったのだが、現代ならばパキスタン南部になるこの一帯は、もう一人のインドの王の領地になっている。

ポロスとは親族関係にあるというこの王だが、領内に入ってきたアレクサンドロス軍を侵略者と見、徹底抗戦に出たのだった。

と言って、ポロスのように会戦に打って出てきたわけではないので、アレクサンドロスは、この王が立てこもる町への攻撃を始めるしかなかった。

城壁を中にしての攻防戦は、初めのうちは思ったようには進まない。それにしびれをきらしたアレクサンドロスが城壁のすぐ下にまで出て行って、例によって最前線で闘い始めた。

その一瞬、城壁の上から射られた矢が、アレクサンドロスの胸に命中した。いつものことながら白い羽根飾りは彼一人であったから、それを目がけて狙《ねら》い撃ちされたのである。

矢は、倒れ落ちたまま動かなくなった彼の胸深く突き刺さり、見る間にアレクサンドロスの顔は蒼白《そうはく》に変わっていった。

そばで闘っていた兵士たちが駆けつけたが、彼らにも、王が瀕死《ひんし》の重傷を負ったことがわかる。近くには、医師もいない。

あわてた兵士の一人が、動かない王の胸に足をかけて、力いっぱい矢を引き抜いたのである。矢さえ引き抜けば、と思ったのだろう。

だが、これがいけなかった。

オリエントで使われている矢は、小型の銛《もり》のように作られている。

それを無理に引き抜くと、その周辺までがごっそり引き抜かれてしまう。

胸甲の下からでさえ、おびただしい量の血があふれ出した。

医師が駆けつけてきたときには、王は、もはや完全に気を失っていた。

血まみれの王が担架で運ばれていくのを見た兵士たちは、復讐《ふくしゅう》の想いで一致する。

総攻撃、とは誰も命じていないのに、全員が攻撃に転じたのである。

王とは称してはいても部族の長でしかない人の町は、復讐の念に燃えるマケドニア兵の総攻撃を受けて陥落した。

陥落後も、兵士たちの怒りは収まらなかった。彼らの矢と槍《やり》で、住民の全員は殺される。右に左にと殺していきながら、マケドニアの兵士たちは、死んでしまった自分たちの王の仇《かたき》を討っている、と思いこんでいたのだった。

しかし、アレクサンドロスは、死んではいなかった。

どのような治療をほどこしたのかまでは、わかっていない。だが、医師チームも必死だった。

ポロスからはインド産の名薬が送られてきたというが、瀕死の重傷ではあっても外傷だ。幸いにして、矢は内臓器官までは傷つけていなかったようである。

占い師による神々への祈願など、役には立たなかった。三十歳の肉体の力で、自然に治癒《ちゆ》するのを待つしかなかった。

医師たちでさえも王に、絶対安静だけは守ってくれ、と頼むことしかできなかった。

これまでもアレクサンドロスは、何度となく傷を負ってきたが、今度ほどの重傷ではなかったのだ。

意識はもどっていたが、まだ朦朧《もうろう》としていた。大量の出血で顔には血の色もない。寝床に伏せったままで言葉を発する力もなく、重態であることは誰にもわかった。

そのアレクサンドロスの陣幕の周囲は静まり返り、出入りするのは医師たちと高位の将たちだけ。その陣幕を兵士たちが、心配そうに遠くからとり囲んでいる。

誰もその彼らに、王の症状を説明する者はいなかったので、王は死んだ、という彼らの想いはますます強くなっていた。将軍や医師たちは、それを隠しているのだ、と。

日が過ぎるうちに、兵士たちの間に広がっていたこの不安とそれによって生れた恐怖は、もはや爆発寸前になる。泣き出した彼らは、王は死んだと叫び始め、収拾がつかなくなった。

こうなると、次席のクラテロスが出てきて、重症ではあるが王は生きている、と説明しても収まらなくなる。

兵士たちの泣き叫ぶ声は、陣幕の中で寝台に横たわったままのアレクサンドロスの耳にも入るまでになった。

なにしろ、兵士と言っても数百人ではない。四万を越える数である。心配のあまりとはいえ彼らの心を占めるまでになった恐怖心を静めるのも、簡単にはいかないのだった。

アレクサンドロスは、船を用意するよう命じた。また、兵士たちを河沿いに集めるよう命じた。

担架に乗ったまま船に乗り、その姿を沿岸に集まった兵士たちに見せることで、彼らの不安と恐怖をとり除こうと考えたのだ。

船への移動は、支障なく終わった。その彼を乗せた船も、ゆっくりと河を下り始める。

ところが、船の上に横たわったままのアレクサンドロスを見たくらいでは、兵士たちの不安と恐怖は消えなかったのだ。

黙って自分のほうを見つめるだけの彼らを見て、アレクサンドロスは少しだけにしろ上体を起し、彼らに向って両手を振った。

生きている、ということを示すためである。

これでようやく、効果が出た。船の上の、寝台の上からとはいえ手を振る王を見て、彼らはやっと安心できたのだった。

兵士たちの間から歓声が巻き起った。「王！　王！」と叫ぶ声が、船が進むにつれて河辺を流れていった。

この男たちは、つい二ヵ月前にはアレクサンドロスに、従軍拒否を突きつけたと同じ兵士たちであったのだが。


そして、この兵士たちを代表して二ヵ月前、アレクサンドロスに従軍拒否の理由を述べた隊長ケノスも、この日のデモンストレーションが終わった後で、またも兵士たちを代表して、疲れきった様子のアレクサンドロスに言った。

「あなたがいなければ、われわれはどうしてよいかわからないのです。だから、もう二度と最前線では闘わないと約束してください」

だが、この人もまもなく、自分からの進言はいっさい聴き入れてもらえなかった、ということを悟ることになるのである。

それでも、今度ばかりはアレクサンドロスも、医師たちの忠告は聴き入れたのだ。

ただし、医師たちの言う絶対安静も、それを実行するのがアレクサンドロスとなると、肉体面でのことにすぎなく、頭脳面には及ばない、ということになってしまうのだった。

未知の地への探検行

紀元前三二五年と年が代わるやいなや、回復期も終えて立ち直ったアレクサンドロスは、どこをどうもどるかの具体策を発表した。

四万を越える全軍は、三分される。

第一軍は、年長世代の二万で構成され、クラテロスが率いて西に向う。最初の目的地は、制覇中のアレクサンドロスが建設した町の一つで、当時は、「アレクサンドリア・アラコトン」と呼ばれていた、現代ならばアフガニスタン国内のカンダハル。

この一事が示すように、第一軍の目的は、これまでアレクサンドロスが制覇した全域でも最も困難な地方であったアフガニスタン一帯の、制覇後の支配体制の確認と、必要ならばその修正になる。次席に託す、充分な理由はあったのだ。

また、制覇は終わっている地方だから旧知の地への行軍になるので、心配の量も少なくて済む。それでアレクサンドロスはこの第一軍に、組み立て式とはいえ重いことには変わりはない攻城器などの足手まといになりがちな物や、年配層の兵士たちを連れていかせることにしたのだった。

だが、この第一軍も、カンダハルに立ち寄った後はそのままスーザまで帰ってよい、と言われたわけではない。

アフガニスタンを後にしてからはイランの東南部に入り、別の道を来るアレクサンドロスと、ペルシア湾の入口になるホルムズ海峡の近くで落ち合うことになっていたからだ。スーザに向うのは、その後になる。

アレクサンドロスは、たとえ次席であっても、全権までは委託しなかった。決定のすべては、彼一人が下すのである。

その意味では、相当に独裁的であったアレクサンドロスにとってクラテロスは、理想的な「次席」だったにちがいない。

レオニダスによるスパルタ教育もアリストテレスによる教養授業もともに受けた学友仲間であったクラテロスだが、「次席」の責務は充分に果せる能力があっただけでなく、「次席」に課された任務とは何かも、充分に認識していた人であったのだ。

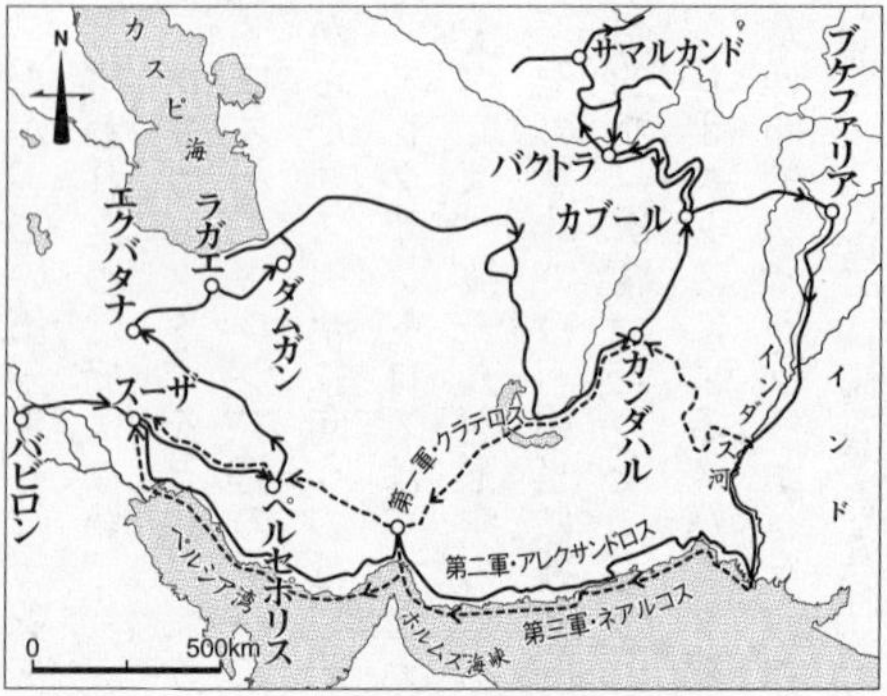

スーザへの帰還

次いでは、アレクサンドロスが自ら率いる第二軍だが、こちらは、若者世代だけを集めた一万の兵士で構成される。

なぜならこの第二軍は、制覇確認行でもなく、かと言って新たな地の制覇行でもなく、探検行、と名づけたほうが適切な行軍になるからであった。

なにしろ、現代ならばパキスタンの南岸部からイランの南岸部に入って、ホルムズ海峡近くで第一軍と落ち合った後も、ペルシア湾を左手に見ながら北東に向い、ティグリスとユーフラテスの両大河がペルシア湾にそそぎこむところまで見た後でスーザに達する、という行程である。

アレクサンドロスの時代でも、ヨーロッパ人であるギリシア人はもちろんのこと、アジア人であるペルシア人でさえも、未踏の地であった。

制覇行とも言えないのは、あの一帯には現代ではパキスタンの重要都市になっているカラチがあるが、当時ではそのカラチも寒村にすぎなく、制覇に値する都市どころか町さえもなかったのである。そこを踏破しようというのだから、探検行以外の何ものでもなかった。

三分された軍勢の最後は、残った兵士と技術者グループで成る、と言ってもよい第三軍。

この軍の指揮を、アレクサンドロスはクレタ島出身のネアルコスに託す。なぜならこの第三軍は、形ならば第二軍と並行する道筋を、とは言ってもこちらは海上を、インド洋からペルシア湾に入り、そこを北上していく行程になるからだ。

誰も行ったことのない地方まで遠征したアレクサンドロスは、帰途とはいえ、誰も行ったことのない陸と海まで踏破しようというのであった。

好奇心の強さゆえと言えば簡単だが、同時にこの人は、無駄が大嫌いであったのだ。その証拠に、帰り道であったにかかわらず、未踏だったこの地方でも、例によって、「○○地方のアレクサンドリア」と名づけた町を建設しつづける。後の人々のためを考えての、言ってみれば先行投資なのだが、この効果は、彼の死後になって初めて実証されてくる。

紀元前三二五年二月、重傷から立ち直ったアレクサンドロスは、全軍を召集した。三軍に分けての行軍再開の準備のために、三ヵ月をかける。すでに述べたように三軍の役割はそれぞれ異なるので、出発のための準備も、その「それぞれ」に適応したものにする必要があった。

六月、まず第一軍が、クラテロスに率いられて出発する。

それに遅れること一ヵ月して、第二軍と第三軍が、インダス河に沿っての南下に入った。

八月、河口に着く。ここで、アレクサンドロスとネアルコスの間で、第三者が聴いたらふき出したにちがいない会話が交わされた。

まず、茫洋《ぼうよう》とした海を眼前にしたアレクサンドロスが、ネアルコスにたずねる。

「これは、大きめの湖か、それとも海かな」

なにしろアレクサンドロスは、海には縁のない陸の国マケドニアに生れ育っている。

それで、クレタ島というエーゲ海の島出身のネアルコスにたずねたのだった。

ネアルコスは、指につけた水をなめてみた後で答えた。「海です」

この程度の知識で探検行を始めるというのだから、この地方では無視は許されない、季節風を知らなかったのも当然である。おかげで第三軍は、船団造りは終わっているのに、モンスーン明けを待ってしか出港できないことになった。第二軍が先に、出発した。

アレクサンドロスは、無鉄砲ではあったが無謀ではない。未知の地を行くのにも、当時でも可能なかぎりの配慮は怠らなかった。

まず、体力ならばある若手だけを、従えて行ったこと。

第二に、彼らには、規律を厳しく守らせたこと。兵士による強奪や強姦《ごうかん》くらい、その土地の住民の敵意に火を点《つ》けることもないのである。

第三は、兵士たちは全員、率いていくアレクサンドロスもふくめて全員が、平等な境遇を与えられること。

最後は、可能なかぎり海を視界に収めながら進むこと、である。未知の地に深く入りこむことくらい、恐怖心を起させることもないからだ。また人間は、海を見ると安心するが、山々に囲まれた土地だと不安になる動物でもある。

とは言っても、なにしろ探検行なのだから、想定外の不祥事は起らないでは済まない。その一つが、砂漠地帯に迷いこんでしまったときだった。

そうとはわかっていなかったので、飲料水の準備も充分でない。迷いこんだ、とわかった段階で、アレクサンドロスは、彼なりの対策を立ててただちに実行した。

騎兵たちは全員、アレクサンドロスをふくめた全員が馬を降りる。馬には、これまで歩兵たちが背負ってきた荷物をすべて乗せる。こうして、全員が歩兵になった。

夏の太陽の下では、持参の水もつきる。それでも全員は渇きに耐えながら、前進はつづけた。

一休みしていたとき、誰かが湧水《わきみず》を見つけた。と言っても量はわずかで、全員の渇きを満たすまではできない。

それでも兵士たちは、その水を兜《かぶと》の中に貯《た》めて、アレクサンドロスのところに持って行った。全員に分けたとしても、ひとしずくも行き渡らなかったであろうから。せめて王だけは、と考えたのだろう。

若き王は、それを受けとった。だが見れば、兵士たちはその彼をじっと見上げている。

アレクサンドロスは、手に持った兜をさかさまにした。中に入っていたわずかな水が、彼の足もとの砂を少しだけ黒く変えた。

何も言う必要はなかった。兵士たちも、言われないでも理解した。そのまま歩き始めた王の後に、彼らも無言でつづいた。

だが、こうして、未知の地であったパキスタン南岸からイランの南岸までの、完全踏破は成ったのである。

もちろんこれも、ヨーロッパ人としては最初の冒険行になる。苦労は絶えない旅ではあったが、犠牲者は一人も出ていない。

この年も冬が近づく頃になって、ホルムズ海峡のイラン側にある町に入ることができた。その町で、クラテロス率いる第一軍と合流することになっていたのだ。第一軍も、二万を越える規模であったにかかわらず、犠牲者ゼロで合流を果した。

年が明けた前三二四年の二月、モンスーンのおかげで十月までインドから発《た》てずにいたネアルコス率いる海軍も、ホルムズ海峡に入ってくる。三軍ともが、このペルシア湾の入口で合流を果したのだ。

この辺りからは、ペルシア帝国の中枢部《ちゅうすうぶ》に入っていくことになる。つまり、一年以上も費やしてまで決行した未踏の地への探検行も、もはや終わったということであった。

スーザに着いたときは、すでに春の盛りに入っていた。

紀元前三三四年にヘレスポントス海峡を渡ったことで始まった「東征」も、十年が過ぎたこの年をもって、ようやく終えることができたのである。

アレクサンドロスも、三十一歳になっていた。

敗者同化とそれによる民族融和の夢

六年ぶりに快適な生活環境を享受《きょうじゅ》できる文明都市のスーザに帰還してきた三十一歳だが、休暇を満喫できるのは兵士たちだけで、トップとなるとそうはいかない。早急に解決しなければならない問題が、待ちかまえていたからである。

それは、与えられた任務を大幅に逸脱していたペルシア人の高官たちへの対処であった。

六年前にアレクサンドロスは、逃げたダリウスの追撃とペルシア帝国の東方への制覇行に出発したのだが、その際に、後に残していくペルシアの諸地方の統治者である「地方長官」に、ペルシア人を任命していた。

その「サトラペ」たちの幾人かが、与えられた任務を越える権力まで持つようになっていたのだ。鬼の居ぬ間に、とでも思っていたのか、それとも、中央アジアに向ったアレクサンドロスが、ゲリラ相手の戦闘で死ぬことを秘《ひそ》かに望んでいたのか、は知らない。

いずれにしても、彼らに与えられた行政上の任務を逸脱して、私兵を傭《やと》ったりしての軍隊まで持つようになっていたのである。

これは、アレクサンドロスの考えには完全に反する。ペルシア帝国時代の「地方長官」が、行政・軍事・財政のすべてを一手ににぎっていたのだが、アレクサンドロスはそれを壊した。「サトラペ」という官名は残したが、アレクサンドロス下に入って以後の「地方長官」は行政しか担当できず、軍事はマケドニア人に、税徴収とかの財政はギリシア人にと、権力を三分割することに決めたからである。

また、任務逸脱行為は、「サトラペ」たちにかぎらなかった。財政面を一任された者の中には、任務は徴税を公正に行うことのみのはずが、私財を貯《た》めこんだ者までいたのである。
所詮《しょせん》は、公共心の有無に帰すのだが、公共心という考え自体が、ギリシア人の発明であって、オリエントのものではない。アジア人には欠けている、と言っているのではない。だが、一般的に言えばやはり欠けている。民主政も公共心の産物だが、あれもギリシアで生れた政治理念であった。

不正を嫌うのは、アレクサンドロスの性格だった。だが彼は、不正ぐらい、大帝国を統治するうえでの敵はない、とも思っていたのである。

彼は、不正行為が明らかになった人々をただちに解任し、厳罰に処した。その後には、マケドニア人を主にしたギリシア人を任命する。不正蓄財の張本人のほうはギリシアまで逃げたが、アレクサンドロスが送った追手によって殺された。

彼ら全員は、アレクサンドロスが与えた信頼を裏切ったことになる。信用して任務を託した者に裏切られれば、普通ならば人間不信に陥る。

だが、アレクサンドロスはそうではなかった。次のように言っている。

「ヨーロッパもアジアも、今では一つの国になったのだ。きみたち全員は、わたしの同国人であり、わたしの兵士であり、わたしの友人でもある。

そこでは誰もが、同等の権利を享受し、同等の義務を負う。きみたち全員は、一人の王の許《もと》で、共に平和に生きていく運命を共有するようになったのだ」

しかし、人心の掌握でも巧者であった、アレクサンドロスのことである。抽象論では充分でなく、それを具体的な形にして示すことの効用も知っていた。

春爛漫《らんまん》のスーザで、それこそ彼しか考えつかない、一大イヴェントを挙行したのである。

一万人のマケドニアの将兵と、一万人のペルシアの娘たちとの、合同結婚式を挙げたのであった。

戦闘でも常に、「ダイヤの切っ先」を務めて来た彼のことだ。合同結婚式でも、アレクサンドロスが先頭に立つ。

アケメネス朝ペルシアの最後の王になったダリウスには娘が二人いたが、その長女と結婚したのだった。次女は、ヘーファイスティオンと結婚させる。

次席のクラテロスには、ダリウスを殺した一人でアレクサンドロスの追撃に耐えきれず、結局は味方に裏切られて死んだ、ソグディアナ地方の「サトラペ」であったスピタメネスの娘と結婚させた。以下、将兵たちも後につづく。

まるで、会戦と変わらなかった。先頭を切って敵に突撃するアレクサンドロスの後に、王を孤立させてはならじとつづくのが常であった、騎馬軍団と変わらなかったのだ。

ちがいはただ一つ、会戦では敵に向っての突撃だが、結婚式では、オリエントの女の甘い胸に向っての突撃であったことだけである。

あれ？　アレクサンドロスはすでに、ロクサーネと結婚していたのでは？　また、マケドニアの将兵だって、東征に出発する際には、故国に残してきた妻がいたのでは？

という疑問がわいてくるが、そのようなことは、アレクサンドロスにとっては、どうでもよいことなのである。

敗者同化と、それによる民族融和が、彼にとっての最大政略《ストラテジー》であったのだから。

実際、これと同じ時期に、ペルシア人の若者だけで成る三万人の軍団まで編成させている。

とは言っても、いかにアレクサンドロス自身がマケドニアの王と隣国エピロスの王女との間に生れた合いの子だとしても、ケシカラン話であることでは変わりはない。まず、命令されての結婚であったこと。次いでは、ほとんどの男たちが二重結婚であったこと。

しかし、もっとケシカランのは、ペルシアの娘たちと結婚したマケドニアの将兵たちに彼が言ったという言葉である。

おまえたちが国にもどるときは、妻だけでなく、その妻との間に生れた子もペルシアに残していくこと。それが男子ならば、マケドニア式の教育を授けるから、と言ったのだった。

これはもう、種つけだけ果せばそれでよい、というのと同じではないか。

ただし、言った当人がその義務を果したかどうかは明らかでない。アレクサンドロスと結婚したペルシアの王女は、すでに成人になっていたにかかわらず、懐妊のきざしさえ見えないままで終わる。ヘーファイスティオンも同様。クラテロスは責任を果したようで、それから始まる血筋は、アレクサンドロスの死後に生れるヘレニズム時代の強国の一つに受け継がれていく。

だがこれは、わずかな例外の一つにすぎなかった。

敗者同化による民族融和というアレクサンドロスの夢は、彼の死とともに霧散してしまうのである。

この彼の夢が恒常的につづく現実になるのは、後《のち》に台頭してくるローマを待つしかなかったのであった。

ローマ人とは実にプラグマティックな民族で、一人の人間が打ちあげる一時のイヴェントよりも、法律にすることで制度化していくという、地道でも着実な道を選んだ民族である。

それは、いかに正しい政策でも、その継続が、言い出した当人の運命に左右されるのを避けたいからであった。

敗者同化と民族の融和も、ローマ人が実行すると次のようになる。

ローマの主戦力である軍団兵になるには、何よりもまず、ローマ市民権の所有者であることが条件になる。ローマ帝国の主権者は、「インペラトール」と呼ばれた軍の最高司令官でもなく皇帝でもなく、「ローマ市民」であったからだ。ゆえに、ローマ市民権を持っている者だけが、ローマ帝国の安全保障を担当する、と決まっていた。ローマの軍団兵の任期は、十七歳から始まる二十年間。軍団兵でいる間は、基地内で共同生活するので、結婚は認められていない。

だが、現実的でもあるローマ人のこと、その間でも基地の外に住む女との交流は認められていた。認めるどころか、奨励されていた。

ローマ軍団の基地とは、現代ではウィーンやブダペストのように一国の首都になっていても、当時では、「リメス」と呼ばれていた帝国の辺境に置かれている。

ということは、軍団兵と親しい仲になる現地の女は、ローマに征服された敗者の娘ということになる。この敗者の女との間には、子も生れる。

そして、三十七歳で満期除隊になった軍団兵のほとんどは、長年のパートナーと正式に結婚する。もちろん、彼らの間に生れていた子も、ローマ市民の子弟の仲間入りをすることになる。つまり、その子も成人に達すれば、先祖代々のローマ市民とまったく同等の資格を獲得することになるのだ。

もちろん、この資格を最大限に活《い》かして、軍団兵になるのも自由。ビジネス界に進みたいと思えば、ローマは軍団基地の近くに、退役兵のためや現地の住民のために町を作っていたので、そこに住んで軍団相手のビジネスに専念するのも自由。『ローマ人の物語』を書いていた当時、これはもう、合いの子たちの大量生産システムだと思ったものであった。

ところが、ローマによる敗者同化は、これでは終わらない。ローマ時代には「属州民」と呼ばれていたローマによって征服された人々も、国家にとっては最重要事である「安全保障」にさえ、活用していたからである。

軍団基地には、主戦力である軍団兵とほぼ同数の補助兵も勤務していたのだが、この人々は属州出身者だから、ローマから見れば敗者になる。彼らの兵役期間は、軍団兵よりは五年長い二十五年間。

それでも満期除隊時にはローマは、当時は「パクス・ロマーナ」が拡大する一方だったので満期まで勤めあげる兵士の率は高かったのだが、その彼らにローマは、退職金という感じでローマ市民権を与えたのだった。ローマ市民の血は一滴も流れていないにかかわらず、である。

もちろんのこと、この男たちから生れた子も、ローマ市民権の所有者になる。国家の防衛にたずさわった者に与えられるローマ市民権は、子孫にまで継承される世襲市民権であったからだった。

国家ローマは、ユリウス・カエサル立案の法律によって、教師と医師にはローマ市民権を与えるように変わっていた。敗者であろうが肌の色が異なろうが関係なく、教育と医療にたずさわる者には、直接税免除という特典もあるローマ市民権を与えていたのである。

だがこの場合は、一代かぎりの市民権だった。息子が教師や医師を継げば市民権も継承できたが、防衛関係者に与える世襲市民権とはちがう。

ローマ軍団とはやはり、合いの子たちの大量生産システムであっただけでなく、何よりもまず、敗者同化による民族融和の一大工場でもあったからだろう。

ローマ人は先行していたギリシア人から多くのことを学んだが、学ばなかったこともあった。

その一つが、市民権に対する考え方である。

ギリシアでは、アテネを始めとするどの都市国家《ポリス》でも、そこに生れた両親を持つ子にしか市民権は認められていなかった。

プラトンはアテネ人の親から生れたので、当時の大学であった「アカデミア」を開校する際、周辺の土地を購入して建てることができた。

反対に、高校を開校することでアテネ人の一般教養の充実に貢献したアリストテレスでも、マケドニアの出身なのでアテネの市民権は持っていない。それにアテネでは、外国人には不動産の所有を禁じていた。「リュケイオン」を開校するときもアリストテレスは、それに必要な敷地を借りつづけるしかなかった。

ギリシア人の考える市民権が、「既得権」であったからである。

一方、ローマ人の考える市民権は、「取得権」であった。ローマのためにつくしてくれる人ならば、誰に対しても開かれていた「取得権」であったのだ。

ギリシア人であるアレクサンドロスには、ローマ人のような市民権に対する考えまではなかったろう。だが、感覚的には、はっきりとはしていなくてもあったのではないかと思う。

彼が存在したことで、ギリシアとローマは、「ギリシア・ローマ文明」と言われるようになるのだから。

とはいえこのローマでも、敗者同化による民族融和政略は、始めた当初は強い反撥《はんぱつ》を呼ばずには済まなかった。

ユリウス・カエサルは、彼が制覇したガリア全土の有力部族の長たちに、元老院(今ならば国会)の議席を与えたことで、元老院内部の守旧派を敵にまわしてしまう。ブルータスとその一派の元老院議員たちに、暗殺されてしまうのだ。

紀元前四四年のことだから、アレクサンドロスがこの政略《ストラテジー》を最初に始めた年から数えれば、二百八十年の歳月が過ぎていた。

ギリシア人は、他の民族を「バルバロイ」(蛮族)と呼んで差別していた。哲学者アリストテレスでさえも、ギリシア人が勝てば彼らが支配者で、敗れた蛮族は被支配者であるべきと考えていたのである。

アレクサンドロスは、この差別を撤廃しようとした。

ローマは、撤廃に成功する。

アレクサンドロスは、暗殺はされなかったが、彼の死後に彼の考えを受け継いでくれる後継者には恵まれなかった。だがカエサルは、暗殺はされたが後継者には恵まれた。ローマ帝国初代の皇帝になったアウグストゥスと、二代目の皇帝になるティベリウスの二人が、カエサルが考えた政略《ストラテジー》を国法化し、しかもそれを一貫して実行したことで、社会の制度としても定着したからであった。

そして、カエサルからは百年後の五賢帝時代ともなると、敗者同化による民族融和は、ローマ帝国全域の共通認識になる。

その時代に生きた『列伝』の著者のプルタルコスも、次のように書いている。

「ローマを強大にした要因は、敗者の同化に成功した、彼らの考え方を措《お》いて他にない」

ちなみに、プルタルコスは日本では英語読みのプルタークの名で知られ、彼の著作も『英雄伝』の表題のほうで知られているが、この人はギリシア人である。つまり右の一句は、ローマ人が同化に成功した、旧敗者の口から出た言葉なのだ。このプルタークが『英雄伝』の中で、アレクサンドロスと並べて論評したローマ人が、ユリウス・カエサルであった。

アレクサンドロス、怒る

話を、三十一歳のアレクサンドロスにもどす。

一万組もの合同結婚式を華々しく挙行した若き王だったが、夏に入ったとたんに重大問題に直面させられる。

兵士たちが、反旗をひるがえしたからである。と言っても、前回のような従軍拒否ではなく、これはもう、反乱に進みかねない闘争であった。

それも、アレクサンドロスが決めたあることから、火が点《つ》いたのだった。

三十二歳になりつつあったアレクサンドロスは、自軍の若返りを企てていたのだ。

東征に入ってから、十年が過ぎている。十年前に彼に従ってヘレスポントス海峡を越えたマケドニア兵の中でもベテラン世代は、十年後の今では五十代に入っている。その数、ほぼ一万。

若き王は、その一万人をマケドニアに帰国させることにしたのである。もちろん、充分以上に充分な退職金を与え、そのうえ、彼らが溜《た》めこんでいた借金まで、王が全額払うという特別待遇まで与えての除隊であった。

ところが、この王の決定に、その対象にされた一万人が反旗をひるがえしたのだ。ギリシアでは、現役として兵役を勤めるのは二十歳から六十歳まで。六十歳になると現役を離れて予備役にまわされるのが、不文律になっている。一万人の不満は、だから、六十歳になる前の退役は解雇と同じ、ということにあった。

そのうえ彼らは、大義名分まで持っていた。自分たちが帰国した後に出来た穴を、アレクサンドロスはペルシア人の兵士で埋めるつもりでいるらしい、という噂《うわさ》が広まっていたのである。

これは、勝者は自分たちだと思っているマケドニア兵にとっては、我慢のならないことになる。もはや、円満退職か解雇か、の問題ではなかった。マケドニアの王であるのにマケドニア人を排除し、敗者のペルシア人に乗り換えるつもりか、というのであったのだから。

こうして、一万人の不満は、それ以外の兵士たちの共感まで獲得していく。このままでは、マケドニア軍自体が崩壊してしまうところまで行く危険があった。

事情を知ったアレクサンドロスは、兵士たちの中に単身で乗りこんだ。そして、彼らを前にして、説得に努めるどころか、三十代の若者丸出しの怒りを爆発させたのである。

「おまえたちは、自分たちを何と心得ているのか」と言ったというのだから、雲行きは初めから怪しかった。

「わたしがおまえたちに直接に話すのは、これが最後になるだろう。なぜならわたしには、おまえたちが去るのを、止める気はまったくないからである。どこへ行こうが、それも関心がない。だが、去る前に、これだけは言っておきたい。

まず、わが父フィリッポスによって、おまえたちの立場がどう改善されたかを先に述べる。

フィリッポスが王にならない以前のおまえたちは、山間《あい》の地で羊の群れを追いながら暮らす、貧しい農牧の民にすぎなかった。しかもその日々さえも安全ではなく、近隣のイリリアやトラキアから襲ってくる蛮族への恐怖におびえる毎日であったのだ。

フィリッポスは、野獣の毛皮しか身にまとったことがなかったおまえたちに、甲冑《かっちゅう》を着せて兵士に変え、山地から町に移住させ、これまでは恐怖の的《まと》であった蛮族に勝つことで、怖《おそ》れを知らない一人前の男にしてやったのだ。

こうしておまえたちは、近隣の蛮族を制覇しただけでなく、フィリッポスが行った鉱山の開発によって、より文明的な生活まで送れるようになった。

しかもその後もギリシアの中南部にまで進攻し、テッサリア、テーベ、アテネ、スパルタを破って、ギリシア全域の覇権《ヘゲモニー》を手中にする。その結果マケドニア王は、ギリシアのポリスのすべてから、宿敵ペルシアに進攻する軍勢の総司令官の地位に選出されたのだった。

フィリッポスは、ここまでのすべてをやり遂げて死んだ。彼のあげた業績の偉大さには、誰も異論はないはずだ。とはいえそれも、彼の死の後にわれわれが何をやったかとなると、話はまったく別になる。

父はあの年齢で死ぬとは思っていなかったのか、彼がわたしに残した国庫は惨《みじ》めな状態にあった。入っていたのは七十タレントだけで、一千三百タレントの借金があった。これではとうてい東征に発つどころではない。さらに、八百タレントの借金をするしかなかった。そうでもしなければ、三万五千になる兵士の全員に、食べさせることさえもできなかったのだ。

だが、この状態でも東征を決行したことで、ペルシア人が長きにわたって制海権を手中にしてきたエーゲ海なのに、そのエーゲ海の北にあるヘレスポントスの海峡を渡ることができたのである。

しかも、渡っただけでなく、グラニコスではペルシアの「地方長官《サトラペ》」たちを向うにまわして勝った。小アジアも、西岸部から内陸部まで制覇した。

中近東もエジプトもシリアもバビロニアもバクトリアも、われわれが制覇して行った地をあげていけば切りがない。その間おまえたちも敢闘したが、勝利によって手にした富を享受したのも、おまえたちであったことを忘れないでもらいたい。

征服した地の王から捧《ささ》げられた黄金の冠も、そのまま金貨に変えておまえたちに分け与えたのも、忘れてしまったのか。

そのおまえたちを率いて闘ったわたしの得た報酬は、紫色《ポルポラ》のマントと王冠だけ。とはいえ、おまえたちと同じ物を食べ、寝るのも同じ造りの陣幕だったわたしに、財宝を貯めこむ理由からしてなかったのだが。

しかもその間の日々も、おまえたちのほうがよほど快適であったはずだ。何もかも忘れて眠りをむさぼれたおまえたちとちがって、わたしにとっての夜は、明日にそなえての考えをめぐらせる時間であったのだから。

最前線で闘うおまえたちとちがって、最高司令官のわたしが危険を避けていたと言う者がいたら、その者の顔を見てみたい。

おまえたちが戦闘で負った傷を見せるなら、わたしも見せよう。

わたしの身体《からだ》はどこも、剣で槍《やり》で矢で投石で傷ついた跡ばかりだ。これが、山を越え砂漠を踏破し川を渡ることで得た、わたしの勲功だ。おまえたちに、栄誉と富を与えた結果に得た、勲章なのである。

おまえたちがしたように、わたしもペルシアの女を妻にした。だが、これをしたことによって、われわれの息子たちは、互いに縁つづきの関係になることになる。

おまえたちが溜めこんでいた借金も、わたしが払った。あれだけの報酬を得ていたおまえたちが、どうして借金までこしらえたのかはわからないが、そのことについての追及はいっさいせず、全額をわたしが払った。

そのうえさらに、これまでわたしとともに十年を過ごしてきたおまえたちは、東征という誰一人試みもしなかった大事業に参加したことによって、他の人々には無縁の栄誉にまで浴したのである。

ゆえに、不幸にして戦場で倒れた者にも、その栄誉にふさわしい待遇が与えられて当然だ。彼らの貢献は、銅像に作られて故郷に立てられ、遺《のこ》された家族は税の免除に浴すと決まっており、それは着実に実行されている。

最後にもう一つ、これだけはつけ加えておく。

おまえたちのただ一人といえども、敵に背を向けて逃げる事態には合わせなかったということを。

ところが今、おまえたちは、このわたしとの関係はいっさい断って帰国すると言っているそうだ。

これまでの十年を共に闘ってきた兵士や、負傷で兵役続行が無理な兵士を故国に帰らせようというわたしの意図もわからずに、まるですべての縁を切るかのように去って行くと言う。

それならば、わたしも言おう。帰れ、どこへなりと帰れ、と。

そして、国にもどったら言いふらすがよい。おまえたちは自分たちの王を、他民族の中に捨ててきた、とでも言え！

故国でおまえたちが何をしゃべろうが、何でも信じてしまう人々の間ではおまえたちも英雄になるだろうし、神々も愛してくれるであろうから。

そのような兵士たちは、わたしにはもはや縁はない。

帰れ！　どこへなりと去れ！」

こうして胸の想《おも》いをぶちまけたアレクサンドロスは、その場を去るときも、護衛の者たちに囲まれて、ではなかった。

昂然《こうぜん》と一人で兵士たちの間を通り、その一人一人を睨《にら》みつけながら去って行ったのである。兵士たちの全員が、そのアレクサンドロスを、沈黙したままで見送った。

兵士たちの胸に反省の想いがわきあがってくるのに、さしたる時間は必要ではなかった。単純だが素朴でもある彼らは、心底から後悔したのである。その想いのあまり、泣き出す者までいた。

それぞれの指揮官を通じて王に、謝罪の意を伝え、許してくれるよう願ってもらった。

だが、アレクサンドロスは、頑として頭を縦に振らない。

それで、なおも後悔の念がつのった兵士たちは、アレクサンドロスのいる王宮の前に広がる庭に集まって、許してくれるまでの坐《すわ》りこみストに突入したのである。

一万人だから、広い庭園でも埋まってしまう。

それにアレクサンドロスは、気分を一新するのも速い。庭に出て兵士たちの前に立った若き王は、よかろう、と一言だけ言った。兵士たちはほっと安堵《あんど》し、歓声がわき起った。

その彼らに、アレクサンドロスは言った。

「われわれの関係がもとにもどった祝いに、今夜は大宴会だ」

それで歓声は、いっそう高まった。

その夜は王宮の庭園が、兵士全員を招いた大宴会の会場になった。誰もが王と杯を交わしたくて、若き王の周辺は大騒ぎになったほどである。おかげでその夜だけは、無礼講。酒も、ギリシア式にストレートであおったのだろう。

だが、兵士たちはあらためて、やはりアレクサンドロスはオレたちの王だ、という嬉《うれ》しさも、酒と一緒に心地よく飲み下したのである。

一万人の帰国も、円満に行えることになったのだった。

若き王は、この一万を引率して送り返す役に、クラテロスを任命した。マケドニア軍では王に次ぐ位置にある次席がわざわざ引率していくことが明らかになったことで、一万兵の帰国も、リストラ組の帰国ではなく、円満退職組の帰国になり、マケドニア兵の大量離脱に向いかねなかった兵士たちによる抗議も、穏やかな形で解決したのだった。

その年の夏から秋まで、アレクサンドロスはエクバタナで過ごす。ペルシアの歴代の王たちが夏を過ごす地であったから、という理由だけではない。

一万人を帰国させたアレクサンドロスの許に残ったのは、年齢的には若い兵士たちになる。つまり、先王フィリッポスを知る世代ではなく、アレクサンドロスの下でしか闘った経験のない者ばかりということだ。ペルシア人に対するアレルギーが少ない若者たちばかり、ということにもなるのであった。

しかし、いかに若返りが真の目的ではあっても、帰国させた兵士の数は一万にもなる。

そして、アレクサンドロスのことだから、その一万の引率者に任命して送り出した次席のクラテロスに、送り届けた後は空手でもどって来いなどとは言うわけがない。必ずや、マケドニアを主としたギリシア全土から志願兵を集め、その彼らを引率してもどって来い、と命じたにちがいないのだ。

しかし、東征に費やした十年の間、フェデックスがあったわけでもないのにと感心するほど、指定した地に確実に着いていた補充兵のすべてを見ても、その規模は二、三千で、五千に達したことは一度もない。実直なクラテロスが集めて連れて来ても、規模ならば変わりはなかったのではないか。

ということは、帰国した一万で空いた穴は、それだけでは埋まらないということである。

となればやはり、リストラ組が感じていた心配のほうが的を射ていたことになる。つまり彼らの王は、マケドニア兵の帰国でできた穴を、ペルシアの若者たちで埋めるつもりであった、ということだ。

とはいえ、全員を取り代えるのではない。ケノスも加わった若年層は残っていた。また、クラテロスが連れ帰るにちがいない新兵たちも、残留組と同じマケドニア兵でもあり、マケドニア人でなくてもギリシア人ではあった。ゆえに、ペルシア人をマケドニア軍に加えるにしても、この時点ではあくまでも少数組であり、マケドニアの守旧派を刺激するほどの規模にはならなかったのである。

だが、ギリシア人の新兵でも訓練を与える必要があるのだから、ペルシア人の新兵ともなれば、その必要度はさらに高まる。生活習慣のちがいが加わってくるからであった。

三十二歳になったアレクサンドロスが、その年の夏をエクバタナで過ごしたのは、スーザの暑さを逃れたかったからではない。ペルシア帝国の首都であったスーザでは人眼を引きやすいが、避暑地のエクバタナではその心配も少なかったからである。アレクサンドロスはこのエクバタナの郊外を、あらかじめ選抜していたペルシアの若者たちを集めての武技の訓練場にしていたのだった。

武術訓練と言っても主催者はギリシア人である以上、結局は競技会の連続になる。四年に一度オリンピアで開催される競技会を始めとして各地方ごとに競技会が催されるのがギリシアだったが、この種の競技会と武術訓練のちがいは、観客がいるかいないかにしかなかった。エクバタナで連日行われていたのは、観客無しの競技会であったのだ。

しかし、ギリシア人は競技会に、全裸か、でなくても半裸で参加する。裸体は奴隷《どれい》のものと思っているペルシア人にどうやってこのギリシア式を飲ませたのかと思ってしまうが、この一事に言及した古代の史家も現代の研究者も一人もいない。

もしかしたら、アレクサンドロスが召集したペルシアの若者たちは、若いだけに意外にも、ギリシア式への順応も早かったのかもしれない。

なにしろ、ペルシア式の長衣では、戦場での動きが鈍くなる。機動性を重視するアレクサンドロスの軍では、長衣姿では使いものにならない。戦場でも長衣姿で闘ったから、ペルシア軍は負けつづけたのである。

それぐらいは、ペルシアの若者たちもわかっていたのだろう。異文化との融和も、短衣をまとうぐらいで妥協したのではないかと想像する。

心の友の死

秋に入ってもまだつづいていたこの武術訓練には、アレクサンドロスも連日、熱心に顔を出していた。顔を出すだけでなく、彼自身で参加することも珍しくなかった。

しばらく前から、常にアレクサンドロスのかたわらにいたへーファイスティオンの姿が見えないことに、多くの人が気がつかないでいたのである。

アレクサンドロスのほうは、病に伏した当初は友を見舞ったりしていたのだが、ヘーファイスティオンも、たいした病気ではないから心配するな、と言う。またその頃は傍目《はため》にも、さしたる病には見えなかった。

それでアレクサンドロスも、町中にある彼らが宿舎にしていた宮殿に病む友を置いて、町から数キロ離れた郊外にある平原で連日、新兵たちへの武術訓練で過ごしていたのである。

ところが、秋も深まったある日、いつものようにペルシアの若者相手の訓練をしていたアレクサンドロスのそばに、息せき切って走ってきたマケドニア人の兵士が告げた。

ヘーファイスティオンの病状が急変した、と。

若き王は、汗もぬぐわずに馬にとび乗り、全速力で町に向った。

だが、馬に鞭《むち》をくれつづけてもどって着いたときには、ヘーファイスティオンにはすでに息はなかった。

友の亡骸《なきがら》にすがって泣き叫ぶアレクサンドロスを、しばらくの間は誰も、どうするともできないでいた。

友の名を呼びながら泣きつづけるアレクサンドロスが、それでもようやく亡骸から離れたのは、かつての学友仲間たちが無理に引きはがしたからである。

ヘーファイスティオンもその一人だった王の学友仲間は、半狂乱のアレクサンドロスを自室に連れて行くことまではできた。だが、王はその彼らの前で扉を固く閉じてしまう。そしてその後は、食事にも手をつけずに室内にこもってしまった。

アレクサンドロスとヘーファイスティオン

泣き叫ぶ声は、もはや聴こえてこなかった。三日三晩というもの、アレクサンドロスは、暗くて底のしれないほどに深い、悲哀の中を漂っていた。

少年時代のアレクサンドロスとヘーファイスティオンの教師であったアリストテレスは、この二人を評して言ったという。

一つの心が、二つの肉体に分れただけ、と。

アレクサンドロスは、心の半分を失ってしまったのである。常にかたわらに居るのが当り前になっていた、少年時代からの無二の親友を失ってしまったのであった。

いつでも、どこでも、友はそばにいた。古代の史家たちは、そのヘーファイスティオンだけが、アレクサンドロスの心の内をすべて知っていた、と書く。

何でも話せたから、知っていたのだ。だが、ヘーファイスティオンは、王とはこうも近い関係にありながら、それを自分の利益のために使うことは一度としてなかった。

誰もが、この二人の特別な関係は知っていた。だが、特別な関係にある、ということ以外は何もなかったのだ。

クレイトスがあの事件で死んで以後は、それまではクレイトスの役割であったことまで、ヘーファイスティオンが受け継いできたのである。

それは、会戦ともなれば先頭に立って敵に突撃していくアレクサンドロスの背後にぴたりとつき、王にもしものことがあればただちに助けに出る役割である。

この役割を務めるようになって以来、ヘーファイスティオンの兜《かぶと》の上の羽根飾りも青色と決まる。アレクサンドロスの羽根飾りは白と決まっていたので、混戦の中でも白と青が見えているかぎり、マケドニア軍の将兵たちも安心して闘えたのである。その青のほうが、消えてしまったのであった。

以前にテレビで、BBC制作の番組を観《み》たときを思い出す。それは、東征の十年間でアレクサンドロスが受けた傷のすべてを、いかにもイギリス人らしい冷徹さで、人体の模型を使いながら具体的に指摘し解説した番組だった。

それを観ながら、満身創痍《まんしんそうい》とはこのことだ、と思った。

だが同時に、これらのすべては外傷であって、心の傷ではない、とも思った。心の傷ともなると、科学的には解説しようがないのである。

そして、若きマケドニアの王をここまで書いてきた今、ほとんど確信としてもよい強さで感じている。

アレクサンドロスは、ヘーファイスティオンに死なれたときから、彼自身も死に向って歩み始めたのではないか、と。

BBCの番組でもアレクサンドロスが瀕死《ひんし》の重傷であったということでは一致して

いた、インダス河を下る途中で負った傷だが、さすがにあのときは、全快するまでに二ヵ月を要している。

だが、心の友の死で負った傷は、全快することはなかったのだろう。

それでも、アレクサンドロスの責任感は、異常と言ってもよいくらいに強かった。四日目からは、王としての職務に復帰している。

その一つに、医術の神とされていたアスクレピオスに捧げる祭祀《さいし》があった。その場でアレクサンドロスは、人々を前にしているというのに、その神に向ってこう言ったのだ。

「王にとっては義務だから、祭祀は行う。だが、神々の中でもアスクレピオスは、わたしには少しも幸いをもたらさなかった。このわたしからこうも早く、ヘーファイスティオンを奪い去ってしまったことくらい、医神アスクレピオスの怠慢を示すこともない」

当然ながら、神官や占い師たちは、敬神の念に欠けると、アレクサンドロスを非難した。集っていた人々も、非難まではしなかったがびっくりはした。

だが、アレクサンドロスだけは、そのような反応は気にもしていなかった。ヘーファイスティオンを奪い去った者は、たとえ神であろうと、彼にとっては敵なのであった。

西征を夢見ながら

年が代わって紀元前三二三年に入ると、アレクサンドロスは、傍目には、いつもの彼に完全にもどったように見えた。将の全員が召集され、次の遠征を前にしての作戦会議が始まったのである。

まずの目的は、アラビア半島の征服。

三十二歳の若き王は、それを、軍を三分しての陸上と海上の三方から成し遂げようと考えていたようである。

二分した陸軍の第一軍はクラテロスが率いて西に向い、北からアラビア半島に攻め入る。

アレクサンドロスが自ら率いる第二軍は、ペルシア湾を少し下った地点からこの半島の内陸部に攻めこむ。アラビア半島の内陸部が、広大な砂漠地帯であることまでは

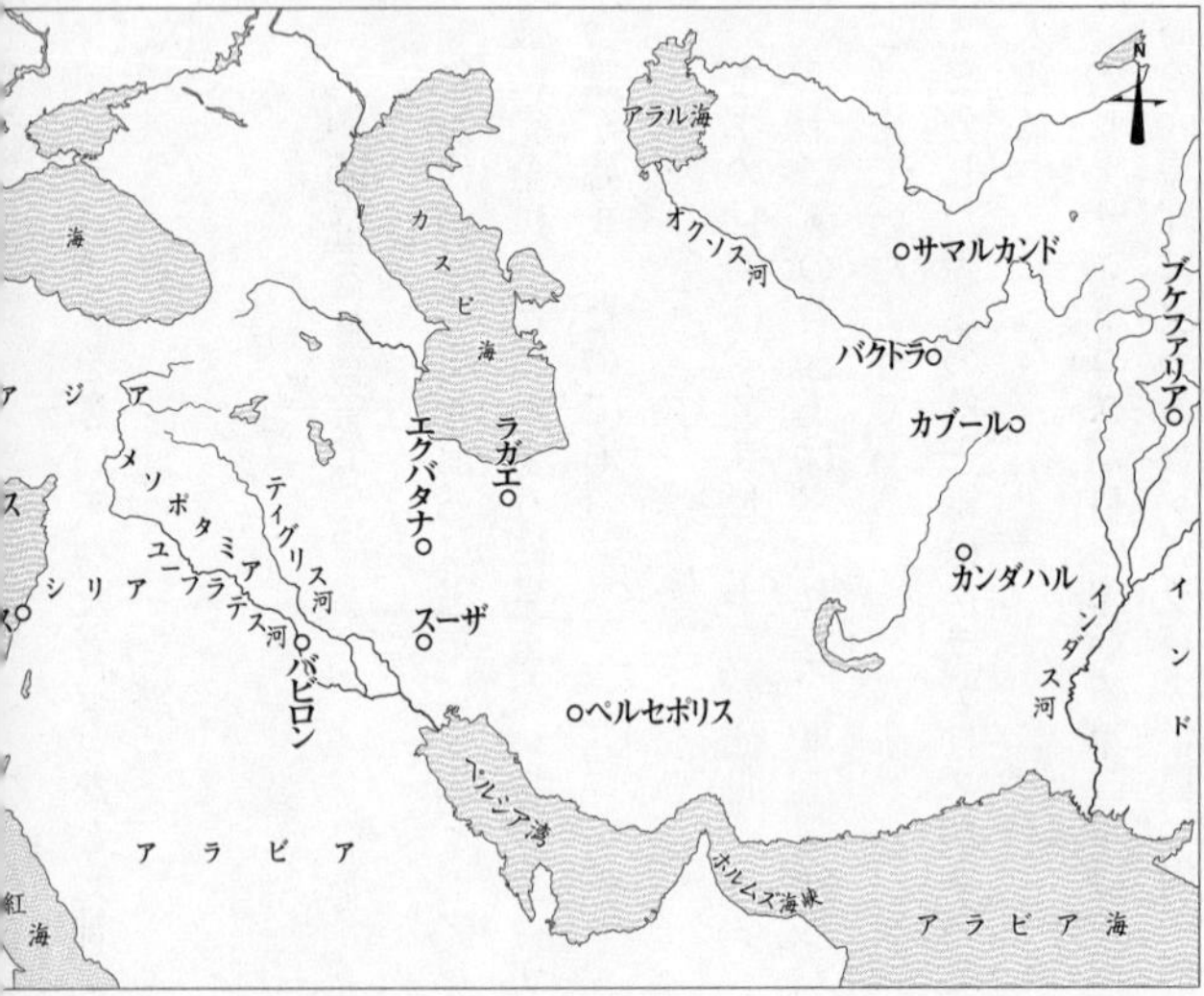

東征から西征へ

知らなかったようだが、砂漠があることくらいは知っていた。

ペルシア湾を南下してアラビア半島をまわり、紅海への出入口を探るのも任務の海軍は、クレタ島生れのネアルコスが率いる。

当時の船では、よほどの熟練者でもないかぎりは沿岸航海になる。しばしばの寄港が必要になるのだが、その結果とはいえ、沿岸地域の制覇行になるのである。

こうして、アレクサンドロスに命じられて行った、これまた結果とはいえ、現パキスタンの南岸部から現イランの南岸部までのペルシア湾航路の開拓者になっていた

ネアルコスには、アラビア半島から紅海に至る航路の開拓もまかされたということになった。

紅海の存在は、九年前にエジプトを制覇した当時にすでに、アレクサンドロスは知っていた。それが海であることも知っていた。だから、アラビア半島をまわって行けばどこかでつながるはずだ、と。

アラビア半島の制覇は、彼の頭の中では独立した目的ではなかったのだ。すでに彼が手中にしているメソポタミア地方とエジプトを統合するうえでの、結び目であったのである。もちろん、古代では高額な値を払わなければ購入できなかった、乳香を始めとする薫香料《くんこうりょう》の産地でもあったが、それが制覇行の主たる目的ではなかった。なぜなら、アラビア半島の制覇が成就《じょうじゅ》した後には、さらなる西征を考えていたからだ。

九年前に成し遂げていたエジプトの制覇で、現代の国別ならば、エジプトに加えて、キレナイカと呼ばれるリビアの東半分までが、アレクサンドロスの支配下に入っていた。

このリビアの西半分からは、今ならばチュニジアを通ってアルジェリアにまで広がる全域を領する、西地中海世界第一の強国のカルタゴの領土が始まる。そのカルタゴの存在も、彼は、九年前に中近東一帯を制覇中に唯一《ゆいいつ》苦労した、ティロスの攻防戦で知っていたのである。

ティロスの攻略に苦労したのは、ティロスが海上に浮ぶ島であり、当時のアレクサンドロスには、充分な海軍がなかったからだった。

防戦中のそのティロスに、いずれもフェニキア民族同士ということで、カルタゴが助力を申し出ていたのである。もしもこれが実現していたら、アレクサンドロスの苦労もさらに増えていたにちがいない。強国カルタゴが誇る主戦力は、海上戦力であったのだから。

だが、このときのフェニキア民族とギリシア民族の対決は実現しなかった。西地中海のもう一つの強国であったシラクサが北アフリカに軍を上陸させてきたので、カルタゴも本国の防衛に専念するしかなく、東地中海にまで援軍を送る余裕はなくなったからである。

しかし、このときから若き王の頭の一部には、カルタゴの存在が刻みつけられるようになっていたのだった。

ゆえに「西征」に転じたアレクサンドロスにとって、その目標がカルタゴにまで及ぶのは、当然の帰結でもあったのだ。

三十二歳の頭はまたも、気宇壮大と言うしかない遠征計画で占められていた。だがこれも、インダス河まで行った「東征」のさらなる続行が、兵士たちの従軍拒否で不可能になった以上、それならば今度は「西征」だ、というのだから、彼に従《つ》いていく将兵たちにしてみれば、たまったものではない、という想いであったろう。

誰かが言っていた。

アレクサンドロスに従いていくのは大変な苦労であったのは確かだが、退屈だけはしなかったにちがいない、と。

スーザからバビロンに場所を移した会議でも、アレクサンドロスの、三十代の若者らしく熱をこめて語る様子は少しも変わらなかった。学友仲間も兵士たちも、その王を見て、アレクサンドロスが完全に立ち直ったと思っていた。

しかし、もしも彼らの中に、人の心の奥底まで見透す感受性の持主がいたら、気がついていただろう。

以前とちがってアレクサンドロスが、熱心に話をしている途中でふと止まり、少しの間にしろ黙りこみ、その後で頭を振って、もとの話にもどるようになったことに。

若き王はまだ、ヘーファイスティオンがいないことに、慣れることができないでいたのである。

以前ならば、視線を向けただけで、眼で答えてくれる人がいた。言葉を交わさないでも、理解し合える友がいた。あって当然の存在が、今では無いのである。

アレクサンドロスには子供の頃から、少しだけ頭を左にかしげる癖があったが、その彼が視線を向ける方向には、常にヘーファイスティオンがいた。そして友は、無言で問いかけるアレクサンドロスに、無言で答えてくれていたのだった。

あまりにも長きにわたってそばにいるのが当り前になっていたので、アレクサンドロスもつい、頭をかしげ視線を向けてしまう。だがそれが、もはやむなしい行為であることを、視線を向けるたびに悟らされる。

西方への制覇行に必要な事柄を次々と命じていくアレクサンドロスが、以前よりは一段と活潑《かっぱつ》的で積極的に映ったのも、無二の友の死を忘れたいという想いから、発していたのかもしれないのだった。

それでも、バビロンへの全軍の集結は四月、バビロンからの出陣は五月、と決まった。

船の建造も始まった。アレクサンドロスも工事現場にはしばしば顔を見せ、いまや彼の軍の海将になったネアルコスとは、熱心に討議を重ねていた。

先王フィリッポスの時代は軍船には縁のなかったマケドニアも、アレクサンドロスの代には、陸海ともの軍事大国になりつつあったのである。

だが、出陣の日も近くなっていたある日、そのアレクサンドロスが、将たちとの会議の席で突如、崩れるように倒れてしまう。

将たちにささえられて自室にもどった王は、そのまま寝台に倒れこんだ。駆けつけた医師たちにも、その病因がわからなかった。

この日から、起きたり起きなかったりをくり返す日々が始まるのである。

三日の間高熱にあえいでいたと思ったら、四日目の朝には元気な姿を見せる。アレクサンドロスもたいしたことはないと言い、配下の将たちもそう感じたので、出陣の延期を言い出す者は一人もいなかった。

それでも、元気でいたのは数日の間だけで、またも高熱が襲ってきて病床に伏してしまう。ところがそれも数日の間だけで、再び元気な姿で皆の前に現われる。ギリシア人の王であることに忠実に、入浴もきちんと済ませ、その後では神々に捧げる祭祀も律義《りちぎ》に行っていたのだった。

しかし、気力を回復してもふたたび病床に倒れこむまでの間が、縮まる一方になった。さすがにアレクサンドロスも、出陣の日はしばらく延期すると発表した。

だがその後も、間隔を縮めるのを止めることはできなかった。もはや、高熱にあえぐ日ばかりになる。現代の研究者たちは、マラリアということで一致しているが、マラリアならば、三十二歳の体力によって回復してもよいはずだが、三十二歳の体力のほうが、確実に消耗していたのだった。

アレクサンドロスは、もはや病室になってしまった自室に、かつての学友であり家出仲間でもあり、今では自分の下で要職に就いている人々の全員を集めた。

そして、たとえ自分が死んでも西征は実行するよう命じたのである。全員が、王の命令に服することを誓った。

その頃ともなると、王の病いは兵士たちでさえも知るようになる。

彼らは、直属の上司に、ひと目でよいから王に会わせてくれと頼んだ。

兵士たちのその願いを告げられたアレクサンドロスは、彼らの要望を聴き入れることにする。寝台が、王宮の前の庭園に運び出された。

最後の別れ

広大な王宮の庭園に、ひと目王に会いたいと願う兵士たちの長い行列ができた。

アレクサンドロスには、以前のように、寝台の上から兵士たちに向って両手を振ることで、まだ生きていると知らせるだけの体力は残っていなかった。

庭園に移された寝台に伏すアレクサンドロスには、上体だけでも起す力さえもなくなっていたのである。それでも彼は、多くのクッションにささえられて、少しにしても上体は起した。

その王の前を、一列になった兵士たちが通り過ぎていくのだった。ある者は、声もなく泣いていた。またある者は、口をきつく結んで、泣かないように努めているかのようであった。

その彼らの一人一人に、若き王は、頭と眼を少し動かすことで答えていった。もはや声さえも、出せなくなっていたのである。

こうして、長年共に闘ってきた仲のアレクサンドロスと兵士たちは、最後の別れを告げ合ったのであった。

別れを告げた後も、兵士たちの誰一人、去って行った者はいなかった。全員が、庭の中に留まっていた。

そして、アレクサンドロスも、最後の一兵まで、無言で別れを告げることはやめなかった。

すべてが終わって再び王を乗せた寝台が宮殿の中に運びこまれるのを、兵士の全員が見送った。これで、真の意味の告別の式は終わったのである。

二日が過ぎた夜、アレクサンドロスは死んだ。

紀元前三二三年六月十日、あと一ヵ月すれば、三十三歳になるのだった。それも待たずに燃えつきた、とでもいうかのような死。

二十一歳の年にヨーロッパを後にアジアに来て以来、一度もマケドニアにもギリシアにも帰らないまま、メソポタミア地方のバビロンで迎えた死であった。

王の死後、アレクサンドロスの下で要職にあった人々、そのほとんどはアレクサンドロスの軍の司令官になっていた人々だが、彼らはすぐに、一つのことだけは全員一致で決めた。

西方の制覇を目標にかかげていた「西征」は、白紙にもどすことに決めたのである。

現実的でない、というのが、その理由であった。

私には、「東征」だって当初は、相当に高い割合で現実的ではなかったのに、と思えるのだが。

死に向いつつある中でもアレクサンドロスの頭を占めつづけていた「西征」は、後《のち》になって、ローマが、そのすべてを現実にしていくのである。

自分で叙述する歴史家でも、他者が書いた歴史叙述を研究する学者でも、マケドニアの若き王の生涯を述べた後に、総括とでもいう感じで、アレクサンドロスの性格や才能や業績についての論評をつけ加える人が多い。

だが、私にはどうしても、私自身の言葉でそれを行う気になれない。代わりに、彼の一生を追った年表を作ってみた。

ここまで読んでくれたあなたに願うのは、それに眼をやりながらもう一度、三十三歳にもならずに死んだ一人の若者の一生に、静かに想いを馳《は》せてほしいということである。

人間ならば誰でも、自分の生涯を簡単に総括されるのには釈然としないと思う。アレクサンドロスもきっと、短くはあったが充実していた彼の生涯を、手っとり早く簡単にまとめられるのは喜ばないと思うのだ。それよりも、彼の生涯を静かに思い返しながら、一人一人で考えてくれるほうが嬉しいと思うにちがいない。

そして、考えてほしい。

なぜ、彼だけが後《のち》の人々から、「大王」と呼ばれるようになったのか。

なぜ、キリスト教の聖人でもないのに、今でもキリスト教徒の親は子に、アレクサンドロス（英語ならばアレクサンダー、イタリア語ならばアレッサンドロ、略称ならばアレックス）という名をつける人が絶えないのか。

その理由はただ単に、広大な地域の征服者であったゆえだけか。

それとも、他にも、愛する息子にこの名を与えるに充分な、理由があるのか。

なぜアレクサンドロスは、二千三百年が過ぎた今でも、こうも人々から愛されつづけているのか。

アレクサンドロスの生涯

紀元前三五六年七月	マケドニア王フィリッポスとエピロスの王女オリンピアスの間に生れる。
三四三年頃から三四〇年頃（13〜16歳）	レオニダスによるスパルタ教育とアリストテレスによる教養習得の時期。
三三八年（18歳）	初陣。「カイロネアの会戦」。マケドニア、全ギリシアの覇者に。
三三六年七月（20歳）	父王の暗殺。アレクサンドロス、マケドニア王に。
秋（20歳）	コリントに全ギリシアの都市国家の代表たちを召集し、ペルシアへの遠征軍の最高司令官職も含めて父王に与えられていた全権を再確認させる。
三三五年春（20歳）	マケドニアの北辺を脅かしていた北方蛮族の制圧。
秋（21歳）	反旗をひるがえしたテーベの壊滅。
三三四年春（21歳）	ヘレスポントス海峡を渡って、アジアに攻め入る。

五月（21歳） 夏～秋（22歳）	「グラニコスの会戦」。 小アジア西岸一帯を制圧。
三三三年 春～秋（22～23歳） 十一月（23歳）	小アジア内陸部の制圧。「ゴルディオンの結び目」。 「イッソスの会戦」。ペルシア王ダリウス、敵前逃亡。
三三二年 春～秋（23～24歳） 十二月（24歳）	中近東全域の制覇。ティロス、ガザ攻防戦。重傷を負う。 エジプト、無血制覇。
三三一年 七月～九月（25歳） 十一月（25歳）	ペルシア王との再度の対決のために、ユーフラテスとティグリスの両大河を渡る。 「ガウガメラの会戦」。ダリウス、またも逃げる。
三三〇年 一月～五月（25歳）	メソポタミア地方全域、古都バビロン、首都スーザ、ペルシア歴代の王たちの墓所のあるペルセポリスのあるペルシア帝国中枢部全域を制覇。 ギリシアではスパルタがメガロポリスの会戦で大敗。凋落が決定的に。

夏（26歳）	逃げたダリウスの追撃とペルシア帝国東半分への制覇行始まる。
秋（26歳）	ペルシア王ダリウス三世、配下の将たちにより殺される。
三三九年夏（27歳）	フィロータスの処刑とその父パルメニオンの自死。ダリウスを殺した地方長官の頭目格のベッソス、味方の裏切りで捕えられて処刑。その後もアレクサンドロス、東征を続行。
三二八年秋（28歳）	ベッソスを裏切ったスピタメネスも、アレクサンドロスの追撃をかわしきれずに敗死。
冬（28歳）	クレイトスを殺してしまう。
三二七年 春〜秋（28〜29歳）	東征続行。ヘーファイスティオン、アレクサンドロスの命を受けて、ペルシア帝国とインドの境とされてきたインダス河の渡河の準備を始める。
三二六年五月（29歳）	インドの王ポロスとの「ヒダスペスの会戦」。
夏（30歳）	インダス河を渡ってインド横断行を考えていたアレクサンドロス、兵士たちの従軍拒否で断念。

冬（30歳）	インダス河を下る途中での戦闘で、瀕死の重傷を負う。
三二五年春（30歳）	全快したアレクサンドロス、集めた全軍勢を三分する。
六月（30歳）	クラテロス率いる第一軍、西に向って発つ。
八月（31歳）	アレクサンドロス率いる第二軍、インダス河の河口を経て、西に向う。
十月（31歳）	ネアルコス率いる海軍、海路をペルシア湾に向う。
十二月（31歳）	第一と第二の両軍、ホルムズ海峡のイラン側で合流。
三二四年二月（31歳）	海軍とも合流。第一軍は陸路、スーザに向う。次いで発った第二軍は、ユーフラテスとティグリスの両大河が流れこむペルシア湾の起点で海軍と合流。海軍はインドからペルシアまでの航路の開拓を完了。
三月（31歳）	アレクサンドロス、6年ぶりにスーザに帰還。東征の10年もこれで終わったことになった。
春（31歳）	一万人のマケドニア男と一万人のペルシアの女との合同結婚式挙行。何であろうと先陣を切るのが大好きなアレクサンドロスはダリウスが遺した長女と結婚し、親友のヘーフ

	ァイスティオンには次女と結婚させる。
夏（32歳）	兵士たちの抵抗にアレクサンドロス、怒りを爆発させる。兵士たち反省。仲直り成った後の大宴会。アレクサンドロス、エクバタナに移り、ペルシア人の訓練。
秋（32歳）	ヘーファイスティオンを病で失う。
三二三年春（32歳）	アラビア半島からカルタゴに至る「西征」の準備に入る。
四月（32歳）	西方への制覇行に従う全軍、バビロンに集結。
五月（32歳）	出陣の日も決まる。突如、アレクサンドロス倒れる。高熱と平熱がくり返す日々、始まる。
六月十日（32歳）	死。33歳を迎える一ヵ月前だった。配下の将たち、非現実的という理由で「西征」の中止を決める。

第二章　ヘレニズム世界

「より優れた者に」

アレクサンドロスは、普通の意味の遺言は残さなかった。

これまでにも、風邪を引いたり戦場で傷を負ったりして、床に伏したことは何度もあったのだ。そのたびに、回復し責務に復帰できた。だから今度も、しばらくすれば全快すると思っていたのだろう。病状は一進一退であったのだし、また年齢も、一ヵ月すれば三十三歳になるのだから、まだ充分に若かった。

しかし、兵士たちとの最後の別れを終えた後からは、起き上るのはもとよりのこと、声を発することさえもできなくなっていたのである。

その王の部屋に集まった将たちが、寝台に横たわったままのアレクサンドロスに問いかけた。

「この帝国は、誰に遺《のこ》すおつもりか」

古代の史家たちによれば、アレクサンドロスは、苦しい息の下から答えたという。

「より優れた者に」

これは、「遺言」ではない。誰に、を明らかにしていないからである。

現代の研究者の中には、瀕死《ひんし》の状態では「誰に」と明言するまでの体力が残っていなかったのだろう、とする人が少なくない。

だが私には、アレクサンドロス自身が、「より優れた者」とは誰かを、判断できなかったからだと思えてならない。

死につつある彼に答えを求めた将たちの全員は、アレクサンドロスがマケドニアの王位に就いたときからこれまでの十三年間、一貫して若き王に従ってきた男たちであった。

また、トラキア出身のエウメネスとクレタ島出身のネアルコスを除いた五人に至っては、研究者でさえも「家出仲間」「学友仲間」と呼ぶくらいで、父王と言い争うたびに「出て行け！」と言われたアレクサンドロスに従《つ》いて家出まで共にした仲であり、レオニダスによるスパルタ教育からアリストテレスによる授業までも、ともに学んできた者同士であった。

全員がマケドニアの貴族の家に生れ、全員が三十代という、アレクサンドロスとは同世代に属す。

この五人に、マケドニア人にすれば同じギリシア民族でも他国になるトラキアやクレタ出身の二人を加えた七人が、真の意味でのアレクサンドロス配下の「将」ということになる。七人ともが、十年にわたった「東征」を、アレクサンドロスとともに闘ってきた「戦友仲間」でもあったのだから。

この七人を存分に使いこなしたからこそ、アレクサンドロスは成功したのである。そして、駆使できたくらいだから、アレクサンドロスは、この彼らの性格から能力までを、正確に把握していたにちがいない。

この七人のそれぞれに、アレクサンドロスが、いつ、何の任務を託したか、を追っていくだけで、彼ら一人一人の性格や能力が想像できるほどである。

七人の全員が、武将としては優れた能力の持主だった。また、一軍を託されても充分に任務を果せる統率力と責任感の持主でもあった。王への忠誠心でも、問題はまったくなかった。

と言って、イエスマンの集まりでもなかったのだ。

王の宮廷や軍の参謀本部とするよりは大学の探検部と考えたほうが適切と思われる

のがアレクサンドロスの周辺だったが、王の前でも彼らは遠慮なく言い争い、穏やかな性格で知られたヘーファイスティオンでさえもエウメネスとは仲が悪く、アレクサンドロスから、いいかげんにしてくれ、と叱《しか》られたくらいであった。

こうもオープンで優秀な才能の持主が集まっていたのがアレクサンドロスの「コンパニオン」だったが、彼らには、若き王と比べれば、決定的な何かが欠けていた。

「決定的な何か」とは、言い換えれば洞察力である。これを辞書は、見通す力であり見抜く力、と説明している。イタリアでは、この種の能力に欠ける人を、自分の鼻の先までしか見る力がない人、という。だから、洞察力のある人とは、その先まで見る力がある人、のことである。

だが、洞察力とは、自分の頭で考える力がなくてはホンモノにはならない。

私には、アレクサンドロスは配下の将たちに、考える時間を与えなかったのではないか、とさえ思えるのである。

アレクサンドロス自身は、何ごともスピード大好きな彼のことだから、考えることもスピーディにやれたろう。

しかし、配下の将たちは、王に命ぜられたことを果しているうちにヘトヘトに疲れ、死んだように眠った後で起きてみると、アレクサンドロスのほうはもう新しいことを考えていて、それを彼らに具体的に的確に説明する。それをまたやり終えてもどってくると、もう次を考えたアレクサンドロスから別の指令が言い渡される。

東征の十年間とは、このくり返しではなかったか。

結果として、鼻より先のことまで考える時間的余裕が与えられないままに、その向うまで見通す能力のほうも退化していたのである。頭脳も筋肉と同じで、使わないでいると劣化してしまう。

その彼らが、「より優れた者に」などと言われて困惑したのだろう。初めのうちは、「誰だろう」と考え、そのうちに、「オレかも」と思うようになったのではないか。しかも彼らにはもはや、いいかげんにしてくれ、と叱りつける人はいなかった。

後継者争い

こうして、「ディアドコイ」(後継者たち)の間での同士討ちが始まるのである。

アレクサンドロスの死の直後から始まって紀元前二七〇年代までの、実に半世紀にもわたる同士討ちになる。

この一事だけでも、後継者の誰一人として、「決定的な何か」を持っていた人はいなかったことを実証していた。

こうも長期にわたってつづく仲間争いを詳述していくのは、書く私もそれを読む読者も気が滅入《めい》ってしまうだけでは済まない。歴史の本質からそれてしまう怖《おそ》れさえある。

この場合の歴史の本質とは、ヘレニズム世界という真の意味でのアレクサンドロスの遺産が、なぜ半世紀もつづいた同士討ちの間も、そしてその後も存続できたのか、にあるのだから。

ゆえにこの半世紀は、表にして始末することにした。それに眼を走らせながら、想いを馳《は》せてほしい。

後継者争いが半世紀もつづいてしまった要因の第一は、アレクサンドロスの家族内に適当な後継ぎがいなかったことにある。

異母兄にあたる人は精神的に不安定。アレクサンドロス直系の息子は、彼の死の後に生れている。しかもその母は、マケドニア人から見れば中央アジアの蛮族で、その母から生れた子に王として命令されるのに、反撥《はんぱつ》を感ずるマケドニアの兵士たちは少なくなかった。

ゆえに後継者争いも当初は、この二人を名目上の王にして背後から操る摂政《せっしょう》役を、誰が務めるかをめぐっての争いになるのである。

しかも後継者争いには、父王フィリッポスの世代になる年長者二人までが加わったことで、様相はさらに複雑になった。

だがそれも、間もなくすると皮がはげ、当事者たちが前面に出てくるようになる。そして、「エピゴーネン」(追随者)と呼ばれる息子たちに受け継がれていったのが、後継者争いが半世紀もつづいてしまった要因の第一であった。

要因の第二は、アレクサンドロス下の将軍であった七人のいずれもが、どんぐりの背比べ、であったからだろう。

この争いのくり返しをつづけていくうちに、当初の七人は、最後の頃には二人に減っていた。一人は早くも戦闘中に死に、もう一人は部下に裏切られて殺され、三人目は戦闘に敗れて牢《ろう》内で死に、四人目も戦闘で死に、ネアルコスだけは何やら亡《な》き王に殉ずるという感じで、早々に後継者争いから脱けて引退していたからである。

残ったのは、セレウコスとプトレマイオスの二人。だがこの二人も、「より優れた者」であったから、勝ち残ったのではない。

ライヴァルだった他の五人に比べれば、仲間争いにエネルギーを使ったことでは同じでも、無為に使った割合が少なかっただけである。

それが、シリアでのセレウコス王朝創立につながり、エジプトでのプトレマイオス王朝創立につながった。

それでもセレウコスは武将としても優秀で、アレクサンドロスに重用されていたが、プトレマイオスに至っては、武将としては平凡とするしかない人で、軍功と呼ぶに値する業績はほとんどあげていない。

ただしこの人は、アレクサンドロスの死の当時はエジプト担当の「地方長官」の任にあり、そのエジプトを自領にできればそれで充分と思う現実主義者《リアリスト》であったのが幸

	名前（生没年）	アレクサンドロスの死去の際の年齢ならびにアレクサンドロスとの関係
家族	フィリッポス三世（BC359～318）	36歳　異母兄。癲癇持ちで精神不安定。アレクサンドロスの母オリンピアスの命で、アレクサンドロスの死の5年後に殺される。
	アレクサンドロス四世（BC323～310）	0歳　唯一人の息子。アレクサンドロスの死の13年後、カッサンドロスによって、祖母オリンピアスと母ロクサーネとともに殺される。
年長世代	アンティパトロス（BC397～319）	74歳　東征に際してアレクサンドロスより、マケドニアとギリシアの統治を託される。その任務は充分に果たしてきたが、オリンピアスとの確執が重なり、クラテロスと交代してバビロンへ。アレクサンドロスの死後直ちに動くが、結局はアレクサンドロスの死の4年後に戦死。後継者争いは息子のカッサンドロスにバトンタッチ。

ディアドコイ（アレクサンドロス下の将軍たち）		
アンティゴノス（ＢＣ３８２～３０１）	59歳	東征には参加するものの、グラニコスの会戦後はアレクサンドロスより、制覇した小アジアの統治を託される。アレクサンドロスの死後は積極的に動くが、戦死。後継者争いは息子のデメトリオスにバトンタッチ。
クラテロス（ＢＣ３６０～３２１）	37歳	学友仲間。自死したパルメニオンに代わって紀元前３３０年からアレクサンドロスの次席を務める。ベテランの一万を引率してマケドニアに帰って以後は更迭されたアンティパトロスに代わってマケドニアとギリシアの担当に。ゆえにアレクサンドロスの死には立ち会っていない。だがその2年後、岳父のアンティパトロスに味方してかつての同僚たちを敵にまわしての戦闘中に戦死。次席の最適任者といえども、主席の適任者とは限らない、という好例。
ペルディッカス（ＢＣ３５５～３２１）	32歳	王家に次ぐマケドニアの名家の出身。アレクサンドロスの死後、誰よりも積極的に事後対策に動くが、あからさまな野心が嫌われて同僚たちの多くを敵に回してしまい、アレクサンドロスの死後2年にして裏切られて殺される。

ディアドコイ		
リシマコス（BC361～281）	38歳	学友仲間。アレクサンドロスの死後は小アジアの統治権を手中にするも、それでは飽き足らずに後継者争いをつづけ、戦闘中に戦死。
セレウコス（BC358～281）	35歳	学友仲間。この人も後継者争いに参加するも、自らの領土確保を重視するようになり、エジプトのアレクサンドリアに対抗するため、アンティオキアを建都。それによってシリアにセレウコス王朝を創立するも、仲間争いは止めず、その中で戦死。
プトレマイオス（BC367～283）	44歳	学友仲間。この人も後継者争いに参加するが、大望までは抱かず、エジプトのプトレマイオス王朝の祖になる。かつての同僚たちの中で、自然死できたのはこの人のみ。
エウメネス（BC362～316）	39歳	トラキア出身。他国人でもその才能を認めたアレクサンドロスに重用される。かつての同僚たちとの後継者争いの戦闘中に捕われ、殺される。
ネアルコス（BC356～300）	33歳	クレタ島出身。アレクサンドロスに才能を買われて陸軍が主力のマケドニア軍の海将に。アレクサンドロスの死後は、その

		死に殉ずるという感じで後継者争いからは早々に身を引く。インド洋からペルシア湾までの航海記を遺す。
エピゴーネン（追随者たち、年長世代の息子たち）		
カッサンドロス（BC350~297）	27歳	アンティパトロスの息子。父の任務を助けるためにマケドニアに残ったので、東征には不参加。その間ずっとマケドニアにいたこともあって、アレクサンドロスの敗者同化と民族融和政策には反対。それでも後継争いには積極的で、マケドニア王国を自分のものにするのに手段を選ばず、アレクサンドロスの死の13年後、アレクサンドロスの母オリンピアスと妻ロクサーネ、息子のアレクサンドロス四世を殺害。それでも野望達成には至らず、病死。
デメトリオス（BC337~283）	14歳	アンティゴノスの息子。一地方長官で終わりそうだった父の野望を継いだのか、アレクサンドロスの帝国の継承戦には積極的に参加する。戦闘では巧者なれど、勝利の活用になると劣り、それ以外のことでも才能は豊かだったが、持続性となるとNO。後継者争いでの戦闘中に捕われ、牢の中で自殺。大変な美男で、政略結婚は5回に及ぶ。姿形だけならばアレクサンドロスの再来と言われていたのだったが。

いした。

そしてプトレマイオスに話を戻すが、ライヴァルたちが無関心であったのをよいことにアレクサンドロスの遺骸《いがい》をエジプトに持っていって埋葬するという、政治的な悪賢さも持ち合わせていたのだ。これは、亡き王の後を継ぐのは真の意味では自分だという、正統性を手にすることでもあったのだから。

リアリストであっただけに、自分の王国になったエジプトの存続にも、早くも手を打つ。息子を二代目の王にして引退し、その後はアレクサンドロスの言行録のようなものを書き残した。ただしこれも、実際は重用されていなかったのにいかにも重用されていたかのように書いているので、相当に割引いて読む必要がある。とはいえ、そのようなことを書き残したのは、アレクサンドロスの学友仲間の中では彼一人ではあった。

それにしても、アレクサンドロスの葬礼はバビロンで大々的に挙行していながら、その王が生前に自分の帝国の首都に考えていたバビロンに埋葬しようと言い出した者が皆無であったのには驚くしかない。

だからこそプトレマイオスがエジプトに持っていくと言ったのに誰も反対しなかっ

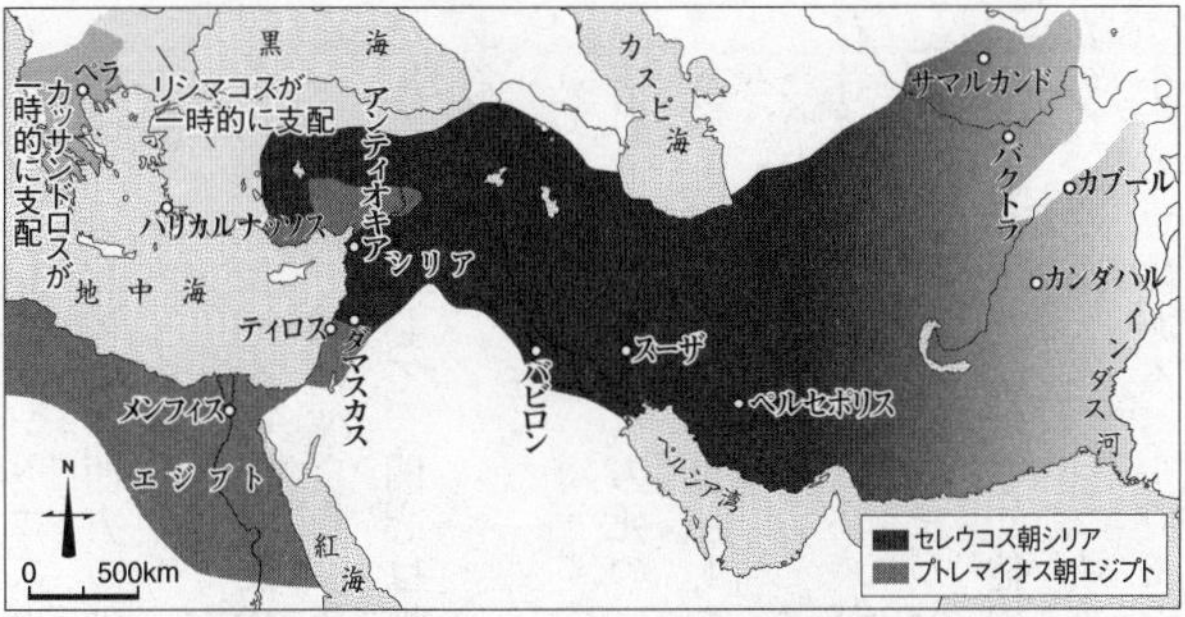

セレウコス朝シリアとプトレマイオス朝エジプトに
二分されたアレクサンドロスの帝国

たのだが、この一事は、アレクサンドロスの死の直後からすでに、その継承に名乗りをあげた武将たちの頭からは、アジアは消えていたということであろうか。だとすれば、彼らの大王の墓が、バビロンにあっては困ることになる。仲間争いに勝った場合にその地位に正統性を与える、王の墓を見捨てることになってしまうのだから。

実際、半世紀に及んだ仲間争いの間に、ティグリス河以東では少しずつ、マケドニアからの離反が始まっていた。

まず、当時はインドと呼んでいた現パキスタンが離れていった。次いで、現代では「中央アジア」で一括されているアフガニスタンとその北辺にいた諸部族が離反していく。

それも、反旗をひるがえし、それへの鎮圧に出てきた旧アレクサンドロス軍との戦闘に勝つことで、独立を果したのではない。旧アレクサンドロス軍が西方で仲間争いに熱中しているスキに、少しずつ離れていったのである。

この離反傾向を心配したのはセレウコスだったが、彼一人ではどうすることもできなかった。それに彼自身も後継争いの一人であり、地中海に近い地にアンティオキアを建都したりして、関心は地中海、つまりヨーロッパ、に向う一方になっていたのである。

アレクサンドロスの死の直後から始まって半世紀近くもつづいた後継争いの末に、アレクサンドロスが征服したすべての地方は、四つに分割された。

シリア、メソポタミア、ペルシアと、地中海から中央アジアまでの広大な地域の領有者になった、セレウコスが打ち立てた王国。

エジプトの主人に収まったプトレマイオスの創立になる、プトレマイオス王国。

マケドニアだけでなく他のギリシア全域も支配下に置くマケドニア王国の主になったのは、アンティゴノスの血を引く子孫たち。

小アジアにあるペルガモンを始めとした、いくつかの小王国。

こうして、アレクサンドロスの帝国は、大きく分けただけでも四つに分割された。ただし、ここで注目すべきは、これは「分割」であって、「解体」ではなかったことである。

分割ならば、いくつかに分れたにすぎない。だが、解体となると、一つに組織されていた全体が、互いに離れてバラバラになること、である。

アレクサンドロスの帝国は、分れはしたが、バラバラにはならなかったのだ。そしてこれが、「ヘレニズム世界」であり、ローマが本格的に乗り出してくるまでの二百年間、地中海の東半分を支配することになる、「ヘレニズム時代」になるのである。

初めの半世紀の仲間争いは、この世界の形成の障害にはならなかった。「ディアドコイ」や「エピゴーネン」の間で闘われた戦闘も、当事者間で闘われただけで、東地中海の全域を巻きこむ戦争にはならなかったからである。

この間は一度も、アレクサンドロスが生きていた頃のような、大規模な会戦は行われていない。互いに味方を入れ換えての戦闘も、小ぜり合いの規模でしかなかった。それで一般の人々の生活には、ほとんど影響がなかったのだ。

ゆえに「ヘレニズム時代」とは、アレクサンドロスの生前からすでに始まっていたのが、彼の死でも途切れることなく進んだ、総体的に見れば平和であった時代、と言い換えることさえもできる。

なぜ、そのようなことが可能であったのか。

アレクサンドロスが遺したもの

第一は、アレクサンドロスの登場によって、政治的に安定したことをあげねばならない。

彼以前のギリシア人にあった、民主政《デモクラツィア》か寡頭政《オリガルキア》かをめぐる政治抗争は姿を消し、ひどい悪政でなければ王政《モナルキア》で良い、という気分で落ちついていたからである。

第二は、アレクサンドロスによって、それまで国や民族を分けていた障壁が打ち壊されたことであった。

世界が、広がったのだ。もともとからして進取の精神の豊かなギリシア人が、広くなった世界に向ってどっとくり出していく。

アレクサンドロスは東征の途上で、「○○地方のアレクサンドリア」と名づけた町を建設していった。研究者たちによれば、その数、二十五から七十に及ぶという。二十五というのは、エジプトのアレクサンドリアのように、何もなかった土地に新しく建てた町の数。七十のほうは、アフガニスタンのカンダハルのように、すでにあった村を広げて町にしたものまでふくめた数。

これらをアレクサンドロスは、ただ単に自分の名を冠した新しい町を建てたかったから建てたのではない。制覇した地方の確保には、その確保には欠かせない基地が必要であったから建てていったのだ。

しかし、一つの目的を完璧《かんぺき》に達成するために建てた町は、他の目的にも応用は可能になる。

軍事基地は、経済上の基地になっていった。おそらくアレクサンドロス自身も、この種の応用効果も考えて、「○○地方のアレクサンドリア」を各地に、七十箇所も建てていったのではないかと思う。

このすべてを結ぶ街道まで敷設《ふせつ》する前に、彼は死んでしまった。

だが、一日か二日の行程さえ消化すれば別の町があるとわかっていれば、そこを行き来する人々の行動もより活潑《かっぱつ》になる。また、各地の「アレクサンドリア」にはアレクサンドロスが置いていった兵士たちが常駐していたから、治安の面でも安全になっていただろう。

そして、活潑化した人と物の交流は、必然的に、見方や考え方の交流にもつながっていくのである。

「ヘレニズム世界」が、分割はされても解体はしなかった要因には、ギリシア語が、地中海世界の共通語になったことも大きかった。

それまではギリシアでも、アッティカ方言やマケドニア方言はあっても、標準語としてもよいギリシア語はなかったのである。文化・文明ともにアテネが有力であったからアッティカ方言が標準語のように使われていたが、アレクサンドロスも、完璧にアッティカ方言は使えながら、農民出が多い兵士たちに語りかけるときは、マケドニア方言を使っている。

そのギリシア語が、アレクサンドロスによって、標準語化されたのである。しかも、アレクサンドロスによる制覇によって、「コイネ」(Koine) と呼ばれるそのギリシア語は、「ヘレニズム世界」の国際語になったのだ。

それも、地中海の西方にまで広がったのだから、「コイネ」は、古代社会の共通語になる。ギリシアの交易商人たちも、どこへ行こうが、相手がペルシア人であろうがカルタゴ人であろうがローマ人であろうが、話が通ずるようになったのである。

そのうえアレクサンドロスは、すでに生前に、各国の通貨の換算値まで統一していた。

といっても、固定したのではない。ペルシアとギリシアの通貨の換算値を、ゆるやかな範囲内で行うと決めただけだから、上限と下限を定めた間での変動制、であったとすべきかもしれない。

これらすべてが、一大経済圏を成立させ、その機能の継続に役立ったことはまちがいない。

この一大経済圏の二大基地の一つが、地中海に面したエジプトのアレクサンドリアであり、もう一つは、アレクサンドロスの考えでは、ペルシア湾に出るのも容易な地にあるバビロンであったのだ。

病に倒れる直前まで彼の頭を占めていたのが、ペルシア湾からアラビア半島をまわって紅海を北上し、そこからエジプトに達する航路の開拓であったのだから。

バビロンのほうは、後継者たちの無関心もあって、少しずつにしろ離れていく。だが、エジプトのアレクサンドリアは、それまではエーゲ海一の海港都市であった、ピレウスと一体化したアテネに代わって、地中海最大の経済都市になるのである。

人々が自由に行き交い、各地方の物産も広く交流し、言語も共通、そのうえさしたる戦争もない平和な社会、とくれば、学問と芸術が満開になるのも当然である。

まず、エジプトのアレクサンドリアを、研究者たちの一大拠点にしていった「ムセイオン」。

ミュージアムの語源になる言葉だが、直訳すれば図書館。ここに集められた万巻の書物を読むのに、東はメソポタミア地方から西はシチリアのシラクサに至る地方までから研究者たちが、アレクサンドリアに集まるようになった。

ペルシア人の天文学者から、ユークリッドのようなギリシアから来た幾何学者、地中海は西方にあるシラクサ生れのアルキメデスまでが、「ムセイオン」では研究仲間であったのだ。

読めば、考える。考えれば、それを同好の士に話したくなる。話せばそれを、論文にして発表したくなる。

古代の科学の最盛期は前三世紀からの百年とされているが、ヘレニズム時代と完全に重なる。解剖学が生れたのもこの時代であり、脈拍が病状を知るのに重要であることが一般的な常識になったのも、この時代であった。

哲学では、アテネを目指す留学生はあいかわらず多かった。プラトン創設の「アカデミア」もアリストテレスが開校した「リュケイオン」も健在であったからだが、哲学でさえも、アテネからヘレニズム世界に広がる時代の流れから、無縁ではなかった。エピクロスはサモス島生れのギリシア人だが、この人と並んでヘレニズム時代の哲学を代表するゼノンになると、生れたのはキプロス島でも彼自身はフェニキア人である。

そして、芸術に話を転ずれば、造型美術のみに照明を当てるに留めるとしても、ヘレニズム時代の作品群の完成度には言葉もない。この時代からならば一千五百年も後の人になるミケランジェロが、われわれに出来ることはまだ残っているのか、と嘆いたのも、わかります、同感です、と言うしかないのである。

ギリシア美術も、アルカイック、クラシックと来た後は、ヘレニスティックと呼ばれる時代があるくらいなのだから。そしてそれらは今でも、各国にある美術館の至宝になっている。

「ヘレニズム世界」の支配者は、やはりギリシア人であった。分割された各王国の王たちも、ギリシア系でつづいている。

それでも彼らは、ギリシア人以外の民族の排除まではしなかった。アジア人と呼んでいたオリエントの人々とも、アレクサンドロスが望んだ完全な同化と融和まではいかなかったが、社会を安定させる程度の共生には成功していたのである。

ヘレニズム時代に生きた人々は、ストア派の開祖になるゼノンが説いたように、「身の丈以上の欲望から解放され、現実に向き合って生きていく勇気を持つこと」に決めたのかもしれない。

この哲学者の晩年と、アレクサンドロスの後継者たちの争いの終焉《しゅうえん》は、なぜか重なるのである。

「アレクサンダー症候群《シンドローム》」も、半世紀の仲間争いを通過することで、やっと解消できた、ということであろうか。

さして有能な王たちに恵まれたわけでもないのにヘレニズム時代がその後でもつづいたのには、はっきりした要因が二つある。

第一は、地中海西方の強国群に、東方にまで手を出す余裕がまったくなかったこと。半世紀にも及んだ仲間争いの時代、西方ではカルタゴとシラクサが争っていた。

そして、東方での仲間争いが終わった前二七〇年頃からは、カルタゴの強国の地位はゆるがなかったが、ローマとなると、苦労の末にイタリア半島の制覇を終えたばかりであったのだ。

しかも、終えたばかりというのに、その六年後には早くも、カルタゴ相手の第一次ポエニ戦役が勃発《ぼっぱつ》する。

そして、それに勝った二十三年後には、名将ハンニバルがアルプスを越えて攻めこんできたことから始まった、第二次ポエニ戦役とつづくのだ。

この第二次にも勝ったことでローマは地中海西方の覇者になるのだが、それ以前のローマには、東方に出ていく余力などはまったくなかったのである。

しかし、その四年後からは、ローマによる東方への進出が始まる。それがまず、マケドニアとの戦争になるのは、第二次ポエニ戦役中にマケドニア王国が、ハンニバル側についたからであった。その後のローマの地中海東方への進出は、もはや「ローマの歴史」になる。

しかし、「ヘレニズム世界」は、ローマ人に進出されてもそれで凋落《ちょうらく》したのではない。

ローマ人が、ギリシア人の成した諸方面での業績を尊重したからである。「アカデミア」も「リュケイオン」も「ムセイオン」も、ヘレニズム社会の新しい支配者になったローマ人は、自分たちの首都であるローマに移すようなことはしなかった。自分たちの子弟に、留学させるほうを選んだのである。「コイネ」を、敗者の言語ということでしりぞけ、自分たちの言語であるラテン語を強いることもなかった。ローマのエリートたちのほうがギリシア語を学び、彼らのほうが、バイリンガルになるほうを選んだのだ。皇帝の告示でさえも地中海世界の東方では、ラテン語とギリシア語の併記にした。カエサルとクレオパトラの間で交わされた寝物語も、ギリシア語で成されていた可能性は大。

もちろん、ギリシア人が作りあげた芸術作品はすべて残った。

こうしてギリシアは、アレクサンドロスを経たことで、ローマに受け継がれていったのである。

文化・文明の継承としては、歴史上でもまれな、幸福なケースではなかったか、と思っている。

「タブーラ・ペウティンゲリアーナ」と呼ばれているローマ時代に作られた旅行者用の地図の、中世時代に模写したもののコピーを持っているが、全長は七メートルもの長さのそれも、携帯用なのだから両端についた棒に巻きつけながら見るように出来ている。

その右端、つまり東は、インダス河で、そこには、ローマ時代の制作だからラテン語で、

「HIC ALEXANDER RESPONSUM ACCEPIT」

と記されている。直訳ならば、

「アレクサンデルはここで、神託を受けた」

兵士たちから従軍を拒否されたために、ここまで来ていながらもどることにしたと

いうのが真相だが、そう書いたのでは威厳を損うということからの配慮だろう。とは言っても、ローマの史家の記したこの神託とは、「アレクサンデル、これ以後もなおも東に行きたいのか」というのだから、神々さえも兵士たちと同意見であったのかと思うと笑ってしまうが、ローマ時代の人々にはこれで通じたのであった。

一方、この地図の左端、つまり西の端には、古代ではブリタニアと呼ばれていたイギリスが描かれている。

ローマ時代の人々には、わざわざ説明する必要もなかったろう。ブリタニアが存在することを彼らに知らせた最初の人は、ローマ軍団を率いてドーヴァー海峡を渡った、ユリウス・カエサルであったのだから。

旅行者用として一般に普及していたのが、この地図である。

アレクサンドロスが達したインダス河から、カエサルが踏んだブリタニアの地までが、古代の人々が知っていた世界なのであった。

しかもその状態は、古代が終わって中世に入っても、変わらなかったのである。

変わったのは、ルネサンス時代に入ってからだ。陸路を東に支那《シナ》まで行ったヴェネツィア生れのマルコ・ポーロと、海路を西に新大陸にまで達した、ジェノヴァ生れのクリストフォロ・コロンボ、日本ではコロンブスの名で知られているが、この二人のイタリア人によって、世界がさらに広くなったからである。

この二人の後にも、未知の地への探検に発《た》つイタリア人やスペイン人やポルトガル人がつづいた。歴史上では、大航海時代、と呼ばれている。

だが、それまでの一千五百年以上もの歳月にわたって、人々は、東ではアレクサンドロスが、西ではカエサルが踏んだ地点にはさまれた世界を、その気さえあれば誰でも行ける世界、と思いながら生きてきたのであった。

プルタルコス作の『列伝』は、ギリシア側の一人とローマ側の一人を並べるやり方で書いた評伝集である。

そこでのアレクサンドロスとカエサルは、カップルで取り上げられている。

古代の人であったプルタルコスも、旅行者用に作られたこの地図を持って旅していた一人であったのか、と想像してしまう。

完

十七歳の夏――読者に

萩原朔太郎に次の詩がある。

フランスへ行きたしと思えども
フランスはあまりに遠し
せめては新しき背広をきて
きままなる旅にいでてみん

その年の夏を伊豆で過ごしていた私は、次のように変えて歌っていたのだった。

地中海へ行きたしと思えども
地中海はあまりに遠し
せめては伊豆の海で足をバチャバチャさせ……

替え歌にもならないや、とわが詩心の貧しさには絶望したが、十七歳では楽観的だ。この伊豆の海だって、東シナ海を通り南シナ海も通り、インド洋を横切って紅海に入り、そこを北上してスエズ運河を通り抜ければ地中海とつながっているのだと、古代のギリシア人が葡萄酒《ぶどうしゅ》の海と呼んだ地中海に想《おも》いを馳《は》せるのはやめなかったのである。

それから九年が過ぎた年の秋、かつてはローマ帝国の外港があったオスティアの浜辺で、足をバチャバチャさせていた。

地球を半分まわるだけなのに九年もかかってしまったのは、当時は日本全体が貧しかったからである。この翌年、戦後からの復興を高々と謳《うた》いあげた東京オリンピックが開催される。

私のほうは、地中海をめぐる旅を始めていた。なにしろ、一ドルが三百六十円の時代。旅と言っても、陸上ならばオートストップ、海上ではヨットストップになる。ヨットハーバーに行くと、停泊中の船の舳先《へさき》に、どこそこまで一人、と書いた札が下がっている。適当と思うヨットに応募して、拾ってもらうというわけ。乗船中は働かねばならないが、その間の住と食は保証されたうえに乗船料もタダ。ヨット未経験だった私でも拾ってくれたぐらいだから、十メートル程度という小型のヨットで、朝に出て夕方には次の目的地に入るという、沿岸航行しかできない。だが、それなりの利点はあった。

このやり方で地中海をめぐる人の考えるヨットは、スポーツではなくて旅の「足」なのだ。寄港のたびに数泊しては周辺一帯の観光をしてまわるほうが、主目的なのである。だから、一週間以上もヨットは船着き場に置き去りにしたまま陸地をうろついてまわるのもしばしばだった。どうやら、ヨットの清掃員だけでなく、話し相手にもなると思われたらしい私も、すべてに同行した。

ジープを借りて、カルタゴに遺《のこ》るローマ水道の遺構の下を百キロ先の水源地までたどって行ったのもこのとき。北アフリカに遺るローマ時代の遺跡を見てまわり、アレクサンドリアに寄港すればナイルからカイロへ、そしてピラミッドへ、と。もちろんイェルサレムもはずさなかったし、ダマスカスからシリア砂漠を越えてパルミラまで足を伸ばしたのだ。戦乱の地と化している現在とはちがって、一九六〇年代前半は、珍しくも世界中が安全な時期であったらしい。どこへ行っても身体検査などはされたことはなく、パスポートを提示するだけでＯＫであったのだから。

二年ほどしてもどってきたローマで、偶然に、日本へ帰ったら「中央公論」の編集長になるという、粕谷一希に出会った。時間だけは十分にあったので、彼のローマ滞在の数日をともにしたのだが、その最後の日に粕谷さんが言った。「ルネサンスの女たち、という題をあげるから書いてみませんか」

地中海めぐりも少し飽きていたので、受けた。粕谷氏が担当に指名したのが、当時はパリにいて、フランスの新聞や雑誌社をまわって編集者修行をしていた塙嘉彦である。この人とは、私が必要とする史書や研究書を原文で読み合いながら、考えを言い合える仲になる。

『ルネサンスの女たち』の第一話になる「イザベッラ・デステ」の校了を徹夜で終え、印刷所の玄関を出てきたときだった。朝の光りが白く漂い始める中で、ふと足を止めた塙さんが私に言った。

「翻訳文化の岩波に抗して、ボクたちは国産で行こう」

三十歳を中にして三歳くらいしか年のちがわない若輩二人が、学者たちの牙城《がじょう》の観があった岩波に抗するなど、どう考えようと正気の沙汰《さた》ではない。それでこのことは、私たち二人の間の密約ということにしたのである。

だから、この十五年後に彼が白血病で世を去るときも、われわれ二人の別れは一言で足りた。

「続けます」。声も出なくなっていた塙さんは、それに眼だけで答えてくれた。

塙嘉彦に死なれた後でも、私の作品を認めてくれる編集者には不足しなかった。書きたいと思っているテーマを話すと、彼らは言う。「いいでしょう、お書きなさい」。それが雑誌だと、その後に続くのは「載せます」になり、書籍担当だと、「本にしましょう」になるだけ。

とは言っても、出版業は慈善事業ではない。利益はさしたるものではなくても、営利事業なのだ。出版する先から赤字の連続では、編集者とて「本にしましょう」とばかりも言ってはいられなくなる。

そこで助けの手を差し伸べてくれたのが、読むだけでなく、買って読んでくれたあなた方だったのです。

ミリオンセラーには縁はなかったが、出版社の倉庫に返品の山が築かれない程度には本を買ってくれる読者に恵まれたのは、私にとっては最良のサポートになった。

組織に属したことは一度としてないので、作品を売る以外に収入の道はない。それでも五十年にわたって書きつづけてこれたのは、私の作品を買って読むことで、私が仕事をつづける環境を整えてくれた読者がいたからである。

『ローマ人の物語』の全巻が刊行されたのを機に、読者たちにこの感謝の想いを伝えることにした。トヨタの豊田章一郎氏からは、エンドユーザーまわりだねと笑われたけれど、日本中はまわれなくても五、六箇所はまわったと思う。そのたびに繰り返した。

あなた方が書物を読むのは、新しい知識や歴史を読む愉《たの》しみを得たいと期待してのことだと思いますが、それだけならば一方通行でしかない。ところが、著者と読者の関係は一方通行ではないのです。

作品を買ってそれを読むという行為は、それを書いた著者に、次の作品を書く機会までも与えてくれることになるのですから。

あれから十一年が過ぎようとしている。今の私には、エンドユーザーたちへの感謝を述べてまわるだけの、体力はもはやない。

と言っても、調べ、考え、それを基《もと》にして歴史を再構築していくという意味での「歴史エッセイ」は、この巻を最後に終えることに決めたので、何かは言い残す必要はある。それで、この巻の最後に載せることの一文で代えることを許してほしい。

ほんとうにありがとう。これまで私が書きつづけてこれたのも、あなた方がいてくれたからでした。

そして、「歴史エッセイ」にかぎったとしても、全作品を図にしてみたので、それも見てください。

あなた方が、どの作品の助成者になったかも、一見しただけでわかるはずですから。

最後にもう一度、ほんとうにありがとう。イタリア語ならば「グラツィエ・ミッレ」。つまり、「一千回もありがとう」。

二〇一七年・秋、ローマにて

塩野七生

塩野七生「歴史エッセイ」一覧

西方　地中海世界　東方

1000　900　800　700　600　500　400　300　200　100　BC
紀元0
AD　100　200　300

ギリシア人の物語
（単行本全3巻、文庫版全4巻）

『I 民主政のはじまり』
『II 民主政の成熟と崩壊』
『III 新しき力』

ローマ人の物語
（単行本全15巻、文庫版全43巻）

『I ローマは一日にして成らず』
『II ハンニバル戦記』
『III 勝者の混迷』
『IV ユリウス・カエサル　ルビコン以前』
『V ユリウス・カエサル　ルビコン以後』
『VI パクス・ロマーナ』
『VII 悪名高き皇帝たち』
『VIII 危機と克服』
『IX 賢帝の世紀』
『X すべての道はローマに通ず』
『XI 終わりの始まり』
『XII 迷走する帝国』
『XIII 最後の努力』
『XIV キリストの勝利』
『XV ローマ世界の終焉』

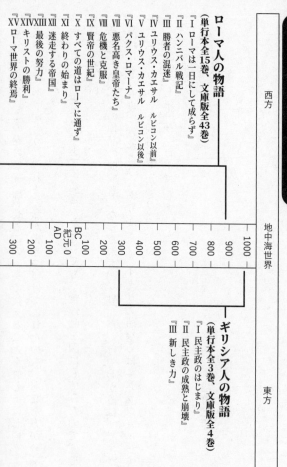

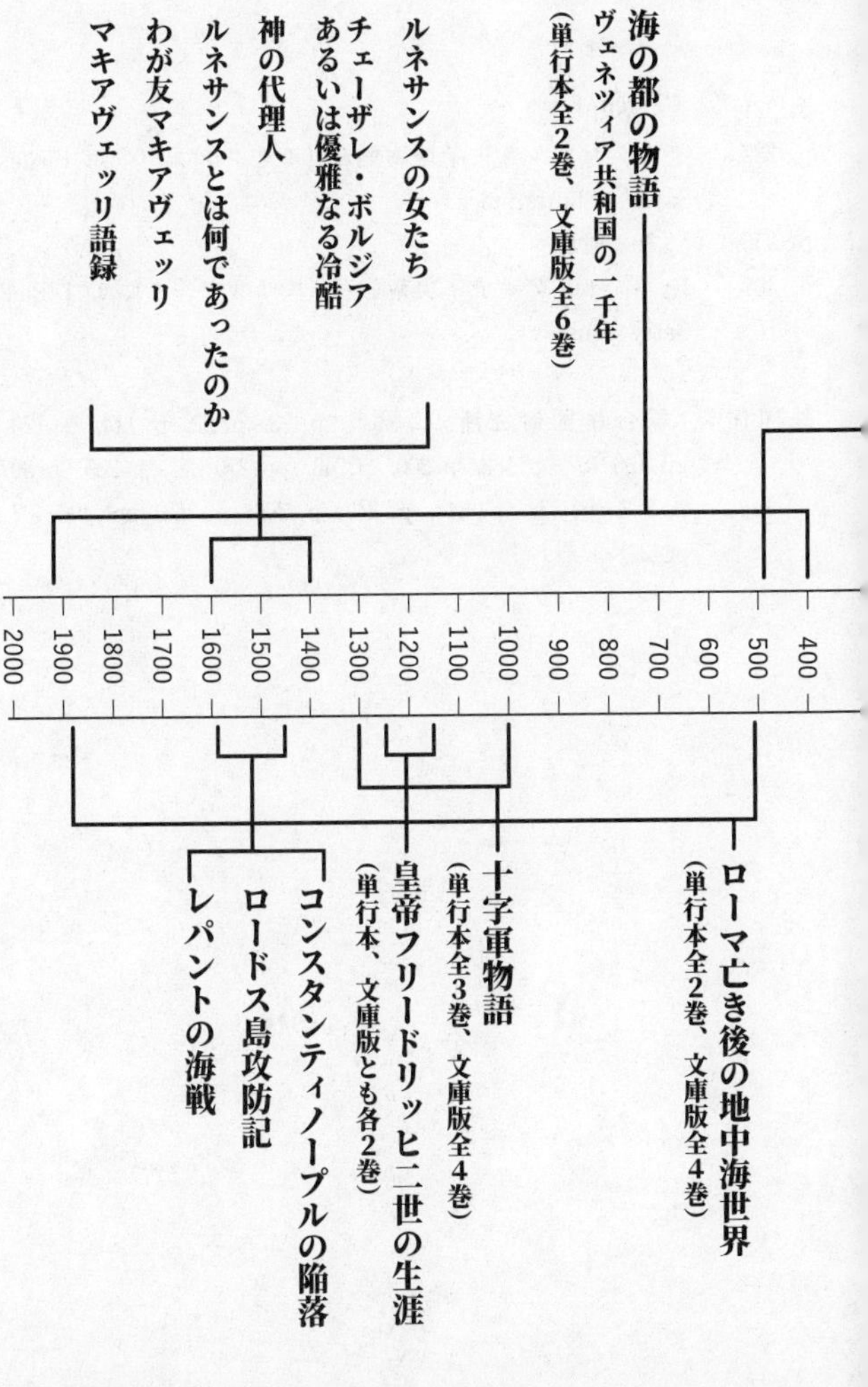
海の都の物語
ヴェネツィア共和国の一千年
（単行本全2巻、文庫版全6巻）
ルネサンスの女たち
チェーザレ・ボルジア
あるいは優雅なる冷酷
神の代理人
ルネサンスとは何であったのか
わが友マキアヴェッリ
マキアヴェッリ語録
400
500
600
700
800
900
1000
1100
1200
1300
1400
1500
1600
1700
1800
1900
2000
ローマ亡き後の地中海世界
（単行本全2巻、文庫版全4巻）
十字軍物語
（単行本全3巻、文庫版全4巻）
皇帝フリードリッヒ二世の生涯
（単行本、文庫版とも各2巻）
コンスタンティノープルの陥落
ロードス島攻防記
レパントの海戦

p. 221　画：畠山モグ

p. 237　イスタンブル考古学博物館蔵（イスタンブル）、© Firdes Sayilan/Shutterstock.com

p. 356　p. 38に同じ

p. 401　J・ポール・ゲッティ美術館蔵（ロサンゼルス）、© J. Paul Getty Trust

地図作製：綜合精図研究所（口絵裏、p. 73, p. 93, p. 114, p. 120, pp.156-157, p.182, p.200, p.248, pp.270-271, p.285, p.307, p. 332, p. 337, p. 344, p. 347, p. 360, p. 368, pp. 406-407, p.437）

図版出典一覧

口絵　「イッソスの会戦」のモザイク画：ナポリ国立考古学博物館蔵（ナポリ）© Adam Eastland Art + Architecture / Alamy Stock Photo ／ミロのヴィーナス：ルーヴル美術館蔵（パリ）© Dennis Jarvis ／クニドスのアフロディテ：グリュプトテーク蔵（ミュンヘン）© Carole Raddato ／アルルのヴィーナス：ルーヴル美術館蔵（パリ）© Carole Raddato ／サモトラケのニケ：ルーヴル美術館蔵（パリ）© Andrea Izzotti / Alamy Stock Photo ／うずくまるヴィーナス：ローマ国立博物館蔵（ローマ）© Carole Raddato ／ポリュムニア：モンテマルティーニ美術館蔵 © Carole Raddato ／カプアのアフロディテ：ナポリ国立考古学博物館蔵（ナポリ）© Mark Landon ／アレクサンドロスの彫像：アクロポリス博物館蔵（アテネ）© DeAgostini/Getty Images

p. 15　大英博物館蔵（ロンドン）、© BM Images

p. 23　テルモピュレー、© Stephen Frink Collection / Alamy Stock Photo

p. 29　ウィーン美術史美術館蔵（ウィーン）、© Zev Radovan / Alamy Stock Photo

p. 38　アクロポリス博物館蔵（アテネ）、© DeAgostini/Getty Images

p. 99　画：畠山モグ

p. 128　ナポリ国立考古学博物館蔵（ナポリ）、© Adam Eastland Art + Architecture / Alamy Stock Photo

p. 129　同上

p. 159　個人蔵

p. 175　エアバッハ城蔵（エアバッハ）、© Betriebsgesellschaft Schloss Erbach GmbH

September 1945).
Warry J., *Alexander 334-323 BC, Conquest of the Persian Empire*, Osprey Publishing, Oxford 2008.
Wassermann F.M., *Post-Periclean Democracy in Action: The Mytilenean Debate (Thuc. III 37-48)*, Transactions and Proceedings of the American Philological Association, vol.87, 1956.
Will E., *Korinthiaka, Recherches sur l'histoire et la civilisation de Corinthe*, De Boccard, Paris 1955.
Will E., *Le monde grec et l'Orient*, vol.I, Paris 1972.
Will W., *Athen und Alexander*, München 1983.
Worthington I., *By the Spear. Philip II, Alexander the Great, and the Rise and Fall of the Macedonian Empire*, Oxford University Press, Oxford 2014.
Wuilleumier P., *Tarente, des origines à la conquête romaine*, De Boccard, Paris 1939.

Sekunda N. V., *Macedonian Armies after Alexander 323-168 BC*, Osprey Publishing, Oxford 2012.

Seltman C., *Greek Coins*, 3rd edition, London 1960.

Shepherd W., *Salamis 480 BC: The naval campaign that saved Greece*, Osprey Publishing, Oxford 2010.

Shepherd W., *Plataea 479 BC: The Most Glorious Victory Ever Seen*, Osprey Publishing, Oxford 2012.

Shepherd W., *Pylos and Sphacteria 425 BC.*, Osprey Publishing, Oxford 2013.

Shrimpton G. S., *The Theban Supremacy in Fourth-Century Literature*, in *Phoenix*, vol. 25, n° 4, Classical Association of Canada, 1971.

Sidnell P., *Warhorse: Cavalry in Ancient Warfare*, Continuum, London 2006.

Smith W., *The Supremacy of Thebes*, in: *A Smaller History of Greece*, Echo Library, 2006.

Spinola G., *Il Museo Pio Clementino*, da 《Guide Cataloghi Musei Vaticani 3-4》, vol.I-II, Città del Vaticano, Roma 1996-99.

Squillace G., *Filippo il Macedone*, Laterza, Roma-Bari 2009.

van Steen G., *"Politics and Aristophanes: watchword Caution!"*, 2007, in: M. McDonald and J. M. Walton, *The Cambridge Companion to Greek and Roman Theatre*, Cambridge University Press.

Stewart A., *One Hundred Greek Sculptors: Their Careers and Extant Works*, Part III of Stewart's Greek Sculpture, Yale University Press.

Taaffe L. K., *Aristophanes and Women*, Routledge, London and New York 1993.

Talbert R.J.A., *Barrington. Atlas of the Greek and Roman World*, Princeton University Press, New Jersey 2000.

Tarn W.W., *Alexander the Great*, 2 vols, Cambridge 1948.

Tarn W.W., *The Greeks in Bactria and India*, 3rd edition, Cambridge 1966.

Thomas C.G.- Conant C., *Citadel to City-State: The Transformation of Greece, 1200-700 B.C.E.*, Indiana University Press, 2003.

Vegetti M., *L'etica degli antichi*, Roma-Bari 1989.

Vernant J.-P. (ed.), *L'Homme grec*, Paris, Le Seuil, 1993.

Wade-Gery H. T., *The Question of Tribute in 449/8 B. C.*, in: *Hesperia* (American School of Classical Studies at Athens) 14 (3): 212-229, July-

Proto B., *Alle fonti della storia: la Preistoria, l'Antico Oriente, la Grecia*, I, A. P.E. Mursia, Milano 1988.

Reale G., *Cinismo, Epicureismo e Stoicismo*, in *Storia della filosofia greca e romana*, vol. 5, Bompiani, Milano 2008.

Rhodes P.J., *A Commentary on the Aristotelian Athenaion Politeia*, Oxford University Press, 1981.

Robinson C.E., *The Days of Alkibiades*, E. Arnold, 1916.

Rolandi S.B., *Dizionario Mitologico: Dei ed Eroi dell'Olimpo*, Giunti Editore S. p.A., 2015.

Roochnik D., *The Tragedy of Reason. Toward a Platonic conception of Logos*, Routledge, New York 1990.

Rougé J., *La marine dans l'Antiquité*, PUF, Paris 1975.

Rusch S.M., *Sparta at War: Strategy, Tactics and Campaigns*, Frontline Books, London 2011.

Sabin P., van Wees H., Whitby M., *The Cambridge History of Greek and Roman Warfare I: Greece, the Hellenistic world and the rise of Rome*, Cambridge University Press, Cambridge 2007.

Samons L.J. - Fornara C.W., *Athens from Cleisthenes to Pericles*, University of California Press, Berkeley 1991.

Samons L.J., *The Peloponnesian War*, in *What's Wrong with Democracy?*, California, University of California Press, Los Angeles 2004.

Sarri F., *Socrate e la nascita del concetto occidentale di anima*, Vita e Pensiero, 1997.

Schmeja H., *Dareios, Xerxes, Artaxerxes. Drei persische Königsnamen*, in *Griechischer Deutung* (*Zu Herodot 6,98,3*), Die Sprache 21, 1975.

Sealey R., *The Decline of the Spartan Hegemony*, in: *A History of the Greek City States, Ca. 700-338 B.C.*, University of California Press, 1976.

Sekunda N.V., *The Army of Alexander the Great*, Osprey Publishing, Oxford 1984.

Sekunda N.V., *The Spartan Army*, Osprey Publishing, Oxford 1998.

Sekunda N.V., *Greek Hoplite 480-323 BC*, Osprey Warrior 27, Oxford 2000.

Sekunda N. V., *Marathon 490 BC: the First Persian Invasion of Greece*, Osprey Publishing, Oxford 2002.

Long A. A. - Sedley D.N., *The Hellenistic Philosophers, 2 voll.*, Cambridge University Press, 1987.

Markle M. M., *The Macedonian Sarissa, Spear, and Related Armor*, 《American Journal of Archaeology》, LXXXI (1977), pp.323-339.

Michel P. -H., *De Pythagore à Euclide, Contribution à l'histoire des mathématiques préeuclidiennes*, Les Belles Lettres, Paris 1950.

Morrison J.S., Coates J.F., Rankov N.B., *The Athenian Trireme. The History and Reconstruction of an Ancient Greek Warship*, Cambridge University Press, Cambridge 2000.

Mossé C., *La Fin de la démocratie athénienne. Aspects sociaux et politiques du déclin de la cité grecque au IVe siècle av. J.-C.*, Paris 1962.

Mossé C., *Le Procès de Socrate*, Complexe, Bruxelles 1987.

Mossé C., *Le Citoyen dans la Grèce antique*, Nathan, Paris 1993.

Mossé C., *Démosthène ou les ambiguïtés de la politique*, Armand Colin, Paris 1994.

Musti D., *Demokratía. Origini di un'idea*, Laterza, Roma-Bari, 1995.

Nafissi M., *Pausania, il vincitore di Platea*, in Bearzot C. - Landucci F. (ed.), *Contro le leggi immutabili: gli Spartani fra tradizione e innovazione.* Collana: Ricerche e Storia. Editore: Vita e Pensiero Università.

Napoli M., *Civiltà della magna Grecia*, Roma 1969.

Ober J., *Political Dissent in Democratic Athens: Intellectual Critics of Popular Rule*, Princeton University Press, 2001.

Palumbo V., *Le donne di Alessandro Magno*, Sonzogno, Milano 2005.

Parente M. I., *Introduzione a lo stoicismo ellenistico*, Bari, Laterza, 2004.

Parke H.W., *Greek Mercenary Soldiers, from the Earliest Times to the Battle of Ipsus*, Oxford 1933.

Pastoretto P., *La battaglia del fiume Granico*, in Panoplia (1996), n. 25.

Pédech P., *Historiens compagnons d'Alexandre. Callisthène - Onésicrite - Néarque - Ptolémée - Aristobule*, Paris 1984.

Pedretti C.A., *Gli ipaspisti di Alessandro*, in *Panoplia* (1994), nn. 17-18.

Podlecki A.J., *Perikles and His Circle*, Routledge (UK) 1997.

Pritchett W.K., *The Greek State at War Volumes I-V*, University of California Press, Berkeley 1971-91.

Hirsch S.W., *The Friendship of the Barbarians. Xenophon and the Persian Empire*, Hanover/London 1985.

Hornblower S., *Leuctra to Mantineia and the Revolt of the Satraps*, in: *The Greek world, 479-323 BC*, Taylor & Francis, 2006.

Hornell J., *Water Transport. Origins and Early Evolution*, Cambridge 1968.

Jaeger W., *Paideia. Die Formung des griechischen Menschen*, 3 Bde., Berlin 1934-1947.

Jaré G., *L'educazione spartana. Cenni*, Tip. Mondovì, Mantova 1878.

Jones R., Heckel W., *Macedonian Warrior: Alexander's Elite Infantryman*, Osprey Publishing, Oxford 2006.

Jori A., *Medicina e medici nell'antica Grecia. Saggio sul "Perì téchnes" ippocratico*, il Mulino editore, Bologna-Napoli 1996.

Just R., *Women in Athenian Law and Life*, Routledge 1991 (UK).

Kagan D., *The Peace of Nicias and the Sicilian Expedition*, Cornell University Press, Ithaca (NY) 1981.

Kagan D., *Pericles of Athens and the Birth of Democracy*, The Free Press, 1991.

Kagan D., *The Fall of the Athenian Empire*, Cornell University Press, 1991.

Kagan D., *The Peloponnesian War: Athens and Sparta in Savage Conflict 431-404 BC*, Penguin Books, London 2004.

Kerényi K., *Die Religion der Griechen und Römer*, 1963.

Krentz P., *The Thirty at Athens*, Cornell University Press, Ithaca (NY) 1982.

Lami G.F., *Socrate, Platone, Aristotele. Una filosofia della Polis da Politeia a Politika*, Rubbettino, Catanzaro 2005.

Landström B., *Skeppet*, Bokförlaget Forum AB, Stockholm 1961.

Lavelle B. M., *Fame, Money and Power: The Rise of Peisistratos and "Democratic" Tyranny at Athens*, The University of Michigan Press, 2005.

Lear J., *Aristotle: the desire to understand*, Cambridge University Press, 1988.

Levi P., *Atlas of the Greek World*, Phaidon Press, Oxford 1984.

Lewis D.M., *Cleisthenes and Attica, Historia*, 12, 1963.

Lippold A., *Pausanias von Sparta und die Perser*, in RhM 108, 1965.

Lombardo G., *Cimone. Ricostruzione della biografia e discussioni storiografiche*, Roma 1934.

città, Giardini, Pisa 1993.
Frediani A., *Le grandi battaglie di Alessandro Magno. L'inarrestabile marcia del condottiero che non conobbe sconfitte*, Newton Compton, Roma 2012.
Fuller J.F.C., *The Generalship of Alexander the Great*, London 1960.
Ghirshman R., *Iran: Parthians and Sassanians*, Thames and Hudson, 1962.
Glover R., *The Elephant in Ancient War*, 《The Classical Journal》, 39, 1944, pp.257-269.
Graham A. J., *Colony and Mother City in Ancient Greece*, Manchester University Press, 1964.
Grainger J. D., *Seleukos Nikator: Constructing a Hellenistic Kingdom*, Routledge, New York 1990.
Green P., *The Year of Salamis, 480-479 BC*, Weidenfeld and Nicolson, London 1970.
Green P., *Alexander the Great and the Hellenistic Age*, Orion, 2007.
Gruen E.S., *The Hellenistic World and the Coming of Rome*, University of California Press, Berkeley 1984.
Hale J.R., *Lords of the Sea: The Epic Story of the Athenian Navy and the Birth of Democracy*, Viking, 2014.
Hammond N.G.L., *Alexander the Great, King, Commander and Statesman*, Park Ridge, N.J., 1980.
Hammond N.G.L., *The Genius of Alexander the Great*, University of North Carolina Press, Chapel Hill 1997.
Hanson V.D., *The Western Way of War: Infantry Battle in Classical Greece*, Hodder & Stoughton, London 1989.
Hanson V.D., *A war like no other: how the Athenians and Spartans fought the Peloponnesian War*, Random House, New York 2005.
Heath T.L., *Greek Mathematics*, Dover, New York 1963.
Heckel W., *The conspiracy against Philotas*, 《Phoenix》, XXXI (1977), pp. 307-339.
Heftner H., *Alkibiades. Staatsmann und Feldherr*. Wissenschaftliche Buchgesellschaft, Darmstadt 2011.
Hesk J., *Deception and Democracy in Classical Athens*, Cambridge University Press, 2000.

Cook J.M., *The Persian Empire*, London 1983.

Crosher J., *The Greeks*, Mcdonald Educational Ltd., 1974.

Dahmen K., *The Legend of Alexander the Great on Greek and Roman Coins*, Routledge, London 2007.

Davies J.K., *Athenian Propertied Families 600-300 B.C.*, Oxford University Press, London 1971.

Davis P.K., *Leuctra*, in: *100 Decisive Battles*, Oxford University Press (US), 2001.

De Sanctis G., *Filippo e Alessandro dal regno macedone alla monarchia universale. Lezioni universitarie 1949-1950*, Monica Berti - Virgilio Costa (ed.), Edizioni Tored, Tivoli (Roma) 2011.

Detienne M., *L'invention de la mythologie*, Paris 1981.

Doherty P., *The Death of Alexander the Great*, Carroll & Graf, 2004.

Ducrey P., *Le Traitement des prisonniers de guerre dans la Grèce antique, des origines à la conquête romaine*, Ecole française d'Athènes, Travaux et Mémoires, XVII, E. de Boccard, Paris 1968.

Ehrenberg V., *From Solon to Socrates : Greek History and Civilization During the 6th and 5th Centuries BC*, Hoboken: Taylor & Francis, 2010.

Ellis W.M., *Ptolemy of Egypt*, London 1993.

Engels D.W., *Alexander the Great and the Logistics of the Macedonian Army*, University of California Press, Berkeley 1978.

Erdas D., *Cratero il Macedone. Testimonianze e frammenti*, Edizioni TORED, Tivoli (Rome) 2002.

Fields N., *Ancient Greek Fortifications, 500-300 BC*, Osprey Publishing, Oxford 2007.

Fields N., *Ancient Greek Warship, 500-322 BC*, Osprey New Vanguard 132, Oxford 2007.

Fields N., *Thermopylae 480 BC: Last Stand of the 300*, Osprey Publishing, Oxford 2007.

Fields N., *Syracuse 415-413 BC: Destruction of the Athenian Imperial Fleet*, Osprey Publishing, Oxford 2008.

Fink D.L., *The Battle of Marathon in Scholarship*, McFarland, 2014.

Franco C., *Il regno di Lisimaco: strutture amministrative e rapporti con le*

The Hellenistic Monarchies and the Rise of Rome (*I-XIX chapters*), *vol. VII*, Cambridge University Press, London 1969.
Cahill T., *Sailing the Wine - Dark Sea: Why the Greeks Matter*, Doubleday, New York 2003.
Calvo F., *Cercare l'uomo. Socrate, Platone, Aristotele*, Marietti, Genova 1990.
Campanella D., *Nascita, apogeo e caduta di Sparta*, Nuova Cultura, Roma 2007.
Campbell D.B., *Greek and Roman Siege Machinery, 399 BC - AD 363*, Osprey Publishing, Oxford 2003.
Campbell D. B., *Besieged: Siege Warfare in the Ancient World*, Osprey Publishing, Oxford 2006.
Canfora L., *Un mestiere pericoloso. La vita quotidiana dei filosofi greci*, Sellerio, Palermo 2000.
Canfora L., *Critica della retorica democratica*, Laterza, Roma-Bari 2002.
Canfora L., *La guerra civile ateniese*, Rizzoli, 2013.
Canfora L., *La crisi dell'utopia. Aristofane contro Platone*, Collana I Robinson. Letture, Laterza, Roma-Bari 2014.
Cartledge P., *Sparta and Lakonia: a Regional History 1300-362 BC*, II edition, Routledge, London 2001.
Cawkwell G., *Epaminondas and Thebes*, in: *The Classical Quarterly, New Series, vol. 22, n°* 2, november 1972, pp. 254-278.
Cawkwell G., *The Greek Wars: The Failure of Persia*, Oxford University Press, 2005.
Cerchiai L., Jannelli L., Longo F., *Città greche della Magna Grecia e della Sicilia*, Arsenale Editrice, Verona 2004.
Cerri G., *Platone sociologo della comunicazione*, Milano 1991.
Charbonneaux J. - Martin R. - Villard F., *Grèce classique*, Librairie Gallimard, Paris 1969.
Charbonneaux J. - Martin R. - Villard F., *Grèce hellénistique*, Librairie Gallimard, Paris 1970.
Citati P., *Alessandro Magno*, Adelphi, 2004.
Connolly P., *The Greek Armies*, Macdonald, 1977.
Cook J.M., *The Greeks in Ionia and the East*, Thames and Hudson, London 1962.

Duckworth Publishers, 2010.

Blok J. H. - Lardinois A. (eds), *Solon of Athens: New Historical and Philological Approaches*, Leiden, Brill, 2006.

Boardman J., *The Greeks overseas*, 2nd edition, Penguin Books, Harmondsworth 1973.

Boardman J., *Athenian Red Figure Vases. The Archaic Period*, Thames and Hudson, London 1975.

Boardman J., *The Cambridge ancient history, Volume 4*, (II ed.), Cambridge University Press, Cambridge 1988.

Boardman J., *The Cambridge ancient history, Volume 5*, Cambridge University Press, 1988.

Bommelaer J.-F., *Lysandre de Sparte. Histoire et traditions*, De Boccard, Paris 1981.

Bosworth A.B., *Conquest and Empire : The Reign of Alexander the Great*, Cambridge 1988.

Bosworth A.B., *The Legacy of Alexander*, Oxford University Press, Oxford 2005.

Bradford E., *Thermopylae: The Battle for the West*, Da Capo Press, 2004.

Buck R.J., *Boiotia and the Boiotian League, 432-371 B. C.*, University of Alberta, 1994.

Buckley T., *Aspects of Greek History 750-323 BC*, Routledge (UK) 1996.

Bultrighini U., *Maledetta democrazia. Studi su Crizia*, Edizioni dell' Orso, Alessandria 1999.

Burn A.R., *Persia and the Greeks - The Defence of the West, 546-478 B.C.*, II - The Median and Achaemenid Periods, Cambridge University Press, 1985.

Bury J.B. - Cook S.A. - Adcock F.E. (ed.), *The Cambridge Ancient History: The Persian Empire and the West, vol.IV*, Cambridge University Press, London 1969.

Bury J.B. - Cook S.A. - Adcock F.E. (ed.), *The Cambridge Ancient History: Athens 478-401 B.C., vol. V*, Cambridge University Press, London 1969.

Bury J.B. - Cook S.A. - Adcock F.E. (ed.), *The Cambridge Ancient History: Macedon, vol. VI*, Cambridge University Press, London 1969.

Bury J.B. - Cook S.A. - Adcock F.E. (ed.), *The Cambridge Ancient History:*

（欧米での学術関係者の著作では左頁に原文、右頁に訳文の併記が通常のルール）

後世の人による研究著作

Abbagnano N. - Fornero G., *Filosofi e filosofie nella storia*, I, Paravia, Torino 1986.

Abbott E., *Pericles and the Golden Age of Athens*, G. P. Putnam's Sons, 1898.

Abbott J., *History of Darius the Great: Makers of History*, Cosimo, Inc., 2009.

Albini U., *Riso alla greca: Aristofane o la fabbrica del comico*, Garzanti, 1997.

Anderson J. K., *Military Theory and Practice in the Age of Xenophon*, University of California Press, 1970.

Andrews A., *Greek Society*, Penguin, 1967.

Ashley J.R., *The Macedonian Empire: The Era of Warfare Under Philip II and Alexander the Great, 359-323 B.C.*, McFarland, 2004.

Austin M.M., *The Hellenistic World from Alexander to the Roman Conquest: A Selection of Ancient Sources in Translation*, Cambridge University Press, Cambridge 1981.

Babuder G., *La donna spartana*, Apollonio, Capodistria 1978.

Badian E., *"The Peace of Callias"*, The Journal of Hellenic Studies 50（1987）, pp.1-39.

Baltrusch E., *Sparta. Geschichte, Gesellschaft, Kultur*, München 1998.

Barkworth P.R., *The Organization of Xerxes' Army*, in Iranica Antiqua, n.27, 1993.

Bean G.E., *Aegean Turkey: An archaeological Guide*, 3rd edition, E. Benn, London 1972.

Benson E.F., *The Life of Alcibiades: The Idol of Athens*, D. Appleton Co, New York 1929.

Berti M., *Fra tirannide e democrazia: Ipparco figlio di Carmo e il destino dei Pisistratidi ad Atene*, Edizioni dell'Orso, Alessandria 2004.

Bianchi U., *La religione greca*, Torino 1975.

Bieber M., *Alexander the Great in Greek and Roman Art*, Heinemann, Chicago 1964.

Billows R. A., *Marathon: How One Battle Changed Western Civilization*,

Pausania, *Viaggio in Grecia*, S. Rizzo (ed. and trans.), vol. I-II. BUR, Milano 1991-92.

Platone, *Simposio*, F. Ferrari (ed. and trans.), BUR, Milano 1985.

Platone, *Lettere*, P. Innocenti (ed. and trans.), BUR, Milano 1986.

Platone, *Simposio. Apologia di Socrate. Critone. Fedone*, E. Savino (ed.), Arnoldo Mondadori Editore, Milano 1987.

Platone, *Apologia di Socrate. Critone. Fedone. Il Convito*, E. Savino (intr.) and N. Marziano (trans.), Garzanti, Milano 1988.

Platone, *La Repubblica*, G. Lorza (ed.), Arnoldo Mondadori Editore, Milano 1990.

Platone, *Alcibiade Primo. Alcibiade Secondo*, D. Puliga (ed. and trans.), BUR, Milano 1995.

Platone, *Le Leggi*, F. Ferrari and S. Poli (trans.), BUR, Milano 2005.

Plutarco, *Vite Parallele*, C. Carena (ed. and trans.), vol. I-II, Giulio Einaudi Editore, Torino 1958.

Quinto Curzio Rufo, *Storia di Alessandro Magno*, G. Baraldi (ed. and trans.), vol. I-II, Zanichelli Editore, Bologna 1986.

Senofonte, *Le tavole di Licurgo*, G. F. Gianotti (ed.), II edition, Sellerio Editore, Palermo 1985.

Senofonte, *Anabasi*, I. Calvino (intr.) and F. Ferrari (ed. and trans.), BUR, Milano 1987.

Senofonte, *Memorabili*, A. Santoni (ed. and trans.), BUR, Milano 1989.

Senofonte, *Economico*, F. Roscalla (ed. and trans.), BUR, Milano 1991.

Senofonte, *Elleniche*, M. Ceva (ed.), Arnoldo Mondadori Editore, Milano 2011.

Senofonte, *Anabasi. Elleniche*, D. Musti (intr.) and U. Bultrighini - M. Mari (ed. and trans.), Newton Compton Editori, Roma 2012.

Strabone, *Geografia. Il Peloponneso*, A. M. Biraschi (ed. and trans.), vol. VIII, BUR, Milano 1992.

Tucidide, *La guerra del Peloponneso*, E. Savino (ed. and trans.), Garzanti, Milano 2013.

Tucidide, *La guerra del Peloponneso*, M. I. Finley (ed.) and F. Ferrari (trans.), BUR, Milano 2014.

VIII e IX, A.L. Carbone (ed.), Edizioni Due Punti, 2008.

Aristotele, *Meccanica*, M.F. Ferrini (ed.), Bompiani, Milano 2010.

Aristotele, *Fisica*, R. Radice (ed. and trans.), Bompiani, Milano 2011.

Aristotele, *Le Piante*, M.F. Ferrini (ed.), Bompiani, Milano 2012.

Aristotele, *La Generazione e la Corruzione*, M. Migliori - L. Palpacelli (ed.), Bompiani, Milano 2013.

Aristotele, *Il movimento degli animali*, P. Giuffrida (ed.), Mimesis Edizioni, 2014.

Aristotele, *Organon*, M. Migliori (ed. and trans.), Bompiani, Milano 2016.

Aristotele, *Metafisica*, E. Berti (ed.), Laterza, Bari 2017.

Aristotele, *Sull'Impero. Lettera ad Alessandro*, F. Cicoli - F. Moretti (ed.), Mimesis, 2017.

Arriano, *Anabasi di Alessandro*, D. Ambaglio (trans.), vol. I-II, BUR, Milano 1994.

Demostene, *Filippiche*, G. Cortassa (ed.), II edition, Garzanti, Milano 2007.

Diodoro Siculo, *Biblioteca Storica*, G. Cordiano and M. Zorat (ed.), vol.1-2-3, BUR, Milano 2004, 2014, 2016.

Diogene Laerzio, *Vite dei Filosofi*, M. Gigante (ed.), vol. 1-2, Biblioteca Universale Laterza, Bari 2010.

Erodoto, *Storie*, F. Càssola (intr.) and A.I. D'Accinni (trad.), vol.I-II-III-IV, BUR, Milano 1989.

Erodoto, *Le Storie. Libri VIII-IX. La vittoria della Grecia*, F. Barberis (ed. and trans.), Garzanti, Milano 2001.

Erodoto, *Le Storie. Libri V-VI-VII. I Persiani contro i Greci*, F. Barberis (ed. and trans.), Garzanti, Milano 2006.

Erodoto, *Storie. Volume Quarto (libri VIII-IX)*, A.I. D'Accinni (trad.), BUR, Milano 2010.

Eschilo, *I Persiani*, M. Centanni (ed.), Feltrinelli, Milano 2014.

Isocrate, *Orazioni*, C. Ghirga and R. Romussi (ed. and trans.), BUR, Milano 1993.

Omero, *Odissea*, G. Tonna (ed. and trans.), Garzanti, Milano 1986.

Omero, *Iliade*, F. Codino (intr.) and G. Tonna (trans.), Garzanti, Milano 1987.

参考文献

原資料

Aristofane, *La festa delle donne*, G. Paduano (ed. and trans.), BUR, Milano 1983.

Aristofane, *Le donne al parlamento*, G. Paduano (ed. and trans.), BUR, Milano 1984.

Aristofane, *Lisistrata*, G. Paduano (ed. and trans.), BUR, Milano 1986.

Aristofane, *Gli Acarnesi. Le Nuvole. Le Vespe. Gli Uccelli*, G. Paduano (ed. and trans.), Garzanti, Milano 1988.

Aristofane, *Pluto*, G. Paduano (ed. and trans.), BUR, Milano 1988.

Aristofane, *Le Rane*, G. Paduano (ed. and trans.), BUR, Milano 1998.

Aristofane, *I cavalieri*, G. Paduano (ed. and trans.), BUR, Milano 2013.

Aristofane, *Pace*, U. Albini (ed. and trans.), Garzanti, Milano 2013.

Aristotele, *Topici*, A. Zadro (ed.), Loffredo, Napoli 1974.

Aristotele, *Trattato sul cosmo per Alessandro*, G. Reale (ed.), Loffredo, Napoli 1974.

Aristotele, *Le Categorie*, M. Zanatta (ed. and trans.), 2° edition, BUR, Milano 1987.

Aristotele, *La Costituzione degli Ateniesi*, G. Lozza (ed.), Arnoldo Mondadori Editore, Milano 1991.

Aristotele, *Poetica*, D. Lanza (ed.), BUR, Milano, 1993.

Aristotele, *Retorica*, M. Dorati (ed.), Oscar Mondadori, Milano 1995.

Aristotele, *Opere biologiche*, M. Vegetti - D. Lanza (ed.), 2° edition, UTET, Torino 1996.

Aristotele, *L'anima*, G. Movia (ed.), Bompiani, Milano 2001.

Aristotele, *Politica*, C.A. Viano (ed. and trans.), BUR, Milano 2002.

Aristotele, *Problemi*, M.F. Ferrini (ed.), Bompiani, Milano 2002.

Aristotele, *Fisiognomica*, M.F. Ferrini (ed.), Bompiani, Milano 2007.

Aristotele, *I colori e i suoni*, M.F. Ferrini (ed.), Bompiani, Milano 2008.

Aristotele, *I Dialoghi*, M. Zanatta (ed.), BUR, Milano 2002.

Aristotele, *Le Tre Etiche*, A. Fermani (ed.), Bompiani, Milano 2008.

Aristotele, *Vita, attività e carattere degli animali. Historia animalium. Libri*

この作品は二〇一七年十二月新潮社より刊行された『ギリシア人の物語Ⅲ　新しき力』を文庫版第3巻、第4巻として分冊したものです。

新潮文庫最新刊

小池真理子著
神よ憐れみたまえ
戦後事件史に残る「魔の土曜日」と同日、少女の両親は惨殺された——。一人の女性の数奇な生涯を描ききった、著者畢生の大河小説。

長江俊和著
掲載禁止　撮影現場
善い人は読まないでください。書下ろし「カガヤワタルの恋人」をはじめ、怖いけど止められない全8編。待望の〈禁止シリーズ〉！

小山田浩子著
小　島
絶対に無理はしないでください——。豪雨の被災地にボランティアで赴いた私が目にしたものは。世界各国で翻訳される作家の全14篇。

紺野天龍著
幽世《かくりよ》の薬剤師5
「不老不死」一家の「死」。薬師・空洞淵は「人魚」伝承を調べるが……。現役薬剤師が描く異世界×医療×ファンタジー、第5弾！

賀十つばさ著
雑草姫のレストラン
タンポポのピッツァ、山ウドの天ぷら、よもぎのアイス……八ヶ岳の麓に暮らす姉妹の草花ごはんを召し上がれ。癒しのグルメ小説。

泉　鏡花著
東　雅夫編
外科室・天守物語
伯爵夫人の手術時に起きた事件を描く「外科室」。姫路城の妖姫と若き武士——「天守物語」。名アンソロジストが選んだ傑作八篇。